U0139559

纽约 芝加哥 洛杉矶

【下】

美国的全球城市

[美] 珍妮特·L. 阿布-卢格霍德——著

杨 光 王 丹——译

东方出版中心

全球经济重组:
三座城市的今天

研究者们普遍同意,20 世纪 60 年代和 70 年代中期之间的某刻,在第一世界经济内部有某些戏剧性的事情开始发生。这些变化在大英帝国已经出现了预兆,某种程度上在其他的欧洲西北部国家也有所反应,并随后在一定程度上反映到了日本和德国,这意味着正在美国出现的情况远非特例[1]。

虽然经济学家已经逐条列举了许多"原因",影响层面从本地到全球,不过就如何为多种因素中单独某一种对该阶段出现的普遍变化的影响分配权重以及如何阐释该变化在各国之间的变异而言,他们还远没有达成共识。几乎没有人尝试着在美国的特定城市区域追踪这些变革的特殊影响[2]。鉴于这些变革的缓慢揭示

---

[1] 大约关于这一早期阶段的首个具有系统性且在理论上缜密的研究是: Folker Froebel Jürgen Heinrichs, and Otto Kreye, *The New International Division of Labour: Structural Unemployment in Industrial Countries* (London: Cambridge University Press, 1980), 主要利用的是德国的数据; 以及 Barry Bluestone and Bennett Harrison, *The Deindustrialization of America: Plant Closings, Community Abandonment, and the Dismantling of Basic Industries* (New York: Basic Books, 1982), 基于美国的数据。 在 20 世纪 80 年代早期, 焦点是生产的跨国"出口"(光芒四射的"全球汽车"可以缩短这一点)。 从此以后, 其他的发展取代了这一基本趋势, 包括第三世界的劳动力的输入和国际期货金融贸易。 关于这些, 尤可参见: Saskia Sassen, *The Mobility of Labor and Capital: A Study in International Investment and Labor Flow* (New York: Cambridge University Press, 1988)。

[2] 可能例外的是: Thierry J. Noyelle and Thomas Stanback Jr., *The Economic Transformation of American Cities* (Totowa, N. J.: Rowman & Allanheld, 1984), 虽然在他的分析中国际性导因只在美国城市层级的变革中起到了很小的作用。 鉴于他的数据本质上在 1977 年便结束了, 或许不应挑剔它们无法预测在地平线上出现的未来。

缺乏清晰性,这些争议与规避或许会引起共鸣。

技术决定论：信息革命

　　一些解释里已经强调了"第三次工业革命"的出现,这次同 18 世纪以来曾经变革西方世界经济的前两次一样威力巨大。 那两次,非生物能源通过机器加以利用,进而彻底改变了制造业的进程并且释放了看似无限的劳动生产力。 这些解释倾向于过度强调最近变革中的"技术决定论"[1],宣称计算机和相关的信息革命正在(或应该正在)于服务行业中产生同样的劳动生产力激增,并同时在事实上取消了空间限制[2]。

　　然而, 迄今为止, 这一被不太准确地称为"后工业时代"

---

[1] 关于这一视点的通行描述或许是: Alvin Toffler, *The Third Wave* (New York: Morrow, 1980)。

[2] 城市学家曼纽尔·卡斯特斯 (Manuel Castells) 则进一步将这一革命性转向称之为信息发展模式,参见其: *The Informational City: Information Technology, Economic Restructuring, and the Urban-Regional Process* (Oxford: Blackwell, 1989)。 当然, 马尔文·韦伯 (Melvin Webber) 在几十年前便预料到了卡斯特斯的论点, 参见其: "The Urban Place and the Nonplace Urban Realm," in *Explorations into Urban Social Structure*, ed. M. Webber et al. (Philadelphia: University of Pennsylvania Press, 1964)。 在写过这一卷之后, 卡斯特斯出版了三卷本的研究成果, 题为: *The Information Age: Economy, Society, and Culture* (Malden, Mass.: Basil Blackwell, 1996 - 98), 其中, 就"网络社会"与对社会身份和自我的研究间的关系, 他发展了一套复杂的理论。 尤可参见, 我对于第二卷的评论, *The Information Age in Contemporary Sociology* 27 (March 1998): 163 - 164。

的生产力增长和**去空间化**（despatializing）的效应都未曾达到预期。事实上，已经证明计算机是强大的记录、管理甚至引导生产的装置（早在半个世纪以前，自动化便在预料之中了），因此对美国上层阶级而言，这些成果的收益空间已经相当狭小。而与此同时，公司正在利用计算机的能力"缩编"，通过其替代许多白领办事员和中层管理人员[1]。确实有相当程度的去空间化，尤其是在金融交易方面，体量和速度都飞速增长[2]，但是矛盾的是，这并没有使权力分散，这些交易的控制中心反而更加集中于发挥国际或全球性功能的国家中心城市：芝加哥商业交易所（Chicago Mercantile Exchange）、芝加哥贸易委员会、纽约股票市场在货币期货交易中继续扩大着经营[3]。

另一方面，至今为止在集中式办公室和家庭办公场所之间只有少量的分离。确实，到1993年约有250万人已经在家里工作

---

[1] 卢德派（Luddites）的观点容易使人引起共鸣，其较早表现出对更高的生产资本主义化将会最终取代制造业中工人的恐惧，现在希望同样的服务业工人被取代只是暂时的。最为乐观的设想是，像早期工业发展的案例一样，由于这一第三次的"革命"，每周工作时间将会缩减而没有削减消费者对于产品的需求。然而，两个因素使人怀疑其可能性：第一，对"产品"的有限且狭窄的需求；第二，将劳动密集型信息相关的工作出口到世界上其他劳动成本较低地区的倾向（如将计算项目放到印度，数据输入放到加勒比）。

[2] 在1975年，约210亿美元的金融工具在发达国家之间流通，到1993年，总量近乎7 640亿美元。*USA Today*, March 24, 1995, 4B.

[3] 最早期的作者中，发现这一趋势的是：Noyelle and Stanback, *The Economic Transformation of American Cities*。最近，芝加哥交易所开始锻造一个同"欧洲期货交易所，欧洲完全电子期货交易"之间的联盟，参见：*London Financial Times*, March 19, 1998, 1。

了，是 10 年前的 2 倍，但大多数是自己选择在家里工作的，即独立承包人、自由职业者和企业家[1]。 理论上说，由计算机网络联结的"实体"办公室无疑是具有弹性并对企业有额外的吸引力，它们可用来消除或减少日常开支（租金更低，甚至在一些案例中，"雇员们"被取消了健康保险和其他小额福利）。 然而，亲身实际交流并不能被完美取代，并且许多业务仍然要求面对面地交流以获取快速回应和协同活力（synergistic vitality）。 另外，许多工作者享受其在固定的工作空间中获得的建筑物和社交。 对于许多处于专业层次的工作者而言，家庭电脑并没有取代而主要是补充（并常常是延长）了"办公时间"。

技术决定论：运输

另一解释聚焦于更快、更便宜的运输方式（以及由于集装箱化而使得成本更低），连同更强的信息控制，允许制造业（甚至现在的信息处理）彻底地分散于美国之外的国家以享有显著的廉价劳动力。 这种境外生产加大了美国资本的收益与美国劳动力报酬之间的鸿沟，矛盾的是，这一方面导致了工业劳动力和现在的居家服务业劳动力供过于求；另一方面是出口资本的所有人和

---

[1] Phil Patton，"The Virtual Office Becomes Reality," *New York Times*, October 28，1993，C1，C6. 这些估测由 Link Resources 做出，出现于派顿的引用中。 然而，或许可以追问的是，实际上到底有多少"机会"。 似乎在制造业中弥漫着的最新趋势"外包"和"弹性生产"，首先出现在服务业和行政工作中，这解释了这些领域中明显的工作流失。 对于工作者而言，"外包"的主要后果是他们失去了工会的保护和附加利益。

管理层获得了更高的利润。 这些同样的机制中当然有一些在国内得到了常规应用，尤其是以对主要都市区外劳动力和/或（常常是非法地）移民工人的非工会劳动力进行雇佣的方式[1]。

仍然有些问题没有答案。 比如说，在何种程度上这些变化可归结于根本性的技术变革（所谓的第三次工业革命）在整个国际体系中流行？ 在何种程度上其表现是美国特有的？ 并且，鉴于美国内部的特殊环境，政府政策如何对这些国际变化的预期效果具有正面或负面的影响？ 此外，在何种程度上且出于何种原因，其影响会让人感到国内多个地区与都市化地区之间如此不同？

美国的总体经济变化

生产力

关于 1973 年至 20 世纪 90 年代初之间的美国经济下行周期已经有了许多解释。 许多来自传统经济学家，他们强调，美国经济只是没 1973 年以前的 100 年间增长得那么快；对他们而言，生产力的下降标志着美国资源丰裕度的终结[2]。 据安格

---

[1] 北方工业大城市中心服装业血汗工厂的增长和美国城郊邮购和电话购物以及高科技电子与空间工业向报酬更低的南方城市的转移都是寻求成本削减的征兆。

[2] 这些争论的总结参见: Jeffrey Madrick, "The End of Affluence," *New York Review of Books*, September 21, 1995, 13 - 14, 16 - 17, 其结论很大程度上源于前经合组织经济学家: Angus Maddison, *Dynamic Forces in Capitalist Development: A Long-Run Comparative View* (New York: Oxford University Press, 1991), citing esp. 50 - 53。 Madrick 著有 （转下页）

斯·麦迪逊（Angus Maddison）的观点——他汇编了世界国家的长期增长率——在1870年至1972年这100多年间，美国经济的年平均增长率达到了令人震惊的3.4%（去除了通货膨胀影响的实际增长），这主要多亏了广泛的福特制大众生产方式。 相对地，从1973年到1993年这20年里，实际的年平均增长率低于2.4%。 虽然在增长率上这1%的下降看起来很小，不过据麦德里克（Madrick）估算，由于时间的累积效应，美国经济在这20年里的损失高达12万亿美元（1987年的美元）[1]。

　　在生产力下降的成因上，经济学家们同样没有达成共识。首先，有一些归咎于1973年中东战争之后石油价格增长的放缓，但是随后能源成本的剧烈下降也没有恢复"生产力"。 另一些则归咎于针对放缓的联邦赤字，而没有认识到赤字开始得较晚并可能在实质上部分是较缓慢增长的后果[2]。 相较而言，麦德里克则指出，来自其他发达经济体的更激烈的竞争以及弹性生

（接上页）*The End of Affluence: The Cause and Consequences of America's Economic Dilemma* （New York: Random House, 1995）。 正在写作另一本关于生产力的著作。 当然，辩论点是"成果"的流转由于重构的延迟，尚未显现。

[1] Madrick, "The End of Affluence," 13 - 14. 引用了 Maddision, *Dynamic Forces*. 虽然缩小规模始于20世纪80年代，并在20世纪90年代加剧，看起来提供了生产力，一到美国劳动部改变其生产力计算方式，年度增长便从约2.1%每年下降到了1990年代中期的年平均1.2%，"只比1979年到1990年中期重新计算的1%年均增长率略好一点"。 Louis Uchitelle, "In New Figure, Productivity Slows," *New York Times*, February 9, 1996, D3.

[2] Madrick, "The End of Affluence," 14.

产和分配的趋势或许是主要成因[1]。 令人惊讶的是，去工业化、低工资和偏向讨好富人的税收结构变化之后，跟随而来的服务业转向（这永远也不会产生像制造业那样的生产力繁荣）和购买力下降的影响都很少为传统经济学家所提到。 他们也没有讨论国防部军工投资定价失控的影响。 这些也促使了实际生产力的减缓[2]。

移民与剩余劳动力

一些经济学家和社会政策研究者指出，在始于 1965 年的移民法案放松限制以来，进入美国的移民数量有了大幅度增长。这抬高了可用劳动力的门槛并经过更强的内部竞争，压低了美国的劳动报酬。 然而，需要指出的是，自从 20 世纪 30 年代触底之后，到达美国的新移民数目增长相当稳定，即便将非法移民包含在内，其数目仍然低于在 20 世纪初期普遍水平，那时总人口数目相当小。 从整个国家来看，今日之移民占总人口的

----

[1] Madrick，"The End of Affluence，" 16. 在麦德里克列出的对生产力下降有责任的原因是：扩大的市场中的欧、亚国际竞争对手，低工资的新发展国家以及弹性生产自身的转型。 因为虽然"最小区分度的增值以及快速变化的产品意味着大规模生产的高度竞争和更大的风险"，向弹性生产的转变导致了更低的利润。 在此，我主要是怀疑其推论。

[2] 这些论点见："Notes & Comments，" *Atlantic Monthly*，September 1995。这篇社论将美国经济的停滞归咎于 1973 年后从"贸易型"国家向"掠夺型"国家的转变，以及里根经由五角大楼对富人的减税及疯狂补贴的政策。 还将当前里根时代的赤字归咎于"主要对大多数美国富人进行直接地减税，以及国防建设"，通过要求削减社会花费以及公共设施投资以继续进行战争相关的投资，这或许实质上让生产力衰退得更加严重。（20，22）

比例仍然非常小，只是略多于他们在 20 世纪 30 年代的数目。他们在国内的选择性分布以及在有限几个州中少数几个都会区的集中使得移民作为一个类目更加"显眼"，但是总人数并不足以解释实际报酬的突然下降。

　　不管怎样，就这些移民是否构成了经济的净增长或净亏损，都有相当大的争议。 移民的支持者强调积极且有雄心的移民对经济增长做出的净贡献，而反对者强调新移民，尤其是那些来自欠发达国家者，拉低了劳动力的质量并且提高了政府在福利、健康医疗和教育体系方面的开支[1]。

美国收入分配的变化：加剧的不平等

　　无论什么原因，研究者们一致同意，在近几十年，美国的收入分配越来越不平等。 当然这些加剧的不平等的迹象正在增加，并且无可置疑。 大多数研究者同意，差距在 20 世纪 80 年代以及 90 年代的前半段达到最大，但是就收入/财富何时

[1] 对于支持移民的观点，如可参见： 城市土地机构的最近计算以及更受政治动机驱动的选举官员在某些城市地区的声明，这些地区在人口上的衰退由移民逆转。 前纽约州长马里奥·科莫（Mario Cuomo）以及纽约市长鲁道夫·朱利安尼（Rudolph Giuliani）都始终称赞移民的贡献。反对移民的意见主要出现在加利福尼亚，较小程度上是得克萨斯，在这些地方墨西哥裔甚至亚裔都因本地资金的枯竭而受到指责。 关于这一点最明显的征兆是加利福尼亚 187 号提案，该提案开始时试图剥夺非法移民的社会服务权利，不过在实践中它不可能区分合法与非法的新来者。 必须注意的是，"移民"的范畴隐藏着极大的由地域或来源决定的"人力资源"变数。

（以及为何）首次出现分叉点，还存在不同意见。 莱斯特·瑟罗（Lester Thurow）追踪到，根源在于 20 世纪 60 年代晚期，其解释对我而言是可信的。

瑟罗提醒我们，即使在有着暗杀和暴动（种族方面、政治方面和校园方面）的 1968 年，20 世纪美国最坏的年份之一，"一个当时很少甚至根本无人注意的事件或许最终会被证明具有最持久、最具破坏性的影响。 **在那一年，突然地，就像一条平稳川流中的大浪，经济不平等开始上升。** 在全职工作者中（受影响最大的群体）收入前 10% 与收入垫底的 20% 间的薪资不平等在接下来的 25 年里扩大到 2 倍。"在 1973 年至 1993 年，工人的真实收入降低了 11%，"不过收入前 20% 群体的收入稳步上升，并且确实，人均国内生产总值（per-capita gross domestic produce，GDP）上升了 29%。"只能通过让妻子进入劳动力市场以及让男人超时工作或夜间从事第二职业来避免不幸，"这使得 1989 年以前薪资水平位于中位数的家庭增长缓慢。"但是从 1989 年开始剔除通货膨胀以及家庭规模干扰，"中位数家庭的收入降低了 7% 以上。"资产/财富的分配不平等在 1980 年代也增加了。 "**到 20 世纪 90 年代早期，财富的份额（超过 40%）掌握在前 1% 的人口手里，与 20 世纪 70 年代中期相比增长了 1 倍，且重回 20 世纪 20 年代晚期、税收改革以前的差距水平。**"[1]

1990 年美国的人口普查结果和人口统计局随后的样本研究

---

[1] Lester Thurow, "Why Their World Might Crumble： How Much Inequality Can a Democracy Take?" *New York Times Magazine*, November 19, 1995, 78, 加粗字体由作者所加。

证实了这些日渐加剧的收入不平等的发展趋势[1]。 在 1989 年（之前的历年收入记录在 1990 年的 10 年普查中）和 1993 年之间，"典型的美国家庭收入每年减少 2 344 美元，降比为 7%"，而同一段时间内，美国人中收入降到贫困线以下者的比例从 13.1% 增加到了 15.1%。 即便人均收入缓慢地增加了，但是分配差距变得更大。 从 1993 年开始，"**顶端 1/5 的美国家庭赚到了国家收入的 48.2%，而底端 1/5 的收入仅有 3.6%**"[2]。 从人口统计局在 1996 年 6 月发布的图表来看，这一不公没有好转迹象[3]。

在导致不平等加剧的原因之中，已经被提到的是： 日渐加大的国际竞争；制造业向服务业的转型；工会的衰退；通货膨胀对最低工资的侵蚀，但是这些列举的原因都是非人力的原因，从而掩盖了产生这些现象的私营企业和公共政策/政治决策。

国家经济政策

就生产力的下降、国际竞争的加剧以及 1965 年以后对来自

[1] 在 1994 年底，当时经济顾问罗伯特·赖希（Robert Reich）宣称这一差距"在过去的 20 年的大部分时间里都是显而易见的"。 可参见： Jason DeParle, "Census Sees Falling Income and More Poor", *New York Times*, October 7, 1994, A16。

[2] 人口统计发布的数据参见： Jason DeParle, "Census Sees Falling Income and More Poor", 加粗字体为作者所加。

[3] Susan L. Fernandez, "Gap between the Very Rich and the Rest of Us Grows Wider," *Miami Herald*, June 20, 1996, 4A.

"欠发达地区"移民限制的相对宽松导致了美国收入与财富差距的加大这一观点，它忽视了针对国家的特定公共政策所发挥的作用。 在某种程度上，全球城市的论证倾向于将这些不平等主要归结于国际体系，基本上忽略了国家税收、劳动和福利政策对收入分配的根本性影响。 相较而言，高德史密斯和布莱克利对美国快速扩大的贫穷则采取了一种更为宽广的视角，强调：

> 国家工业，国内经济和政治被卷入一个新的、衰弱中的国际网络。 全球规模的社会和技术变迁**正在与新的国内政治相结合**，颠覆长期的国内趋势。 在接近 50 年的时间里，国家致力于减少贫穷、使资源分配平等化并壮大中产阶级。 这些改善都被逆转了——虽然不完全如此。 经济与政治力量不再与贫穷做斗争——它们生产贫穷[1]！

这些作者提醒我们，在 1973 年至 1989 年间即便存在一些经济增长，仍约有 4/5 的美国家庭经历了相对收入的下降，而仅有 1/5 出现了增加，最顶端的 1% 则是巨大的增长。 在 1977 年至 1990 年之间，实际可支配收入（real disposable income）[即考虑税收与政府转移支付（transfer payments）之后]间的不平等实际上更加极端[2]。

这一收入分配中的倒退无法仅仅归咎于技术或者国际体系的

---

[1] William W. Goldsmith and Edward J. Blakely, *Separate Societies: Poverty and Inequality in U. S. Cities*（Philadelphia: Temple University Press, 1992）, 1.

[2] 同上，20-21。

变迁。 它同样源于政治产生的政策，当我们将美国与其他可能
受到类似技术和国际力量影响的工业国相比较之后，这一事实愈
发清晰。 到 20 世纪 80 年代，在大多数对收入分配的广泛国际
调查中显示，美国的贫富差距已经超过了其他 15 个工业国[1]。

　　该研究在 1991 年受经济合作与发展组织（Organization for
Economic Cooperation and Development，OECD）委托，使用了来自
卢森堡收入研究所（Luxembourg Income Study）的可靠数据[2]。
研究者们发现，虽然 20 世纪 80 年代收入不平等在发达世界的 16
个国家里都普遍扩大了，不过美国的不平等比率（1987 年为
5.9）在所有国家中是最高的[3]。 芬兰（2.59）以同样的标准
证明了最小的比率。 另外一种分配测量证实，美国呈现了最大
的方差，因为美国最富有的 1/10 的税后人均收入是中位数的
200% 以上，而最贫困的 1/10 低于中位数的 35%[4]（芬兰数据
分别是中位数以上 150%，以下 60%）。 因此，芬兰、瑞典、比
利时、荷兰、挪威、西德、卢森堡、瑞士、新西兰、法国、英

---

[1] 对于该类研究二手文献的总结参见： Keith Bradsher，"Widest Gap in
　　 Incomes? Study Covered Industrial Nations in 1980s," *New York Times*,
　　 October 27，1995，D2。

[2] 经合组织的研究由卢森堡收入研究所的负责人蒂莫西·斯尼丁
　　 （Timothy M. Sneeding）主导，以及哈佛大学教授李·雷恩沃特（Lee
　　 Rainwater）和牛津大学教授安托尼·阿特金森（Anthony B. Atkinson）。

[3] 基本的测量方式是压线进入前 10% 者的税后收入与刚刚滑入底部 10%
　　 者的税后收入之比。

[4] 在应用第二种测量时，研究者们取得了每个国家中位数收入的人均税后
　　 收入（按照家庭规模的不同进行了调整），随后计算了最富有与最贫穷
　　 者的 10% 的收入占中位数收入的比率。

国、澳大利亚、加拿大、意大利和爱尔兰，按降序排列，收入不平等程度都小于美国。

无福利州

然而，这些测量忽略了政府的转移支付，如果将其包含进去的话，会进一步扩大了美国与其他发达国家的差距。一份研究比较了 6 个先进的工业国（美国、瑞典、英国、澳大利亚、加拿大和德国），根据他们的社会报酬，包括了转移支付，并在净劳动报酬和净资本报酬中进行了区分[1]。这是对美国的"福利州"之间的差异——它们相当大地落后于其他发达国家——的更好解释。其他国家的政府倾向于减少不平等，而美国政府不仅仅没有重新分配财富以帮助工人，随着时间的流逝还在事实上倾向于往相反的方向转移财富[2]。

累进税制（Regressive Taxation）

需要为美国中产阶级和穷人恶化的处境负责的不仅仅是衰退

---

[1] 在该研究中，"工人"被定义为那些"依赖于出卖劳动力或从福利国家接受额外收入者"。Anwar Shaikh, "The Welfare State and the Social Wage: A Multi-country Study"（未出版手稿，New School for Social Research, 1995），9。我很感激谢赫教授向我分享该论文。

[2] 谢赫区分了三个战后阶段：从 1952 年到 1969 年的繁荣时期，在该阶段虽然净社会收入比率是负的（即通过政府再分配，劳动用以资助资本），"稳定增长的健康保障允许工人们增强其相应的力量并逐步削减他们向资本的补贴程度"；1969 年至 1975 年间的危机阶段，此时政府支出被日渐加大的失业率和增长的贫困所绑架，在某种程度上这让工人和资本的相对回报率更加接近；1975 年之后的阶段是"资本的反攻阶段，并且国家在净社会收入方面开始了急遽的长期下降"。Anwar Shaikh, "The Welfare State and the Social Wage: A Multi-country Study"（未出版手稿，New School for Social Research, 1995），21。

的福利支持，还有不同的课税负担（tax burden）。 如米雪儿
（Mishel）和弗兰克尔（Frankel）所指出的，"1977 年起，联
邦、州和当地税收的变化恶化了税后收入的分配，中产阶级和穷
人的税收更重了，并且给最富有的1%的人大量的减税。 个人所
得税改善更小，还有更高的工资税，更低的企业税导致 1990 年
最富有家庭的平均联邦税减免为 45 565 美元"[1]。

意义更为重大的在于，面对资本的超额利润时升高的失业率
和工作的降级。 失业率不能准确地反映真实状况，因为它忽略
了潜在务工者的浮动数额。 这些人完全被逐出工资经济之
外——他们经受了如此大的排斥，以致十分气馁，无法在合法的
经济环境内寻找工作。

贫穷家庭人数的增加正好出现在总部设于美国的大型公司的
管理层薪资飞涨之时。 理查德·巴奈特（Richard Barnet）指出
"当上百万的劳动力要么退出要么降级之时"，大型美国企业的
CEO（首席执行官）们则经历了报酬的飞涨。 "在 1960 年和
1992 年之间，CEO 的平均工资涨到了 360 万美元/年，同时工人
们的平均工资从 4 465 美元/年涨到了 24 411 美元/年。"[2]最近
更多的调查显示，管理层收入已经逐步上升到了令人憎恶的地
步。 一份对 150 个最大的美国公司中的 76 名 CEO 收入报酬的

[1] Lawrence Mishel and David M. Frankel, *The State of Working America*, *1990 - 1991* (Armonk, N. Y.: M. E. Sharpe, 1991), exec, summary, 1.

[2] Richard Barnet, "The End of Jobs: Employment Is One Thing the Global Economy Is *Not* Creating," *Harper's Magazine*, September 1993, 52. 一份研究充分的报告可参见: Richard J. Barnet and John Cavanagh, *Global Dreams: Imperial Corporations and the New World Order* (New York: Simon & Schuster, 1994).

初步调查指出，在这些公司中，中层 CEO 的收入在 1995 年薪金和奖励超过了 200 万美元/年，这较之 1994 年增长了 15%。 如果考虑其他的报酬形式，如以内部价购买公司股票的选择权，"中层的全部收入则增加了 31%⋯⋯接近 500 万美元"[1]。 这些增长与福利的相对停滞形成了鲜明的对比。 在 20 世纪 60 年代，主要管理层之间的报酬与公司内典型工人的工资比近似30 : 1；现在达到了 100 : 1[2]。

　　看起来有几个因素成了这些变化的基础。 首先，CEO 的报酬从工资本身转向了其他的收入形式。 前者需要交税，后者可以逃避或者减少交税。 第二，CEO 们的收入越来越多地与其公司股票的价值联系在了一起，由于股票市场的繁荣，极大地扩大了 CEO 的收入（不过应该指出的是，股价的损失并不必然带来其收入的缩水）。 利润/股价与价格之间这一联系实质上可能会进　步促使管理层通过加大劳动强度，将局部生产需求外包给"独立"承包人（他们不是工会成员，没有额外福利等），甚至以削弱生产力为代价削减劳动成本。 面对这些管理策略，劳动者的议价地位丧失了很多[3]。

---

[1] Louis Uchitelle, "1995 Was Good for Companies, and Great for a lot of C. E. O. 'S," *New York Times*, March 29, 1996, 1.

[2] 同上，D8。

[3] 关于这一情况最重要的分析参见: David M. Gordon, *Fat and Mean: The Corporate Squeeze of Working Americans and the Myth of Managerial "Downsizing"*（New York: Free Press, 1996）。 作者主张，由于普通工人日渐被败坏和镇压，企业增加了监管者的数目以规训其工人。

劳动者地位的衰弱

战争刚结束之初劳动者政治权力的丧失，部分解释了这一地位的衰弱，但是反过来，劳动者政治权力的丧失又与劳动者在市场中变弱的议价地位有关。 这些征候有： 失业、实际工资降低和收入分配方差的拉大[1]。 在这里，研究者再次将原因指向全球经济而没有就美国劳动状况的恶化在**何种程度上**直接由国际性变化引发而达成一致[2]。 当然，不可否认的是，美国商业具有工资级差（wage differentials）的优势以降低劳动成本，同时保持利润上升，并且经济的"全球化"有助于这一战略。 如高德史密斯和布莱克利所指出的：

> 本质上，美国政策开始转向将国内潜在劳动力纳入全球劳动力队伍中。 这一变化不仅削弱了国内市场，鉴于劳动力被那些控制美国政客孤立，还阻止它在美国经济中寻找新的高位……在工业重组的博弈中，差的牌被发给了美国的产业工人，利用降低报酬作为获取竞争的短期措施，回应重组的全球市场。 他们恶化了工作环境，提高了失业率，扩大了贫穷。 少数族裔与其他试图从经济的底层做起的人发现，底层已经被锯掉了，并被运往了海外[3]。

---

[1] Goldsmith and Blakely, *Separate Societies*, 56.

[2] 对比数据参见： Gordon, *Fat and Mean*, 证实了在 1973 年及 1993 年间，美国国内制造业雇佣工人的实际小时工资仍然相对没什么变化，而在其他发达国家的增长都同样受到了全球化与重组的普遍力量的影响。 因此，经济的全球化无法解释美国的"例外主义"。

[3] Goldsmith and Blakely, *Separate Societies*, 56.

　　然而，如我们所看到的，只有一些突然性因素起源于国际体系，并且无论如何，应对这些挑战所选择的战略都得到了政府政策的促进。

　　在重组的早期阶段，海外生产工厂的重新布置是跨国公司的首选战略（受到以极低税率获得利润的机会的驱动），但是最近以来的一项新增战略是"国内企业重组，意在提高生产弹性，增加利润，削减成本，降低风险并开拓市场"[1]。 这一战略的结果是更低的工资，岗位的流失，劳动力分化的加大，服务业与制造业中皆是如此。 通过工厂重新选址至国内自由作业区域，以及强迫工会维持工厂运营的"协议"，削弱了工会的力量[2]。"资本密集的寡头……创建了相对小的全日制工人核心和大量的兼职佣工及分包商"，这一趋势被"政府阻挠——甚至是拒绝——强制执行意图保护工人的社会立法"加剧[3]。

　　在某种程度上，通过弹性生产机制外包给"独立"的分包商，以及对临时工人越来越多的依赖仅仅是破坏工会力量的方式，而通过消除来之不易的附加福利来削减成本则盯上了工会的议价权。 有组织的工人在最近才开始为他们失去的权力进行斗争。 约翰·史微尼（John Sweeney）在其 1995 年成为美国劳工

----

[1] Goldsmith and Blakely, *Separate Societies*, 61. 一项更为新近的趋势朝向了美国与欧洲公司的融合，这使得它们可以享有税收最低的报告利润。

[2] 同上，63 - 70。 例如，最近一次由刹车制造业单元发动的针对通用汽车的罢工在最开始时被认为阻止了公司在非工会商店分包合同中进行"外包"竞争性供应生产，但是解决方案中，虽然加入了许多提升工资的要求以及一些外包限制，不过没有阻止后者。

[3] 同上，71。

总会与产业劳工组织（American Federation of Labor and Congress of Industrial Organizations，AFLCIO）主席时所做的当选演讲中强调，他保证转变这40年来工会会员骤降的趋势（从1954年占劳动力的34.7%，至1994年仅为15.5%）。他指出，只"要我们仅代表1/6的劳动力，我们就永远无法在谈判桌上或立法进程中赢取我们应得的东西"[1]。扭转颓势并非易事。传统的组织堡垒，重型的福特制工业，已经在近年衰败了。到1995年，美国汽车工人联合会的成员数从1979年的150万下降至80万人，美国钢铁工人联合会的成员数在同一时段从38万人下降到14万人。分散的服务业和市政工人的组织在面对这些部门最近同样的裁员时，不得不填补空缺。

失业与"差"工作或没工作

因此，结论早先被哪些提出福利网破损的"激进的"经济学家们获得了，即金融与工业的反常以及倒行逆施的政府税收政策将会导致危险的美国阶级分化（以及社会、种族分化），现在已经被更为主流的研究证实。根据邓洛普委员（Dunlop Commission）1994年的报告，国家可提供的工作已从高收入的工业转向了低收入的服务业，后者并不提供能够维持生活的工资，即便是长时间的工作[2]。该报告包含了如下叙述，"实际

---

[1] 引自：Steven Greenhouse，"A Big Job for Labor：Rebirth of Unions Will Not Be Easy，" *New York Times*，October 25，1995，A28。

[2] 参见：Barbara Presley Noble，"Labor-Management Rorschach Test，" *New York Times*，June 5，1994，F21。该文总结了 Commission on the Future of Worker-Management Relations 发布的报告，该报告负责人是前劳工部秘书邓洛普（John T. Dunlop）。

收入的停滞和加大的收入不平等正在撕裂美国劳动力市场，在更上层的高工资技术性工人和增多的'下层'低收入劳力间产生了屏障"[1]。诺布尔（Noble）文章中伴随的图表对报告做了总结，体现了如下的趋势：

1. 在1960年与1990年间，从制造业中转移的总就业份额是渐进且稳定的，从1960年的30%，到1990年只有17%。

2. 服务业的总就业份额从1960年的61%增长至1990年的78%。

3. 平均家庭收入方面，根据通货膨胀率进行调整后，在1977年至1992年间，对于前1%的家庭收入分配而言，是正向的变化；对底部20%的家庭而言，其家庭收入变化是负向的[2]。

在1977年至1992年间，从平均家庭收入来看，前1%的家庭收入经历了超过100%的涨幅。次靠前的4%的家庭则见证了其平均收入超20%的增长。再次的5%其增长约为10%，复次的10%增长了8%，又次的20%大约增长了2%。这些占全部家庭的40%。扣除物价因素后（根据通胀率进行了调整），全部家庭中剩下的60%，经历了收益的净下降；其中中等收入家庭（从40%到60%）根据物价进行校正后，在1977年至1992年间

---

[1] Barbara Presley Noble，"Labor-Management Rorschach Test," *New York Times*，June 5，1994，F21.

[2] 同上。文章相关的图表材料来自 Service Employees International Union。其数据反过来来自 Department of Labor and Citizens Tax Justice。我假定这些数据体现了转移支付前的税前收入，所统计的包括单亲妈妈为家长的家庭。如此的话，一些底部的差距或许无法反映本身的工资差距，除了家庭构成的其他趋势。

经历了约 7% 的损失。 接下来更靠后的 20% 的家庭，在 1977 年至 1992 年据物价校正后的家庭平均收入损失了 10%；收入最低的 20% 家庭的收入（根据物价调整后）下降了约 11.5%。 收入较低的家庭中，损失最大的来源为工作损失。（人们赚取的最低工资购买力缩水同样造成了底层的损失。）

1979 年以来美国工作的流失

在 1996 年 3 月，《纽约时报》就"美国的裁员"发布了一系列的文章，报道了对美国劳动统计局的全国工作流失数据的分析。 该系列指出，在 1979 年与 20 世纪 90 年代早期，超过 4 300 万份的工作（大概是今天全美工作的 1/3）被取消，并且"所有的迹象都表明，［这一］趋势不会［在 1994 年和 1995 年］衰弱。 工作的流失比率在 1992 年攀上了 340 万份/年的高峰并且至今仍接近这一高位，甚至当经济上涨和股票市场繁荣时仍是如此"[1]。 而制造业的蓝领工人经历了最大的裁员，服务业工人、管理者和专业人士中也存在临时解雇[2]。 1996 年 3 月 3 日的地图（该系列的一部分）显示，虽然在 1981 年和 1983 年之间最大人数的临时解雇的受害者是中心地带主要工厂的工人经历，但在 1991—1993 年间，最大的临时解雇比例却给了两岸地区的

---

[1] Louis Uchitelle and N. R. Kleinfield, "On the Battlefields of Business, Millions of Casualties," *New York Times*, March 3, 1996, 27. 这一趋势似乎在 1990 年代晚期有了某种程度的反转。

[2] *New York Times*, March 3-9, 1996. 发布了一系列引人注意的七篇每日评论，总题目为："The Downsizing of America"。 我十分依仗其首篇文章，文章中有整页的数据。 参见：同上，1, 26-29。 地图与统计图表出现在 27 页。

白领工人。

也并非完全都是不幸。需要指出的是，"大多数失去工作的工人，在失业率达到高峰不久之后［甚至就在这几年之内］都找到了另一份工作，新增的工作要多于已摧毁的"，以至于即便有4 300万份的工作消失了，不过非农业的工作总数从1979年的9 000万份增加到了1995年的1亿1 700万份[1]。然而，许多曾经失去工作的人被强行削减了收入，或者只能持续地寻找兼职工作。还有许多人必须去其他地方找工作。

经济增长的社会影响

根据凯恩斯主义（Keynesian）的理论，福特制的关键点是，更少的工作和更低的工资使消费者购买产品变得不可能，因此，这种经济终结于低迷的需求并导致生产以进一步螺旋式下跌的方式收缩。巴奈特对这一点的强调，提了亨利·福特，正像巴奈特曾经引用他的那句话，"如果你降低了工资，就削减了消费者的人数"[2]。

　　然而，现在，建立在大容量的装配线生产基础上、雇佣高薪工人、让他们有能力购买自己生产的产品的社会体系正在快速消失。在1989年以来，美国丧失了160万份制造业

[1] Louis Uchitelle and N. R. Kleinfield, "On the Battlefields of Business, Millions of Casualties," *New York Times*, March 3, 1996, 27.

[2] Barnet, "The End of Jobs," 47. 实际上，这是卡尔·马克思之前在《资本论》中的卓越洞见。不幸的是，全球化看起来将劳动再生产的成本——这通常限制了剩余价值的抽取——同国家经济单元的地理基础分离开来了，就像全球规模的进出口看起来使国家经济均衡向全球贸易赤字倾斜了。

岗位，而这种流失还在进一步攀升……

多亏了自动化；分包商、供应商和临时工人（其中许多是在家进行剪切、缝纫和资料打孔）越来越多地被使用，加之工作场所的重组……，薪酬优厚的稳定工作正在成为辛酸的回忆……这不仅仅是工厂里的现实，在银行、零售业、保险公司、证券行、法律事务所、医院以及所有其他被描述为服务业的地方也是如此。 在 1979 年至 1992 年之间，世界500 强的公司解雇了 440 万名雇员[1]。

在 20 世纪 70 年代和 80 年代，工厂正迁往海外，乐观主义者正在讨论美国如何将"脏活儿"（dirty work）输出海外，这些工作将在贫穷的国家完成，同时将高薪的生产性服务等进行专门化；这些富裕的消费者会反过来由于乘数效应（multiplier effect），产生许多低薪服务业的工作。 但是同样的趋势现在已经扩展到了服务业。 到 1991 年，生产性服务公司开始裁员，管理者们发现他们也开始"在全球性的劳力蓄水池中游泳了"[2]。

这些趋势被两项额外的变化加强了： 据劳动统计局估计，军事预算的削减，到 1997 年这将导致接近 200 多万个职位的消

---

[1] Barnet, "The End of Jobs," 47–48.

[2] 再一次，据巴内特所言："跨国公司认为，印度程序员以爱尔兰保险审查员常常比国内的工人更具生产性且更可靠。 都会人寿保险在科克郡（County Cork）雇佣了 150 名工人核查来自全世界的医疗理赔案件。爱尔兰工人比美国工人的成本少 30%，因为在爱尔兰工作很稀少……没有太多营业额。 这种被马克思称之为失业储备军者，其现在的规模已经很惊人了。"同上，49。

失；以及"生产力"的增加，这产生了一个反常的现象，因为"工人们提升了其每小时的产量，却使其他工人失去了工作，并且长期来看可能还会危及他们自己的工作"[1]。因此，这一优质工作职位不足的问题无法只靠教育和培训解决。

美国地区和主要都市中扩大的不平等的影响

美国持续的高贫困率普遍集中在南方的农村和城市地区，还有"铁锈带"城市的中心区域。然而，重要之处在于认识到**最大数量的穷人生活在美国最大的城市里——纽约、芝加哥和洛杉矶**[2]。虽然穷人有在最大的城市里集中（即使这些城市成为有特殊需求的区域）的趋势，不过即将来临的政府破产被许多地区纳税人的抗税恶化，这侵蚀了本地满足日益增长的需求的能力。

在 1975 年，纽约市主导紧急市政援助公司（Emergency Municipal Assistance Corporation）的金融家通过发行特定的市政援助债券并组建了一个紧缩项目临时避免了城市破产，这一项目与那些国际货币基金组织（International Monetary Fund）强加于第三世界国家的项目很类似。在 1977 年，加利福尼亚投票通过了 13 号决议，该决议彻底限制了财产税率并因此逐渐破坏了洛杉矶资助教育、公共服务与大量本地支持的公共项目的能力[3]。只有

---

[1]　Barnet, "The End of Jobs," 49 – 50.

[2]　Goldsmith and Blakely, *Separate Societies*, 53.

[3]　加利福尼亚的案例之后，在 1979 年马萨诸塞州便通过了 $2\frac{1}{2}$ 提案，该提案同样抑制了市政将期望服务输送至州里的企图。

芝加哥似乎曾避免了财政危机，但是城市偿付能力是通过城市更贫穷地区的低端服务业的持续支持获得的。 相对地，城郊居民则享受着与其财富和自治权相符的尽量高的标准，这进一步导致了种族和收入的差距并鼓励了中产或上层收入的白人对城市的遗弃。 此外，联邦政策在将中心大城市带到破产边缘中发挥了作用，同时在移民的种族仇恨和对抗中鼓励了选民在安全网上剪出越来越大的漏洞，在任何对纽约、芝加哥和洛杉矶城市地区状况的分析中这些都不能忽略。 新的"工作福利制"项目实际上可能进一步撕扯安全网。

　　然而，过去 20 年的普遍经济趋势对这三个地区的影响并不一致，也不是共时性的，更没有将它们放入同一空间格局进行较量。 在纽约的个案中，空间性的不平等在曼哈顿最容易看到，不过它也出现在富裕的曼哈顿区与日渐为少数族裔所占据的外围行政区之间（除了较小且相对孤立的斯塔顿岛）。在芝加哥，阶级/种族的分裂大多出现于城市市区与其环带郊镇的交界处（包括库克郡的城郊部分），虽然边远的镇囊括了孤立的贫困封闭区和/或种族隔离的飞地。 在洛杉矶，这一"碎片化的都市中"的空间分布呈现出更为复杂的格局，不过依照阶级/种族/民族这些社会维度产生的分裂可能没那么极端。

　　这一篇接着探究了国际、国家与本地的境况在这三个地区中的完成方式，说明了其对于居民生活以及他们生活中出现的既定环境的普遍与特定的影响。 在更为重要的变量之中，有一些已经在本书前面的部分得到了探索，即人口构成（尤其是通过种族和移民的地位）和其空间布局；城市内外的经济基础（考察了增

长和衰退中的部门及职业）；成为不同的增长与空间变迁基础的
金融与投资类型；最后还有，政治体制和市民文化，这决定了每
个地区如何应对目前正在发生的根本变化。

第十章
纽约：扩张、收缩与重组进行时

什么是区域

很长一段时间以来，对纽约市经济变化的考察都错误地没有参照它所属的更大的都市化区域。早至20世纪20年代，纽约区域规划协会已经描绘了一个包含12个郡横跨3个州（纽约州、新泽西和康涅狄格）的都会区。当协会在20世纪50年代晚期委托进行10卷本的重新研究时，它将都会区的构成部分确认为22个郡。到1995年，区域规划协会将其范围扩大到了31个郡，包含许多或大或小的城市，还有数不尽的郊区，它们从曼哈顿市中心延伸，最远达到约125英里[1]。此时，扩张后的区域其总人口接近2 000万。

然而，甚至是这一更大的区域，也不足以称为组合城市区

---

[1] 参见：Robert D. Yaro and Tony Hiss, *A Region at Risk: The Third Regional Plan for the New York-New Jersey-Connecticut Metropolitan Area* （Washington, D. C.: Island Press for the Regional Plan Association, 1996）。

（conurbated region）。 这一名称是简·戈特曼在 1950 年与 1960 年的基础人口普查中对波士华（Boswash）的命名——波士顿［Bos（ton）］与华盛顿特区［Wash（ington, D. C）］之间的人口稠密地带——甚至在一代人之前，这里已经有了 3 800 万居民[1]，与包含了该区域中新统一的电话服务区相比显得相当小。 服务区以合并了的纽约电话公司（Nynex）和贝尔大西洋公司（Bell Atlantic）为基础建立，现在从缅因州扩张到了弗吉尼亚州。 该区域由人口统计局于 20 世纪 90 年代划定，用作纽约州-新泽西-康涅狄格的都市综合统计区，当然，这一区域要远小于那些更具雄心的划定区域[2]。 无论如何，它包括了约 7 796 平方英里的区域，在 1990 年，其居住人口超过 1 800 万。

由此可见，对于一个如此长而宽的连续性城市化带——虽然仍旧参差不齐——显然没有"自然的"边界。 只有研究者处于特定目的所选择的多种多样的、半任意性的范围。 这是因为，在 20 世纪不断增长的过程中，第一世界的城市化已突破了 19 世纪的城市空间限制，产生了萨迪奇（Sudjic）所说的"一百英里城市"[3]。 这一既有环境的分散化反映了广泛而复杂的人际关系社会网络，甚至更为复杂的经贸网络，即全球化体系。

---

[1] Jean Gottmann, *Megalopolis: The Urbanized Northeastern Seaboard of the United States*（Cambridge: MIT Press, 1961）.

[2] 最近人口统计局在宾夕法尼亚添加了一个郡，设计了这一跨四州的都市综合统计区单元。

[3] Deyan Sudjic, *The 100 Mile City*（San Diego, Calif.: Harcourt Brace & Jovanovich, 1992）.这是就建筑学与社会特性的一项富有想象力及高度阐释性的研究，作者将之视为 20 世纪 80 年代的城市革命。

　　因此在本章中，笔者将会来回穿插，当仅聚焦于市政服务与政治时，会具体说明 5 个自治区；在考察经济与社会发展时，会指向更大的区域。但是读者们应该时刻留心，将全球化的背景代入这些出现变化之处。

国际经济中的纽约：一个新的全球性状况

　　如我曾经强调的，世界经济日趋增长的"全球化"在 20 世纪的最后 25 年开始显现，它作为国际贸易产业链上游的全球城市与控制中心，不太可能对有限的几个大城市产生相同的影响。纽约，生来便具有全球性功能，并且除了国家历史早期的短暂时刻，从未成为国家的政治性大都会，这大概是全球城市中一个特别反常的个案。

　　安·马库森与维奇·贾维尔斯达（Vicky Gwiasda）在对萨斯基亚·萨辛（Saskia Sassen）的开辟性著作《全球城市》（*The Global City*）进行细致批评时强调，纽约，尤其"明显地不同于伦敦和东京，因为其具有更为分散、多极的国家城市体系，这是另外二者并不具备的特性，又因为国家工业基础的长期恶化削弱了其跨国投资组合，而这一特性仅与伦敦共有，东京并不具备"。此外，相较于其他的全球城市，纽约有一些重大劣势。由于身处的国家远较英格兰和日本要宽广，它必须同其他的美国城市竞争首位的"后工业"生产性服务业，同时在国际上它必须和其他的世界城市竞争金融与商业服务业的霸权。马库森和贾维尔斯达的论点是，纽约越来越"缺乏城市功能的分层（layering）——政治、工业、金融、教育，这是首要城市的关键"，也正是这类城市用来保持自己位置的凭依，即作为"创新的温床和新职业类型的发生器"[1]。 在美国，这些功能分散于许多中心。 然而，需要在此处强调的是，即便有这些不利条件，纽约确实较早地设法保持了其活力。 现在是否有了变化？很明显，是，但并非发生在整个地区。

政治影响力的衰退

在过去，纽约政治中心性的缺乏（因为，与曾提到的几乎每一个其他的"全球性"城市相比，它都算不上一个政治性都会）[2]并没有阻碍它的发展，并且，如我之前曾提到的，或许在实际上"解放"了其居民转而集中于纯粹的贸易企业。 其国内的政治权力一般是间接行使，通过其众多的选民力量和个人联结，塑造了一个从纽约到奥尔巴尼到华盛顿再返还纽约的三角运

---

[1] Ann R. Markusen and Vicky Gwiasda, "Multi-polarity and the Layering of Functions in World Cities: New York Cities Struggle to Stay on Top" (working paper 55, Rutgers University Center for Urban Policy Research, 1993), 1-2. 该论文随后发表于: *International Journal of Urban and Regional Research* (June 1994)。 也可参见: Saskia Sassen, *The Global City: New York*, *London*, *Tokyo* (Princeton, N. J.: Princeton University Press, 1991)。

[2] 关于纽约没有成为"国家性都会"的一个极端重要且有害的结论是，因为其长期的预算危机。 我对此进行了辩驳，参见: "American Exceptionalism: The Global and the Local in the World Cities of New York, Chicago and Los Angeles" (paper presented at the biennial meeting of the International Sociological Association, Bielefeld, Germany, 1995), 在其中，我指出国家津贴帮助了世界性的城市首都例如巴黎和伦敦，以维护其作为其国家象征的地位；相反，纽约市倾向于以更多的税收支持州与联邦政府，而不是接收其援助。

行格局。

　　仅在最近一些年里，这一影响力受到了侵蚀，因为加利福尼亚的 54 张选票超过了纽约的 33 张，并且随着 1968 年理查德·尼克松（Richard Nixon）的上位，加利福尼亚继承了共和党"拥王者"（Kingmaker）的角色[1]。 在新政和民主党"自由主义"期间，华盛顿的政策用于支撑和维持自瓜迪亚-罗斯福执政期以来运营于城中的福利"州"，这加大了纽约的财政劣势。 纽约继续发挥其社会与福利职能，但是不再得到联邦财政的支持。

文化与教育领导权

　　即便失去了政治影响力，纽约作为文化和传媒革新者，或是教育中心，它都仍是引领者。 诚然，洛杉矶仍旧是它主要的传媒中心竞争者，并且学院和大学的增加自然地将高等教育的功能分散到了国内的许多其他地区。 但是就书籍和杂志的出版，纽约仍然是重心。 此外，没有其他城市具有如此多的高等学习机构或如此庞大的公共学院和大学体系。 纽约城市大学建立于1926 年，直到 1975 年财政危机被州政府接管为止，都主要由市政当局提供资助[2]，它仍然是国内最大的城市高等教育体系，有 20 个学院和专业院系，注册学生接近 190 000 人，教师工会有

----

[1] 最后一个来自纽约的总统候选人是托马斯·杜威（Thomas Dewey）——而他失败了。 最后一个有潜力提名总统的是纽约州长马里奥·科莫（Mario Cuomo），他在提名大会之前退出了。

[2] 在 1996 年，该大学称将庆祝其 100 周年纪念，但实际上它加长了时间。 关于大学的资金，参见：Ester R. Fuchs, *Mayors and Money: Fiscal Policy in New York and Chicago* （Chicago： University of Chicago Press，1992），191。 福克斯声明，直到 1975 年的财政危机，纽约州才为首府承担了责任并为城市大学体系管理预算。

职员约 7 500 人，运作资金约 10 亿美元[1]。 为此，不得不增加
了至少 48 个额外的私人机构以分散到 5 个区中[2]。

经济：混合型状况

生产性服务与资本投资的增长

纽约经济的严重下滑在 20 世纪 60 年代已经很明显了，甚至
早在 1973—1974 年的国际"石油危机"以及 1975 年的城市财政
危机以前。 无论如何，即便有这样相对黯淡的图景，纽约仍保
持着并实际上强化了其金融与生产性服务部门，甚至直到其他的
美国城市已经开始在这些领域产生增长之后。 正如《危险中的
地区》的作者这位拥护者在 1996 年自豪指出的那样：

> 在资本市场的功能上，｜纽约｜区占据了全球基本面所
> 有证券贸易的一半，大幅度领先于伦敦和东京。 在 1994
> 年，股权周转量在我们股票交易所超过了 3 万亿美元，相比
> 之下，第二大活跃的东京市场，不足 1 万亿美元。 今日，
> 名列纽约交易所的国外公司要超过伦敦或法兰克福、巴黎和
> 东京总和。 在国际法律和会计领域，盎格鲁-美利坚的结构

---

[1] Selma Berrolon, "City University of New York," in *Encyclopedia of the New York City*, ed. Kenneth Jackson (New Haven, Conn.: Yale University Press, 1995), 234.

[2] 参见：Harold Wechsler, "Colleges and Universities," in *The Encyclopedia of New York City*, ed. Kenneth Jackson (New Haven, Conn.: Yale University Press, 1995), 251–254。

是公认标准，伦敦是我们唯一的对手，并且……［纽约］在市场中 20 个最大的国际法律公司中，主导了 12 个。在世界上 6 个最大会计公司中，其中同样有 5 个总部设立在纽约[1]。

纽约地区的金融体制对于中心贸易是如此重要，以至于到 1998 年春天，即便是总部位于华盛顿特区的计算机化的纳斯达克［全称为美国全国证券交易商自动报价系统协会（National Association of Securities Dealers Automated Quotation，NASDAQ）］证券交易所也正在考虑重新安置于纽约。但是，与此同时，新泽西继续设法获取纽约证券交易所。

制造业与航运的衰落

随后，出现了马库森与贾维尔斯达必将重点提及的情况，纽约城的制造业与航运的生产性经济基础的衰退。并且在这些区域中，必须说明的是，衰落出现得很明显。在一定程度上，制造业的衰落仅仅与更大地区域内的普遍衰落同步，事实上，全国都是如此。但是，纽约地区的衰落甚至比全国更为影响深远。这大概和该州政治权力的丧失存在因果关联，并在国家层面转化为对其更低的国防投资（加利福尼亚仍然是公认获得了的缩减总量中最大的一份，尽管它必须同邻近的州分享这一投资）。

迟至 1960 年，纽约都市区的制造业工作份额正好是国家平均水平的 31%。然而，在 1969 年与 1990 年之间，该区域损失了超过 800 000 个制造业工作，在仅仅 20 年之内缩水了 44%。

----

[1] Yaro and Hiss, *A Region at Risk*, 27.

到 1990 年，工作于制造业的都会区劳动力不足 15%；城市工人不足 10%，较国家平均水平相当低[1]。 1970 年以来，由纽约区域规划协会所划定的三州交叉地区在最近的更新换代中，制造业的衰退十分急促并且看起来无法阻挡，同时该区域制造业工人的比例从早些年的超过 25% 下滑到 1994 年的仅有 12%[2]。

最近的趋势甚至更令人沮丧。 制造业岗位在 1992 年至 1995 年这一短暂时段内下降了 6.5%，而建筑类下降了 2.4%。 贸易和政府雇佣在这些年里仍然相对稳定，只有两个相对较小的部门出现了微小的增加： FIRE（金融、保险和房地产）增长了微不足道的 2.4%；运输业与公共设施增长了 4.5%。 唯一展示出重大增长（9.3%）的职业类别是"无差异服务"（undifferentiated service）——几乎全是最低工资的职业构成。 因此，在"好""差"工作之间的两极分化未尝减弱。该区域每增加一份高收入的职业，就会增加一打最低序列的服务业职位。 如果任何这类转变让纽约甚至更加依赖其"新"的在贸易、金融和旅游业方面的世界城市职能，那么我们也可以加上一条： 作为移民的接收中心[3]。

―――――――

[1] Markusen and Gwiasda, "Muti-polarity," 9. 作者们引用了： Port Authority of New York and New Jersey, *Regional Economy: Review 1990*, *Outlook for the New York - New Jersey Metropolitan Region*（New York： Port Authority, 1991），30 - 31。

[2] Yaro and Hiss, *A Region at Risk*, 27，Figure 7.

[3] 关于纽约在国际体系中作用的最好经济分析参见： Matthew Drennan, "The Decline and Rise of the New York Economy," in *The Dual City: Restructuring New York*, ed. John Mollenkopf and Manuel Castells（New York： Russell Sage Foundation, 1991），25 - 42。 以及： Drennan, （转下页）

　　职位和人口在更大范围内持续去中心化的倾向加剧了纽约市地位的衰退。 工作的增加和失去与人口的变化是同步的。 在该区域的城市核心中（包括纽约市和新泽西一带更旧的诸城市），职位的数量已经下降了，而净增的工作几乎仅仅出现在三个州的边缘诸郡。

　　在海空运输领域，纽约在全美国际运输的份额占比也下降了，即便实际体量继续上升。 然而，鉴于大西洋不再是国际贸易唯一的垄断航线，份额的损失是不可见的；洛杉矶主导了环太平洋的航运，现在贸易航线正经历迅速增长。 此外，纽约甚至不再是大西洋空运和水运中"批发集散"不可或缺的节点，尤其是在集装箱开始分离登陆（delinked landfall）以及存货盘存（inventory taking）之后。 即便如此，迟至 1989 年，纽约港（包括奥尔巴尼，但不算新泽西）仍然在进口原吨位（raw tonnage）方面领先于芝加哥和洛杉矶，不过洛杉矶港在出口原吨位方面领先于二者[1]。

──────

"Gateway Cities: The Metropolitan Sources of US Producer Service Exports," *Urban Studies* 9（1992）: 217−235。

[1] 参见: Janet L. Abu-Lughod, "Comparing Chicago, New York, and Los Angeles: Testing Some World City Hypotheses," in *World Cities in a World-System*, ed. Paul L. Knox and Peter J. Taylor（Cambridge: Cambridge University Press, 1995）, 179, Table 10.3。 据 U. S. Army Corps of Engineers Navigation Data Center, Waterborne Commerce Statistics Center, *Annuals of 1991 and 1992*, 纽约港在 1989 年进口货物达到 47 121 436 原吨位，相较而言，洛杉矶地区所有港口才达到 13 492 146 原吨位。 很明显，芝加哥只能通过圣劳伦斯河海道出海，经手进口货物仅有 300 万吨。 然而，鉴于远东地区日益扩大的市场，纽约与洛杉矶港口的相应位置转为出口吨位，后者经手了约 1 100 万原吨位，纽约则（转下页）

　　然而，纽约市的航运份额随着纽约海港自身充塞的淤泥开始滑坡，同时纽约-新泽西港口当局倾向于向新泽西进行更多的投资[1]。 纽约市的设施要求政府进行补贴到现在已经有一段时间了，目的是补足沿布鲁克林、西曼哈顿、斯塔顿岛一线主要站点的运营损失。 一系列试图回收城市滩涂以投入更具"盈利性"用途的新规划已处于讨论之中，这暗示新泽西一侧的航运站点已经赢得了竞争[2]。

　　纽约、芝加哥和洛杉矶在空运方面的差别很小[3]。 不仅增

（接上页）为 700 万原吨位。 我想，如果新泽西港也被包括进去的话，那么二者的差距会更小。

[1] 关于海港淤塞，可参见： Andrew Revkin, "Curbs on Silt Disposal Threaten Port of New York," *New York Times*, March 18, 1996, 1, B4。 当然，淤塞影响了新泽西，也影响了纽约州，这迫使二者的州长淡化其竞争以保障该区域的比较优势。 也可参见： Andrew Revkin, "2 Governors Plan Cleanup for Harbor: Trying to Keep Shippers from Leaving New York," *New York Times*, October 6, 1996, 37 - 38。

　　此外，对于港务局最近的管理不善，招致了一些怨言，它被谴责冷落了对纽约一侧的投资。 参见： John Sullivan, "Report Criticizes Port Authority," *New York Times*, May 23, 1996, B1 以及 Thomas J. Lueck, "Report on Port Authority Says It Favors New Jersey," *New York Times*, February 16, 1996, B5。

[2] 参见：Clifford J. Levy, "Port in a Storm: Planners Question the City's Maritime Future," *New York Times*, August 30, 1996, B1, B5。 如可参见： Douglas Martin, "State Panel to Announce Riverfront Plan," *New York Times*, June 6, 1996, B1。

[3] 参见： Abu-Lughod, "Comparing New York, Chicago and Los Angeles," 179, Table 10.4。 据： U.S. Department of Transportation, Federal Aviation Administration, Research and Special Programs, *Airport Activity Statistics of Certified Route Air Carries*, annual reports of 1990 and 1991, 通过 （转下页）

加了飞机的载重量和距离，使得向其他东部国际机场（尤其是迈阿密与亚特兰大）直接收发货物成为可能，而且往新泽西一侧的当地空运与海运设施的搬迁或增补也自然地削减了纽约与航空旅游及运输相关的职位份额。 航空客运服务随着航空货运而来，加上纽瓦克机场的新设施，旨在超越肯尼迪国际机场（John F. Kennedy International Airport）成为最繁忙的区域航空枢纽[1]。

服务业的两极扩张

当然，与这些制造业和运输业的下降趋势相反，该区域参与服务业的劳动力比例开始上涨。 迟至 1978 年，制造业与服务业每一项大约都提供了该区域就业的 22%，但是在此之后，制造业的雇佣人数开始下降，而服务业的比例开始稳步上升；到 1994 年，所有的工人中约有 1/3 工作于"无差异的"服务业[2]。 到目前为止，这是最大的雇佣部门，在 1995 年提供了约 280 万个职位，而后按降序排列： 政府部门是 140 万；零售贸易部门是

（接上页）纽约港（包括诺瓦克）、洛杉矶和芝加哥的空运货物计费吨位更加均等： 经由纽约的超过 400 000 计费吨，洛杉矶（包括长滩和橘郡）的约 360 000 计费吨，芝加哥约 300 000 计费吨。 不幸的是，无法区分国内和国外的目的地。

[1] Neil MacFarquhar, "Newark Airport Is Pressing to Surpass Kennedy," *New York Times*, January 24, 1996, 1, B5. 城市的政治家长期以来都被谴责在纽约-新泽西的港务局中偏袒新泽西。 然而，需要指出的，为了保持其竞争优势，肯尼迪机场现在其航站楼正经历大幅扩张，也提升了其通过姗姗来迟的公共运输至曼哈顿的便捷程度。

[2] Yaro and Hiss, *A Region at Risk*, esp. 27, Figure 7. 该文本在此处不甚清晰，不过根据其出现的语境，这些"服务业工作"是在后文中被专门指出的之外的工作。 因此，我称之为"其他各种各样的服务工作"或者是像这里一样："无差异"服务工作。

120 万；广受吹捧的 FIRE 行业略微多于 800 000，而很多分析者声称这是全球化真正的增长引擎[1]。

然而，FIRE 部门尤其不稳定。它在 1987 年由华尔街的灾难所引起的经济衰退之后，于 1991 年创造的新职位直线下降至一个最低点；此后，华尔街迅速恢复了，不过它没有将其利益成功传递到该区域剩下的地区中[2]。如果有什么不同的话，那就是在 1996 年城市内的工作增长似乎超过了郊区的工作增长[3]。确实，很多增长出现于低报酬的服务业，这些职业为满足富人的需求或服务于移民相关的种族需求而存在。然而，与加利福尼亚联系如此紧密的高科技与计算机服务在纽约的图景中并未缺席。曼哈顿在这些领域进行的革新——最近发生在曼哈顿下城一片区域里，名字语带双关，称作"硅谷"（Silicon Alley）[4]。

---

[1] 亚罗与西斯展示了服务业的范畴（在 1995 年有 280 万份工作）并不包括：建设、运输与公共设施、批发贸易、金融-保险-房地产（著名的热门部门），或者是政府部门。单政府工作便占据了接近 150 万个职位，而金融-保险-房地产部门占据的职位远远不足 100 万。同上，31，Figure 11。

[2] 参见：Tom Redburn，"New York Climbing Out of the Recession: Incomes Rising as Recovery Adds Jobs，" *New York Times*，June 12，1994，1，47。也可参见最近的："Wall Street Leads a Recovery in New York，" *New York Times*，October 21，1996，1，B6。不过，纽约地区产生工作的比率继续落后于国家整体。然而，始于 1994 年，由华尔街繁荣所带来的好运是一场意料之外的由城市及州管理人员可支配的税收上涨，这使得 1990 年代中期能够从一场地方财政危机中得到暂时的缓解。

[3] Kirk Johnson，"U. S. Says New York Outdid Suburbs in 1996 Job Growth，" *New York Times*，January 23，1997，B8.

[4] 硅巷往南从熨斗区延伸到了曼哈顿尖端。这一城市增长最为迅速的商业区已经在超过 1 100 家企业中雇佣了约 18 000 名工人。参见. *New York Observer*，August 3，1996，1。

这一区域中有成千所谓新媒体产业的小公司（"互联网网站、多媒体软件、在线娱乐和其他数字产品"的开发者）。 总而言之，"他们现在在市里雇佣的工人比传统媒体产业如电视、书籍出版或报纸更多"[1]。

收入与空间的两极分化

这些对国家整体上造成影响的普遍性经济趋势对纽约市及该区域造成了特别强的影响。 在本地经济活动、城市与区域人口的阶层与种族分布中，已经出现了两极分化。 然而，这些状况不能全部归结为"全球化"这一种单独的因素。 此外，它们远较任何城市与郊区的分裂这种简单模式所能解释的要复杂得多。鉴于塑造了无界纽约地区的地理与管辖权的分割从一开始时便存在了，将这些部分进行分解以探究显现出的两极分化类型是必要的。 因此，我们将首先对曼哈顿进行观照，随后将曼哈顿与其他 4 个区进行比较，最终将城市作为一个整体与更大的都市综合统计区以及区域规划协会 31 个郡的划定区域内的其他部分建立关联。 按照这种方式，应该有可能解开具有差别性的"两极化"的性质、程度和模式。

在之前的一系列地图中我们可以根据人口和工作看到，区域中心诸郡（纽约与新泽西）之间出现的空间两极化，连同其停滞或下降中的人口，以及增长更快更边缘的郡。 这是更为独特的

[1] Steve Lohr, "New York Area Is Forging Ahead in New Media," *New York Times*, April 15, 1996, D1, D4.

趋势必须考虑的背景。

曼哈顿的收入两极分化

纵观由富人和穷人共享的曼哈顿岛历史，要确定巨富阿斯特家族与雅各布·里斯描写的"另一半"间在世纪之交已十分显著的差距现在是否或多或少地比以前更为极端，是不可能的。　今天"两极分化"相关程度的证据是不够确凿的。　它取决于测量差距的方式、被选择用来比较的单位变化考察的时间跨度。　但是由于曼哈顿岛的居住密度和其社区的混杂性，这里形成的对比特别鲜明[1]。

莫伦科夫（John Mollenkopf）和卡斯特斯编辑的《双面城市：重组纽约》（*The Dual City: Restructuring New York*）中的一对图表[2]展现了尝试追踪纽约地区收入分配的努力。

早在 1949 年（我会建议的时间比这个早得多，不过维农的数据也不能更早了），曼哈顿已经显示出了标志性的两极阶级格局，显现了非常富有和非常贫穷的居民。　中产阶级的居民则意

---

[1] 最为尖锐、鲜明的对比可见于曼哈顿东部沿公园大道一线，在第 96 大街的转换点，在此地下的轻轨线突然升上地表。　第 96 大街以南是卡内基丘社区，其居民中位数收入全城最高；往北始于东巴里奥，该社区主要是公共房屋项目。　然而，在过去的几年中，下层高档社区已经向北缓缓蔓延。

[2] 参见：Richard Harris, "The Geography of Employment and Residence in New York since 1950", in *The Dual City: Restructuring New York*, ed. John Mollenkopf and Manuel Castells（New York：Russell Sage Foundation, 1991），139, Figure, 5.3。　注释指出 1949 年的图表最初出现在：Raymond Vernon, *Metropolis 1985*（Cambridge：Harvard University Press for the Regional Plan of New York, 1960），148。　哈里斯未曾指出 1979 年图表的来源。

味深长地未被充分彰显。　相较而言，曼哈顿之外的核心区域
（几乎构成了外围诸郡的布鲁克林、布朗克斯、皇后区与斯塔顿
岛）在 1949 年是纽约工人阶级与中产阶级的家园首选。　在这一
区域，由收入阶层决定的家庭分配几乎符合自然的正态分布曲
线，大多数的家庭收入集中在中间层。　那时，围绕城市的城郊
"内圈"所囊括的家庭，其收入整齐地偏向更上的阶层，这确证
了早期"城郊居民"处于中产与上层阶级之间（相对的，该区域
的"外圈"显示出相对平缓的收入分配，这意味着其幅度与多样
性仍然相对独立于城市及其近郊的趋势之外；该区域包括渔业和
农业定居点以及工业社区和"普通"小镇）。

　　到 1979 年，这些分配经历了剧烈的改变。　曼哈顿仍然是唯
一高收入与低收入家庭超过了中间收入家庭的区，但是这种极端
的现象在 1949 年开始极大的缓和；U 形曲线更加平坦。　同时，
外围各区变得更加"无产阶级化"，从最低的收入阶层到最高阶
层都出现了单调下降。　这反映了战后阶段开启的根本性变化，
许多有影响力的外围各区白人中产和工人阶级居民迁往更外围
的、正在迅速成长中的新大众城郊。　他们的空间被"少数族
裔"（大多是波多黎各人与非裔美国人）接收，随后再加上从加
勒比和亚洲来的"新移民"，他们在此获得了都会区的立足点。

　　在 20 世纪 80 年代，曼哈顿的收入不平等可能再次扩大了。
从安德鲁·贝弗里奇（Andrew Beveridge）关于 1990 年美国人口
统计普查区数据利用计算机绘制的地图中可以清楚地看到这一
点[1]。　在对这些发现进行的总结中，萨姆·罗伯茨（Sam

---

[1] 地图重印于：Sam Roberts, "Gap Between Rich and Poor in （转下页）

Roberts）指出"当曼哈顿的收入不平等开始历史性地扩大时，其在 20 世纪 80 年代的差距大到超过了任何具有 50 000 人口或以上的郡"。 到 1989 年，曼哈顿最富裕的 20% 的家庭收入是最贫困的 1/5 的 30 倍。（这一差距甚至比在全美家庭中增长的不平等还要大）并且曼哈顿最贫穷的普查区（西哈勒姆，仅约 6 000 美元）的平均家庭收入与最富有者［上东区卡内基丘（Carnegie Hill），其平均家庭收入超过 300 000 美元］之间的差距大得难以想象。 大概正如所料，曼哈顿最富有的家庭大多生于本地，并从事管理或专业性工作；而许多最贫穷的家庭是非裔美国人或拉美裔（都是本地波多黎各人和国外出生的加勒比人），他们没有工作或者脱离了劳动力行列，还包括生活在女性主导的家庭中的孩子——城市里最贫困的群体[1]。

　　罗伯茨总结道，中产阶级正被挤出曼哈顿，在 20 世纪中叶，中产阶级常常已无法在曼哈顿生活了。 虽然曼哈顿仍占据纽约区最大份额的工作，不过待遇最好的工作常常掌握在内城与

（接上页）New York City Grows Wide," *New York Times*, December 25, 1994, metro sec., 33。 需要指出的是，罗伯茨的重点在于曼哈顿，并且他的研究中给出的分析单元并非按照区或更大单元的家庭收入分配，而是平均家庭收入，计算进个人普查地带之中。 因此，对两份数据集之间进行比对是无根据的。

[1] 同上，33。 最贫穷的家庭更可能其家长是女性或西班牙裔，并且相较于 1980 年代而言，更多都没有工作。"在 1990 年受雇佣者"远远"少于 1980 年——约 3∶10，甚或比例略高于接受社会救济者。 在 1980 年，80% 的穷人有工作"。 同上，34。 注意，罗伯茨的贫困人口收入数据不包括非现金收益以及非法或未公开的收入或者其他来源的补贴，如公共房屋、租金管制以及低学费的学院。

外环城郊之间的通勤者手上，而居住在城内的穷人许多是老人、失业者或"少数族裔"群体中的未充分就业者。

纽约城的外围各区：增长的贫困

即便曼哈顿有能力选择留住并/或吸引更为年轻的高薪专业人士，不过在20世纪70年代和80年代期间产生了城市其他地区的人口结构变化，尤其是在布鲁克林和布朗克斯，因此作为一个整体，纽约市在种族、民族和阶层方面分化更加严重。而纽约市的5个行政区于1980年在那些收入差距最大的城市之中只排到第11位，其扩大中的阶层分化则使它于1990年在这些城市中"上升"到了第5名。在更大的纽约都市区中，穷人被"更多地集中在了纽约市里，而不是其他的主要都会区，除了圣·安东尼奥"[1]。此外，在1980年与1990年之间，城市的穷人更穷了[2]，并且在曼哈顿、布鲁克林以及布朗克斯（还有跨过新泽西州线的纽瓦克），中产阶级居民的比例急遽地下降。这些变化部分可归结于种族和民族因素。

各自治区种族和民族的分化

人口的转移导致了外围各行政区种族构成中的绝大多数根本性变化（表10.1）。与这一种族/民族的转变相伴的总人口的净

---

[1] Sam Roberts, "Gap Between Rich and Poor in New York City Grows Wide," *New York Times*, December 25, 1994, metro sec. , 33.

[2]"在最贫穷的1/5中，纽约市13%的家庭在1980年收到了公共援助。到1990年，最贫穷的纽约市家庭中有28%接受了救济，但在该地区其他地方只有14%有福利。"同上，34。

表 10.1 纽约市各区人口(单位：千)，1940—1990 年，
"白人"比例的下降评估

	1940	1950	1960	1970	1980	1990
纽约市	7 455	7 892	7 782	7 895	7 072	7 323
"白人"比例/%	94	90	85	不适用	61	52
曼哈顿	1 890	1 960	1 698	1 539	1 428	1 456
"白人"比例/%	83	79	74	不适用	59	59
布鲁克林	2 698	2 738	2 627	2 602	2 231	2 301
"白人"比例/%	95	92	85	不适用	56	47
布朗克斯	1 395	1 451	1 425	1 472	1 169	1 173
"白人"比例/%	98	93	88	不适用	47	36
皇后区	1 298	1 551	1 810	1 986	1 891	1 911
"白人"比例/%	97	96	91	不适用	71	58
斯塔顿岛	174	192	222	295	352	371
"白人"比例/%	98	96	95	不适用	89	85

注释：1990 年的数据没对少计进行修正。 西班牙裔被算作"白人"还是"非白人/其他"取决于他们的自我认同。 1970 年的数据之所以被忽略是因为西班牙裔在这次普查时并没有按照人种统计。 在 1980 年，21% 的城市居民来源于西班牙，到 1990 年这一数字增加到 25%。 参见第七章对纽约波多黎各人中白人、黑人、其他这些术语的"模糊性"的讨论。 如果波多黎各人（他们日趋倾向于将自己报为"白人"）被忽略了，1990 年"非西班牙白人"的比例将会下降至总量的 43%（参见纽约市城市规划局，《纽约市人口趋势》（New York City Population Trends）［1995 年 7 月］），并且"白人"与"少数族裔"的隔离程度将会增加。 在随后的分析中，我逐区计算了过去几十年之内黑人与波多黎各人的再分布。

来源：苏珊·费恩斯坦、伊恩·戈登、迈克·哈罗伊编：《分裂的城市：当代世界的纽约与伦敦》（Susan Fainstein, Ian Gordon and Michael Harloe, eds., Divided Cities: New York and London in the Contemporary World）（Oxford, Basic Blackwell, 1992），27，表 1.2；他们的数据编辑自多个表，来自艾拉·罗森维克（Ira Rosenwaike），《纽约市的人口历史》（Population History of New York City）（Syracuse, N. Y.: Syracuse University Press, 1972），以及美国人口调查局的统计表和菲斯克（E. B. Fiske），《纽约的增长与移民息息相关》（"New York Growth Is Linked to Immigration"），《纽约时报》，1991.2.22，表 A。

减少,只发生于在 1960 年与 1990 年之间那些人口结构改变最大的行政区中。因此,曼哈顿的人口从 1960 年的接近 170 万到 1980 年下降为仅 140 万,之后在 1990 年略微增长,接近 150 万。布鲁克林的人口从 1960 年的 263 万下降到 1980 年的 223 万,之后在 1990 年略微增长到 230 万。布朗克斯的人口在 20 年内稳步下跌,从 1960 年的 140 万到 1980 年的 117 万,在 1990 年仅略微恢复,接近 120 万。

"更白"的外围行政区皇后区人口在 1960 年之后从 180 万到 1970 年的几乎增长为 200 万,实际上其人口总量在 1980 年经历了一个轻微地下降(1980 年约 190 万),而后在 1990 年又增长到略高于 195 万。 但是其总量的微小变化隐藏着该区的一个根本性人口结构变化: 从 20 世纪 80 年代开始,皇后区成了多种新移民的主要目的地。 相反,斯塔顿岛在整个 30 年期间经历了整体的人口增长,即便其少量的少数族裔也增长了。

但是,纽约市的情况比入侵演替和白人迁徙这一简单的模式所能捕捉到的要复杂得多。 表 10.2 说明了该部分情况,不过由于这些区(除去斯塔顿岛之外)是如此之大,使得加总数据隐藏了某些区内部重新种族隔离的程度,因此在总体上可能会产生种族融合更为深入的印象。 少数族裔并非在所有的区随机分布,而是倾向于集中在特定区域。 这个过程中令人困惑的还有波多黎各人的存在,他们仍然是城市里最大的西班牙裔单一亚族群,如我之前所指出的,倾向于自称为"白人",其数量之大已足以使研究者过高估计各区中种族融合的程度,现在这些区中"少数族裔"成了"多数群体"。

在表 10.2 中,我估测了城市里两个(几乎)最大的"少数

**表 10.2　非裔美国"黑人"及"波多黎各出生或具相关血统"者
在纽约各区的分布估计，1960—1990 年**

	1960	1970	1980	1990
纽约市总量/人［A］	7 781 984	7 599 419	7 071 639	7 322 564
曼哈顿	1 698 281	1 539 233	1 428 285	1 487 536
布朗克斯	1 424 815	1 471 701	1 170 344	1 203 789
布鲁克林	2 627 319	2 602 012	2 230 936	2 300 664
皇后区	1 809 578	1 986 473	1 891 325	1 951 598
斯塔顿岛	221 991	295 443	352 121	378 977
"黑人"人口/人［B］				
纽约市总量	1 087 931	1 670 115	1 784 337	2 102 514
曼哈顿	397 101	380 442	309 854	326 969
布朗克斯	163 896	357 681	371 926	449 399
布鲁克林	371 405	656 194	722 812	872 305
皇后区	145 855	258 006	354 129	423 211
斯塔顿岛	9 674	17 792	25 616	30 630
波多黎各出生/血统估测				
纽约市总量	612 874	811 839	862 372	896 763
曼哈顿	225 639	185 323	166 328	154 978
布朗克斯	186 885	316 772	322 098	349 115
布鲁克林	180 114	271 769	279 646	274 530
皇后区	17 432	33 141	83 245	100 410
斯塔顿岛	2 804	4 834	11 055	17 730

注释：表格中用各区的通常称呼代替了其普查册中的正式郡名。对门外汉来说，曼哈顿就是纽约郡，布鲁克林是国王郡，斯塔顿岛是里士满（Richmond）郡。布朗克斯与皇后区是其正式的名字，跟通常说法一样。

A：黑人和波多黎各人的分类汇总不应加上，因为会有重叠。白人的数目不能通过从总量中减去黑人和波多黎各人的数目来估算，因为亚裔和"其他"种族不包括在表中。

B："黑人"不仅包括本地出生的非裔美国人，还有一些来自加勒比和非洲的移民，以及未知数目的波多黎各人和其他一些自称"黑人"的西班牙人。

来源：我基于连续的美国统计局统计表进行的计算。

族裔"非移民群体[1]——非裔美国人和波多黎各人——在各个区的规模变化，虽然完全区分这两个族裔是不可能的。 我使用了一个巧妙的方法通过过去四次人口调查表格中使用的定义变化来追踪波多黎各人的身份认同。 而这些数字仅仅是估计，并且有一些重叠，我相信它们为（研究）纽约最贫穷的少数族裔定居点赋予了新视野： 非裔美国人和波多黎各人（其当前的社会经济状况甚至比纽约的黑人更加不确定）[2]。 在该表格中可明显看到，不仅仅是黑人和波多黎各人的数量在过去30年里获得了增长，而且这两个"少数族裔"还存在着从曼哈顿向外围各区逐步"分散化"的现象。 表10.3显示了这段时间内，居住在各个行政区中的全部"黑人"和全部"波多黎各人"的估测比例[3]。

———

[1] 严格说来，并非全部的"黑人"是本地出生，鉴于此，如我们所见，纽约的黑人人口中总是包含相当规模比例的加勒比人，甚至非洲国家这些海外出生的"黑人"。 我无法进一步拆解这一点，而是采用了纽约人经常使用的词汇黑人和**波多黎各人**这一"社会定义"。 参见第七章的讨论。 波多黎各人在人口连续调查表中经常当作"西班牙裔姓氏""说西班牙语者"，现在是"西班牙裔"，而并非当作移民。 参见授予波多黎各半殖民地市民特权的法案（1919年的琼斯法案）。

[2] 波多黎各人的数据源自大卫·希利亚德（David Hillyard）的连续人口调查表。 黑人以及波多黎各人的数目不应同时增加，因为早期的人口统计年份中，有一些比例未知的据报为波多黎各人生育或具其血统的人口也被包括为"黑人"这一范畴。 到1960年，我将来自波多黎各的人口加入了"生于波多黎各"这一条目中，无论其种族；到1970年，我使用了波多黎各出生或具其血统的人口数据，也无论其种族。 1980年及1990年的数据来自西班牙裔部分。 在1990年的人口统计中，很大比例的纽约拉丁裔将自己的种族登记为"其他"。

[3] 表10.3中比例计算的数据来源与表10.2中的数据都持有相同的保留意见。

表 10.3　纽约市五个区中的非裔美国人和波多黎各
人口的分布比例估测, 1960—1990 年

	1960	1970	1980	1990
纽约市				
所有区	100.0	100.0	100.0	100.0
曼哈顿	21.8	20.3	20.2	20.3
布朗克斯	18.3	19.4	16.5	16.4
布鲁克林	33.8	34.0	31.5	31.4
皇后区	23.3	26.1	26.7	26.7
斯塔顿岛	2.9	3.9	5.0	5.2
"黑人"人口 [A]				
所有区	100.0	100.0	100.0	100.0
曼哈顿	36.5	22.8	17.4	15.5
布朗克斯	15.1	21.4	20.8	21.4
布鲁克林	34.1	39.3	40.5	41.5
皇后区	13.4	15.4	19.8	20.1
斯塔顿岛	0.9	1.1	1.4	1.5
"波多黎各"人口				
所有区	100.0	100.0	100.0	100.0
曼哈顿	36.8	22.8	19.3	17.3
布朗克斯	30.5	39.0	37.4	38.9
布鲁克林	29.4	33.5	32.4	30.6
皇后区	2.8	4.1	9.7	11.2
斯塔顿岛	0.5	0.6	1.3	2.0

　　注释：　数字加起来不到 100 是因为凑整。　我计算该比例只是体现相对的分散情况。　鉴于数据被"重组"的方式，它不适合用来计算城市与自治区作为整体的依种族和出身/血统所形成的历时性分布比例。　1990 年的情况最好根据表 10.4 进行重组。

　　A：　"黑人"人口包括来自加勒比流域的移民，最大的群落来自牙买加和多米尼加共和国。　海地（Haiti）与其他的加勒比岛屿以及非洲也促使了纽约黑人人口的增长。

　　来源：　我基于连续的美国统计局统计表进行的计算。

需要指出的是，从 20 世纪 60 年代末开始，随着 1965 年移民法改革，波多黎各出生及具有其血缘之外的"西班牙裔"在城里变得更多了。到 1990 年，波多黎各出生/血统的人口在城里的所有西班牙裔中仅仅占据一半。目前，最大数量的生于国外的西班牙裔来自多米尼加共和国。他们在 1990 年的总量约为33.3 万人，其数量到 1990 年中期大约上升到了 50 万。

移民也使得城内非西班牙裔的黑人数量增加了，因为来自加勒比讲英语与法语的岛屿移民增多了。虽然本地出生的非裔美国人口继续随人口自然增长率而增加，不过最近几十年存在着内部迁移的净流出，既有选择前往都会区其他地方的，也有前往别的南方城市的。纽约城市规划局一个最近的项目指出，到 2000年，城市中西班牙裔人口比例将会首次超过非西班牙裔黑人居民的比例（29% vs 26%）。

各郡中心与城郊环带的种族与民族分化

到 1990 年，整个纽约-新泽西-康涅狄格都市综合统计区民族与种族的空间分布反映出了"非西班牙裔白人"人口向纽约市外地区的进一步分散，因为城内的人口日渐为"少数族裔"所专有。表 10.4 展示了我根据 1990 年人口调查表所做的计算。这一逆向的模式也适用于城郊内、外环带，它大致体现了一种收入上的平稳增长，正如表 10.4 中可做出这一推断，其包含的人口更有可能被定义为是"非西班牙裔白人"。如果都市综合统计区没有同样包括这类"少数族裔为主"的大城市，如纽瓦克及一些周边区域，"真正的郊区"中的"白人"比例当然会更高。

表 10.4 纽约-新泽西-康涅狄格都市综合统计区（CMSA）/ 纽约主要都市统计区（Primary Metropolitan Statistical Area，PMSA）/曼哈顿/纽约市的外围行政区的种族/西班牙裔的人口分布比例。据 1990 年人口普查

种族/人种	地理单元或细分地区报告（%）			
	CMSA	PMSA	曼哈顿	外围行政区
非西班牙裔白人	63.2	47.9	48.9	41.8
非西班牙裔黑人	16.4	23.2	17.6	27.2
非西班牙裔美洲印第安人	0.2	0.2	0.2	0.3
非西班牙裔亚洲人	4.6	6.2	7.1	6.6
非西班牙裔其他人口	0.2	0.3	0.3	0.3
西班牙裔（全部种族）	15.4	22.1	26.0	23.9

注释：**西班牙裔**指认同自己西班牙身份者，无论他们上报的种族是什么。 这在纽约特别重要，因为波多黎各人回应的模糊性以及大量的西班牙裔事实上上报为"其他种族"。

来源： 我基于美国人口调查表自己做的计算。

表 10.5 展现了我对于毗邻纽约市、落在纽约州范围内的四个"真正的城郊镇"的种族/民族构成情况的重建［东部长岛的拿索、萨福克和北部的罗克兰（Rockland）和韦斯切斯特］[1]。显而易见，虽然这些镇代表了布鲁克林-皇后区与布朗克斯在战后初始阶段（20 世纪五六十年代）吸引了许多新郊区居民[2]的"溢出空间"，不过一开始非裔美国人与波多黎各人向这些地

---

[1] 我并没有试图将纽约市与其他 9 个在 1950—1960 年间被认为是该区域一部分的"边缘"城镇进行比较。

[2] 在 1960 年至 1970 年间，这些城镇全经历了十年高增长率。 拿索内部人口在这 10 年间增长了 9.8%，韦斯切斯特增长了 10.5%。 再远一点，在罗克兰和萨福克，10 年人口增长达到了天文数字： 每一个都增长了 68%。 然而，在 20 世纪七八十年代，拿索和韦斯切斯（转下页）

表 10.5　毗邻纽约市的四个纽约州城郊镇中居住的"白人"、
　　　　　"黑人"、"波多黎各人"估测数目(千),1960—1990 年

年　　份	拿索	萨福克	罗克兰	韦斯切斯特
"白人"				
1960	1 258	632	130	746
1970	1 356	1 066	216	803
1980	1 204	1 185	232	730
1990	1 115	1 190	223	694
"黑人"				
1960	39	33	7	61
1970	66	53	13	85
1980	91	71	18	105
1990	111	83	27	120
"波多黎各人"				
1960	4	7	2	3
1970	7	17	4	6
1980	14	36	6	18
1990	18	44	8	27

　　注释：没有将这些镇加总是由于要凑整并且亚裔和"其他""种族"被
排除在"种族"类别之外了。
　　来源：我自己根据连续人口调查统计表所做的计算。

区的迁移依然很少。 波多黎各人与"黑人"的数目仅在 20 世纪
70 年代与 80 年代得到了增长。 随后，人口向这些郡最大规模
的流入中止了。 因此，一些少数族裔的演替或分散便不难推

―――――

（接上页）特已经开始人口净下降，而萨福克和罗克兰的 10 年人口增长逐渐
　　减少，在 20 世纪 70 年代分别为 14%和 12%；在 20 世纪 80 年代分别是
　　3%和 2%。

断。 然而，在 1970 年至 1990 年间的 20 年里，吸引了大多数分散的少数族裔居民的"边缘"地区则是新泽西北部的城市和毗临城郊。

鉴于这些发现，很难宣称全球化和经济重组是纽约市或该区域阶层分化的唯一原因，虽然也许它们确实造成了影响。 然而，第二个因素与全球化的关联更为直接，即移民，这在近期为纽约带来了大批的人口——他们中有许多刚刚开始其新环境的征程。

进入纽约城的移民

在 1980 年至 1990 年间，纽约市通过移民新增了 150 万的居民，超出了这 10 年内损失的本地出生"白人"造成的缺口[1]。 虽然较之同一个 10 年的洛杉矶所接受的 200 多万移民数目，总量要小一些，不过纽约新来者的发源地较之洛杉矶要更为多样化。 20 世纪 80 年代，纽约市移民的 5 个主要"派遣国"是多米尼加共和国（超过 145 000）[2]，随后是中国和牙买加

---

[1] "白人迁徙"这一形象同样是对这次"流失"的不准确的解释。 实际上，城市里现存白人人口的年龄分布偏向年纪更大的人，他们的大批减少并非由于迁往郊区，而是死亡或者是迁往了南部退休社区。

[2] 据：Ninna N. Sorenson，"Some Comments on the Anthropology of Lower Income Urban Enclave： Dominican Newcomers in the City," in *The Anthropology of Lower Income Urban Enclaves: The Case of East Harlem*, ed. Judith Freidenberg（New York： New York Academy of Sciences，1995），213 估计，多米尼加人口的范围在 200 000 到 1 000 000 之间，但是较高的数据点在我看来特别不现实。 大约一半的多米尼加人居住 （转下页）

（各 74 000 ~ 75 000），哥伦比亚（约 67 000），还有朝鲜[1]（Korea）（约 58 500）。 因此，最大的来源地（多米尼加共和国）仅仅占据所有移民中的 1/10，接下来的 4 个国家分别占据总量的 1/20 或稍少。 总而言之，这 5 个国家仅占据全部移民的28%。 其余的，事实上来自世界上哪个国家的都有。 相反，洛杉矶同时期的移民有 40% 都来自一个单一的国家——墨西哥[2]。

————

（接上页）在曼哈顿上西区（华盛顿高地、茵伍德以及哈密尔顿高地），据1992 年纽约市城市规划局的估计，其余的人主要位于布朗克斯、布鲁克林、皇后区以及曼哈顿下东区。 他们被称为"恶棍"。 索伦森指出，她在本地投币洗衣店（在华盛顿高地）中读到的指示牌："在将外套放进机器时，请将硬币、笔、发卡、钉子、子弹取出。"（214）索伦森指出："多米尼加人为犯罪、暴力、性乱交等被谴责，讽刺的是，毒品交易的谴责或许正揭示出华盛顿高地的基本种族组织。 当一个多米尼加少年存在非法拥有武器及毒品的嫌疑在 1992 年夏天被当街击中时，以多米尼加社区为基础，几个纽约策划者掀起了一场抗议风暴。在 1992 年秋季，这些抗议活动成了诉求社区房屋、更强的政治代表和更多的多米尼加警察的起点。"（215）

[1] 除了极个别地方外，作者在全书中没有标定是指代韩国或朝鲜，或指代整个"朝鲜半岛"。 在此我们也只译为字面的"朝鲜"。 ——译者注
[2] 1980 年及 1990 年间纽约移民的数量及来源国参见： New York Department of City Planning, *The Newest New Yorkers: An Analysis of Immigration into New York City during the 1980s*, 2 vols. （New York： New York Department of City Planning 1992）。 关于洛杉矶，参见： Ashley Dunn, "In California, the Numbers Add Up to Anxiety," *New York Times*, October 30, 1994, E3。 杜恩将洛杉矶与纽约的移民进行了比较。 洛杉矶的细节参见第十二章。 在此我仅指出，墨西哥裔的移民比例占据了洛杉矶海外新来者中的绝大多数。

　　同传统一样，近期移民青睐区域中心城市。在 1990 年，三州交界的联合都会统计区域中有 1/5 的居民生于海外。某种程度上，在更小的纽约主要大都市统计区中，这一比例接近 27%。并且在这一年，纽约市国外出生的比例达到了 29%。实际上，没有这些移民，该城市的人口在两次普查之间的阶段会有所减少，而非增长。移民涌入人群的多样化导致纽约人口上升，至少可以部分解释为在某种程度上纽约对待移民更为积极的态度，这与洛杉矶所体现出的状况形成鲜明对比[1]。

　　国外出生的人口并非随机分布在 5 个自治区中。如表 10.6 中的数据所示，虽然 1980 年至 1990 年间，国外出生的居民比例在城市每个地方都有所增长，不过某些区增长的份额不成比例。在 1980 年，皇后区成为主要的移民接收地，并且到 1990 年，该区足有超过 1/3（36.2%）的人口出生于海外。其次是布鲁克林，超过 29% 的人口生于海外。曼哈顿生于海外者的比例是 25.8%。布朗克斯吸收的移民比例稍小，其人口中仅有 22.8% 生于美国之外，其中有很多是"有色人种"。在"最白"区斯塔顿岛，出生于海外的人口比例仍然小于 12%[2]。

———————

[1] 对于移民深刻、持久的负面形象的描述参见：Juan F. Perea, ed., *Immigrants Out! The New Nativism and the Anti-Immigrant Impulse in the United States*（New York：New York University Press，1997）。引人注目的是，加利福尼亚人总是较纽约人对墨西哥裔以及"东方"移民展现出更大的敌意。

[2] 甚至在一些附近的"城郊"城镇，如罗克兰，也有 14%；韦斯切斯特有 18%，比斯塔顿岛的比例更高。

表 10.6　各区出生于美国以外的居民比例,1980 年与 1990 年

年份	纽约市总量	曼哈顿	布朗克斯	布鲁克林	皇后区	斯塔顿岛
1980	23.6	24.4	18.4	23.8	28.6	9.8
1990	28.4	25.8	22.8	29.2	36.2	11.8

然而,"国外出生"(foreign-born)这一类别太过于宽泛,很难用来分析纽约市的种族多样性,因为多个国族(nationality)的群落倾向于集聚在特定的行政区和社区中。多米尼加人大多数居住在曼哈顿西北部的华盛顿高地,而中国移民更喜欢住在曼哈顿下东地区的唐人街或布鲁克林和皇后区的卫星城镇。牙买加人和其他说英语的西印度群岛人大部分盘踞在布鲁克林的非裔美籍聚居区,如贝德福德-史岱文森及其周边,这里英语占主导地位。讲法语的黑人移民塑造了自己的子区域(subareas)。布鲁克林甚至皇后区都接收了许多移民,其所使用的语言尚未纳入学校的通用双语大纲中(其主要是西班牙语和英语)。

对于语言多样性的一种回应可参见公立学校体系(public school system),移民的孩子现在大约占城市 150 000 名新生的1/3。在 1995 年,纽约教育委员会倡议在皇后区建立一个新学校,以服务英语或西班牙语以外的语言使用者。最初,这些学生将会以 18 种不同的语言被教授[1]。纽约移民联合会(New York Immigration Coalition)的执行董事对此欢呼雀跃,称之为"一个证明纽约比国内仍然在移民语言问题上趋向标准化的

---

[1] 读者或可回忆起第二章,在最开始时,曼哈顿采用的不同外语的数目是一样的。

其他地区有着更大的勇气的案例"[1]。 为了吸引学生，学校机构在许多市内发行的外语报纸上做广告，但是该项目只招收了1 000名学生，远远没有达到满足需求的程度。

移民向城内的流入没有减缓的迹象。 事实上，从1990年到1994年，足有超过50万名的新（合法）移民进入城市[2]，可以假定至少还有50 000到100 000名的非法入境者。 在这次间隔期间，多米尼加人仍然是最大的来源（超过110 000人），但是第二大群体是"新的"来自前苏联（66 301人）的群体。 中国，包括香港和台湾地区，以59 798人排在第三。 其他人数下滑的群体有： 牙买加，32 918人，排第四；接下来是圭亚那（Guyana），30 764人；波兰，19 537人；菲律宾，17 378人；特立尼达和多巴哥（Trinidad and Tobago），15 878人；海地，14 957人；印度，14 486人；厄瓜多尔（Ecuador），143 980人；爱

---

[1] 引用自："Immigrant Experiment Gets Rolling," *New York Times*, September 7, 1995, B4。

[2] 在1986年以来，纽约都会区移民的数量从1986年到1988年间的不足120 000人，上升到了1989年的每年130 000人，随后在1990与1991年几乎达到了200 000人，随后在1992年再次下降到了约150 000人。然而，纽约州的移民数目规划并没有相应增加。 许多定居在新泽西（从1986年的略少于40 000人增加到了1990年至1992年间的远超40 000人）。 计划留在纽约的"净"数目仅从之前的约90 000人增加到了后一年的约115 000人。 然而，*New York Times*, May 16, 1994报道： 20世纪90年代到达纽约都会区的移民通过一系列签证项目得到了上涨。 这些项目面向的是，受到1965年颁布的更为严格的移民控制法案"不利影响的"国家。 一种所谓的多元移民签证抽签从巴哈马群岛、拉丁美洲（除去萨尔瓦多、墨西哥与多米尼加共和国）、苏联、非洲与亚洲国家中（除去中国、印度、越南与朝鲜）中遴选移民。

尔兰，12 403 人；哥伦比亚，11 309 人；孟加拉国（Bangladesh），9 556 人；朝鲜裔（朝鲜加韩国），8 626 人；巴基斯坦，7 465 人；直至加纳（Ghana）（排名 40，表格最后一个），1 696 人[1]。

在世界范围内将前 40 个输出国家重新排列，我们发现，接近一半（212 000 人）来自加勒比的不同地区［几乎都是黑人，包括英语、西班牙或克里奥尔法语（French Creole）使用者］。亚洲提供了约 125 000 名合法移民（几乎全是"中国人"[2]，也有其他国家，如按降序排列有，菲律宾、印度、孟加拉国、韩国、巴基斯坦、越南和日本）。欧洲国家同样占据了相当大的数目（接近 100 000 人），大部分但绝非全部来自前铁幕（Iron Curtain）（译注：昔日西欧与东欧共产主义国家之间想象的屏障）下的国家，其中有超过 66 000 人来自前苏联，到那时为止是第二大输送来源地。与洛杉矶形成鲜明对比的是，如前 40 个国家中，9 个中美洲及南美洲输送国仅有 46 139 名西班

----

[1] 一份纽约城市规划局在 1997 年 1 月初发布的报告中估计，合法移民的全部增长为 56.3 万人。参见：New York Department of City Planning, *The Newest New Yorkers 1990 - 1994: An Analysis of Immigration to NYC in the Early 1990s*（New York：New York Department of City Planning, December 1996）。关于该调查的总结可参见：Celia Dugger, "City of Immigrants Becoming More So in 90's," *New York Times*, January 9, 1997, 1, B6。其增补版见：*Times*, January 12, 1997, 27 其中加入了一份框状插入地图，名为 "For Half a Million, This Is Still the New World," 以图表的形式展示了在 1990 年至 1994 年间从约 150 个国家来到纽约市的 563 000 名合法移民中前 40 的地点。

[2] 作者的意思大概是包括港澳台地区的移民，原文是带引号的 "Chinas"。——译者注

牙语使用者[1]。来自中东和非洲的移民在名单的最底部。

　　由于这种语言和种族的多样性，很难宣称移民本身对城市的阶级分化负有责任，虽然毫无疑问，他们引起了城市人口种族构成的变化，与此同时，多米尼加和牙买加移民加大了"黑人"的比例，而华裔和朝鲜裔加大了"亚裔"的比例。然而，将这些变化直接转化为经济效果是不合理的。更重要的是经济领域的普遍变化，以及这些变化所形成的移民机会结构（opportunity structure）。比如说，纽约服装贸易在没有大量新移民后备劳动力存在的情况下复兴，似乎是不太可能的[2]。

移民与"本地人"的经济"利基市场"[3]（Niches）

　　关于将新移民分解为其组成部分并追踪移民以及本土"少数族裔"如何以不同方式嵌入纽约市阶层/工作结构的复杂拼图，迄今为止曾经有过的最为细致的研究是罗杰·瓦尔丁格（Roger Waldinger）的《还是应许之地吗？》（*Still the Promised City?*）[4]。瓦尔丁格尝试反驳主流的观点，即非裔美籍下层

---

[1] 只有在数据中仔细地考察，才能发现仅存在于合法移民中的问题。在记录中，来自墨西哥的人口不足 3 500 人，在来源国中仅排名 23。这很明显低估了墨西哥移民的数目，因为纽约地区是来自洛杉矶的墨西哥裔的第二偏爱定居点。

[2] 参见：Saskia Sassen. *The Mobility of Labor and Capital: A Study in International Investment and Labor Flow*（New York：Cambridge University Press，1988）。

[3] 即细分市场。——译者注

[4] Roger Waldinger, *Still the Promised City? African-Americans and New Immigrants in Postindustrial New York*（Cambridge：Harvard University Press，1996）．同样适用种族利基市场这一概念的，可参见：（转下页）

阶级在大城市"贫民窟"中的增长仅仅由于去工业化和中心城市居民及边缘工作场所之间的空间错配[1]。 相反,他强调,至少在纽约市,非裔美国人不曾受到工业衰退的不利影响,这很大程度上是因为他们从不是工业劳动力的一部分。 他进一步指出,一些纽约的非裔美国人毫无疑问经历了一些职业流动,迁入一些经济利基市场,主要在公共部门,这相当不同于那些合格的新移民所做的工作。 在指出这类公务员或社会服务工作无法像移民企业家精神一样,提供流动渠道之外,他倾向于在此处依托其案例。

然而,瓦尔丁格的论点也有一些问题。 他的追溯是关于工作(jobs)[即,受雇者(employed persons)],而不是人(persons)或者家庭。 实际上,他的分析限制在 **20 岁至 65 岁之间的拥有工作者**。 因此,也排除了黑人和波多黎各青少年人口以及非常年轻的成年人,其中,有许多人未就业或未充分就业或在寻找工

（接上页）Suzanne Model, "The Ethnic Niche and the Structure of Opportunity: Immigrants and Minorities in New York City," in The "Underclass" Debate: Views from History, ed. Michael B. Katz（Princeton, N. J.: Princeton University Press, 1993）, 161 - 187。 莫德尔的分析覆盖了更长的时间（1910—1980）仅聚焦于市内 5 个种族/民族群体: 爱尔兰人、犹太人（俄国人）、意大利人、波多黎各人、非裔美国人的男性的雇佣,这同样的五个族群的对比参见更早的: Nathan Glazer and Daniel Moynihan, Beyond the Melting Pot: The Negros, Puerto Ricans, Jews, Italians, and Irish of New York City（Cambridge: MIT Press, 1963）。

[1] John D. Kasarda 曾经是错配（mismatch）假设的最有力的支持者。 尤可参见其: "Economic Restructuring and America's Urban Dilemma", in The Metropolis Era, vol. 1, ed. Mattei Dogan and John D. Kasarda（Newbury Park, Calif.: Sage, 1988）, 56 - 84。

作的徒劳之中灰心丧气。 甚至在选为目标的最佳工作年龄组中，他的分析仍忽略了没有工作者（囚犯、失业者、不再处于"劳动力市场"中的人）因此，瓦尔丁格实际上忽略了假定中的"下层阶级"——50万吃福利的纽约居民，50万居住公共房屋的纽约居民，无法工作的青少年和成年人（这些群体并不互斥）。 如果他囊括了这些，他的结论将会相当不同。

即便受过教育的非裔美国人流动到了公务员和扩张中的公共部门及私人保健行业，仍有相当大比例的社区落在了后面。 在1970年至1990年期间，25岁到65岁之间本土出生的黑人和西班牙裔男性的受雇佣比例从80%降到不足70%，而本土出生的白人与生于海外者（包括黑人、西班牙裔与亚裔）仍在80%以上。 处在同一年龄段的女性，这20年中劳动力参与率普遍提升，但是差异更大。 在1970年，约70%的国外出生的黑人女性正在工作，这一比率在1990年增加到3/4。 白人本土出生的女性受雇佣比例也有所增加——从1970年的50%到1990年的超过2/3。 本土出生的黑人女性与亚洲出生的女性受雇比例更低，这两个群体在1980年比在1990年更有可能找到工作。 到1990年，西班牙裔女性（本地出生及国外出生的都包括）受雇佣率最低，国外出生者仅比本土出生者（主要是波多黎各人）略高[1]。

本土出生的黑人与波多黎各人最不可能获得对教育程度要求最低的工作。 这一吊诡的观点必须假定，不存在去工业化（和/或新移民），这样某人**能够**在非技术水平时进入岗位并逐渐提

----

[1] 参见：Waldinger, *Still the Promised City?* 54–55, Figures 2.5, 2.6。

升。 无论这是否可能发生，事实是，纽约非裔美国人和波多黎各人口大多是穷人并陷入底层，部分是由于他们没有工作。 因此，瓦尔丁格发现的移民与少数族裔本土出生人口的利基市场并不必然地相悖于"下层阶级"的论点。 相反，很明显的是市里贫穷家庭的数量在最近几十年增加了（或者说，至少没有下降），这一现象与家庭结构及劳动力的参与差异相关联。

纽约城中穷人数量的增长

城市人口在人种、民族与来源地（波多黎各人或移民）方面的构成变化导致了近期纽约穷人数目的增长。 然而，清晰地界定这些新增的穷人在何种程度上是由全球造成的城市、地区与国家经济衰退所导致，以及何种程度上可归结于城市变化中的人口"混杂"构成是不可能的。 当与人种、民族与来源国这些类目内部隐藏的多样性相结合时，就有一种强烈的交互效果，这让状况极端复杂。

当然，在 20 世纪 80 年代和 90 年代早期，贫困在全美都加剧了。 国家穷人的数量在 1979 年至 1992 年间从 2 600 万增加到了 3 700 万，且在这段时间，总人口贫困率从 11.7% 增加到了 14.5%[1]。 纽约也无法逃过这一趋势，实际上，纽约的贫困加剧与之近乎同步。 在 1979 年，纽约贫困人口的数目接近 140

---

[1] U. S. Bureau of the Census, *Current Population Reports: Poverty in the United States* （Washington, D. C. ： U. S. Government Printing Office, 1993）. 贫困率是收入低于该年设置的"贫困水平"以下的人口比例。

万，"穷人"构成了总人口的约 20%；80 年代，城市贫困人口的总数目在 150 万及 180 万之间浮动，到 1992 年，稳定在 165 万。 自 1984 年起，所有城市居民中约 24% 被认定为穷人[1]。

　　虽然在 1992 年，对全部的人种/民族亚类别（subcategories）而言，总体的贫困率高于 1979 年，不过不同人种/民族的特定贫困率间的区别仍然相当稳固，这意味着，本地总体贫困的加剧是由于或至少部分是由于城市居民人种/民族"混合度"的变化。罗森伯格（Terry J. Rosenberg）在对纽约社区服务协会（Community Service Society）的研究中仔细地将贫困分解为三个互不相容的类别（非西班牙裔白人、非西班牙裔黑人以及任何人种的西班牙裔）并在 20 世纪 80 年代和 90 年代早期追踪了其各自的贫困率[2]。 据罗森伯格分析，纽约市贫困人口的数量及城市贫困居民的比例在 1979 年至 1992 年之间有所增加，即便每个人种/民族类别内部的贫困率依然相当稳定。 这说明，整体的变化部分源于人口的重组，而不是平均的整体性下降（表 10.7）。

　　整个时间段里，在非西班牙裔的白人之中，穷人的比例仍然相当低——直到 1989 年都徘徊在 10% 以下，之后有所上升，随后在 20 世纪 90 年代早期稳定在 12% 左右。 这一增长可能源于东欧新移民的流入。 同时，非西班牙裔黑人的贫困比例在 27%~34%

---

[1] 我使用了政府设定的"标准"贫困线。 在某种程度上，这一标准低估了纽约贫困人口的数量，因为城市的生活成本很高昂。 在另一方面，它并未考虑转移支付以及其他社会资助。 如果纽约市没有拓展这些利益，穷人的处境甚至将会更具不确定性。

[2] 参见：Terry J. Rosenberg, *Poverty in New York City, 1993: An Update*（New York： Community Service Society, 1994）。

表 10.7 纽约市不同人种/民族的贫困人口数量(百万)及
百分比,调查年份:1984 年至 1992 年间

年 份	总 量		非西班牙裔白人		非西班牙裔黑人		西班牙裔	
	数量	百分比	数量	百分比	数量	百分比	数量	百分比
1984	1.735	24	0.306	9	0.587	32	0.781	43
1985	1.757	24	0.326	10	0.534	32	0.931	44
1986 [A]	1.483	21	0.294	9	0.408	27	0.677	36
1987	1.680	23	0.282	8	0.549	34	0.753	42
1990	1.839	25	0.359	12 [B]	0.583	33	0.826	43
1991	1.712	24	0.380	12	0.512	29	0.767	44
1992	1.651	24	0.372	12	0.593	33	0.650	40

注释: 人种/民族类别是互不相容的。

A: 1986 年的数据与"正常"情况偏差太大,因而我对此持怀疑态度。

B: 更高层次的突然性的新增长或许与铁幕落下(the fall)后,来自俄国和其他东欧国家的移民有关。

来源: 数据来自罗森伯格:《纽约市 1993 年的贫困: 更新》(*Poverty in New York City*, *1993: An Update*)(New York Community Service Society, 1994), 8, 表 1B。 数据来自连续性"三月当前人口调查"磁带文件。 次年可见。

之间浮动,但是没有可供辨认的清晰走势线。 贫困率最大的年度变化当属西班牙裔(这一范畴不仅包括来自中美洲和南美洲的新移民,还包括波多黎各人)。 西班牙裔的贫困率持续为 40% 或更高,而他们人口数目还在增长中(西班牙裔现在构成了纽约市人口的 1/4 以上)。

波多黎各人及其他西班牙人种的贫困

市里波多黎各人的经济处境随着时间的流逝而愈加不确定,其贫困率不仅远超过非裔美国人,也超过了西班牙裔移民。 在 1978 年,约 43% 的波多黎各人(当时构成了城市总人口的 12.3%)被界定为贫困人口。 此时,"其他西班牙裔"贫困率低

得多，仅有不足 6.6% 的人的收入在贫困线以下（或许被低估了，因为非法移民可能也不会被算作穷人）。

这些差异随后被缩小了。波多黎各人中逐渐有新的西班牙裔移民加入，以至于到 1987 年，波多黎各人的数目（通过生育或血缘）仅仅与"其他西班牙裔"持平，这一状况一直持续了整个 20 世纪 90 年代。随后，波多黎各 43% 的贫困率仅仅略多于"其他西班牙裔"的 37%，其中许多人是最近来自多米尼加共和国的移民[1]。

家庭贫困类型的成因

然而，像在其他地方一样，贫困与单身女性主导的家庭之间关联性很强，以至于家庭贫困的差异部分取决于每个群体中由女性主导的有孩子家庭的数量差异。在每一年的可用数据中，黑人和西班牙家庭里，妇女主导的、带有 18 岁以下孩子的贫困家庭数目是非西班牙裔白人家庭中同等情况下家庭数目的 2 倍。在量级上黑人和西班牙人大致相同。表 10.8 展示了人种/民族与女性主导的带孩子的贫困家庭的相互作用。很明显，纽约贫困率的上升部分由于人口构成的变化，西班牙裔显现出了最高的

---

[1] 参见：Phillip Weitzman, *Worlds Apart: Housing, Race/Ethnicity and Income in New York City, 1978 - 1987* (New York: Community Service Society, 1989), 4, Table 1 - 2, and 11, Table 1.7。在 1987 年，多米尼加人是第二大族群，占城市西班牙裔中的约 19%。其他国籍的族群占的比例很小：来自哥伦比亚的西班牙裔不足 5%；4.4% 来自厄瓜多尔；3.5% 来自墨西哥；虽然后者或许被低估且在近年有所增长。自 20 世纪 80 年代晚期以来，多米尼加移民的贫困率持续升高（在 1986 年至 1996 年升高了 8.6%）。参见：Mirta Ojito, "Dominicans, Scrabbling for Hope," *New York Times*, December 16, 1997, B1。

贫困率，这部分是由于大量"破裂的"家庭所导致的，尤其是在波多黎各人中[1]。

表 10.8　纽约市近些年来，不同人种和民族中，携带 18 岁以下孩子、由女性主导的家庭其收入处于贫困线以下的百分比

	1984	1985	1986	1987	1990	1991	1992
总　量	64.2	66.5	62.0	62.9	65.3	63.5	56.5
非西班牙裔"白人"	42.9	41.3	39.6	16.9	30.4	42.4	38.4
非西班牙裔"黑人"	52.3	55.0	56.7	58.1	62.1	56.1	50.6
西班牙裔	80.2	81.8	71.6	77.3	76.8	74.9	70.9

注释：在该表格中，三个人种/民族是不兼容的。罗森伯格曾经计算了特定的人种/种族犯罪率，使用了各自随后数年的"三月当前人口调查"磁带文件。
来源：罗森伯格：《纽约市 1993 年的贫困：更新》，18，表 4B。

在某种程度上，纽约的黑人状况相较于西班牙裔要好一些，这一点值得评论。对于纽约黑人而言，目前还有一些社会流动性，但已不再有南方来的近期移民和雄心勃勃的牙买加人增大这一群体的人口。黑人普遍比西班牙裔（波多黎各人及其他）接受到更好的教育，并且由于公民权及熟练的英语，在公共部门中工作职位也更好。即便如此，非西班牙裔黑人与非西班牙裔白人之间仍有巨大的鸿沟。在讨论纽约公共支出的类型及其大量市政劳动力时，我会回到这一主题。如果没有前者再分配的影

---

[1] 纽约波多黎各社区的地位很低的原因是很复杂的。之前由波多黎各工人占据的制造业工作的消失部分程度上导致了其高失业率。来自新西班牙裔移民的竞争导致的低工资也是原因之一。另外，当男性无法找到工作时，他们倾向于独自回到波多黎各，将女性和孩子留在纽约以利用多种他们可以获得的住房与福利津贴。证据是，城市里的波多黎各女性较男性为多。

响以及后者提供的工作机会，纽约少数族裔的境况将会比目前更糟。归结起来看，无法忽略"工作错配"或是家庭稳定性的下降以及劳动力参与，它们是导致了对纽约区中心城市"需求"增长的因素，尤其是在少数族裔中。

区域经济与工作

自该问题在 20 世纪 60 年代首次被提出至今，研究者们对纽约地区工作的逐渐减少有所忧虑。这一问题在过去 10 年中又加剧了。虽然这种减少当然不像芝加哥地区那么极端，但也看起来不会重新通过再工业化而好转。

雇佣问题在 1996 年的报告《处于危险中的区域》中占据了中心位置，它贡献了非常有力的一章内容关注雇佣问题。据报告作者们的数据显示，1975 年居住在 31 个郡中的 19 747 964 人口中，有 6 214 900 名（或说人口的 31.5%）雇佣工人[1]。这些工人中大多数（320 万）集中于市中心地区，包括了总人口中的 9 239 468 人[2]；620 万个工作中，270 万位于纽约市，其中

---

[1] 然而，需要注意，这些数据仅仅指*私人*雇佣。鉴于纽约市以及该地区其他中心城市里政府雇佣的高水平，因此这一数据是低估的。被排除的有所有市政、州和联邦雇员，当然还有军队服役者。因此，该数据不能轻易与国内其他城市进行比较，并且随着时间的过去，他们可能随时更改之前分包给私人企业的公共服务活动。

[2] 参见：Yaro and Hiss, *A Region at Risk*, 69, Figure 37。中心城市另外还包括纽约州的纽约市五个自治区、米尼奥拉、希克斯维尔、波基普西、白原市；新泽西的泽西市、特伦顿、新布伦瑞克、纽瓦克，康涅狄格的纽黑文、布里奇波特与斯坦福德。

超过一半处于曼哈顿中心商业区。

　　到 1985 年，即便纽约经济的"全球化"被吹捧得很厉害，但是 31 个郡中的人口降到了 19 190 960，这还是在私人部门职位急遽上升到 7 568 800 个的情况下。 增加的工作中大多数位于曼哈顿中心商业区，这 10 年间，其雇佣人数从 150 万增长到接近 170 万。 另一方面，其他更多的本地商业区中工作逐渐减少，如布鲁克林中心商业区、牙买加和长岛市。 外围环带城郊市，如白原市（White Plains）、波基普西（Poughkeepsie）和康涅狄格州的斯坦福德（Stamford）（作为企业总部所在地享有优势），确实增加了工作，而一些工作都来自前工业城市［如纽瓦克和特伦顿（Trenton）］的岗位却大量减少。

　　到 1993 年，虽然该区域人口整体上增长到了 19 843 157 人，但是私人雇佣的工作数目降到了约 730 万份，工作的丢失蔓延到了每一座中心城市。 纽约市的工作从 1985 年的 2 931 400 份，下降到 8 年后的仅 2 698 500 份，大多数丢失的工作被曼哈顿中心商业区吸收了。 随后，**仅仅**在 31 个郡的最外围地区，工作才得到了增长。

纽约市的政府雇佣

　　市内在雇佣方面未曾落后的一个领域是公共部门，相较于其他的主要城市地区，在某种程度上它占据市政支出的更高水平。比如，在 1977 年，甚至在 1975 年财政危机要求节省开支之后，市里仍然雇佣了约 35 万名工人，这一数字在 1985 年增长到了 393 290，此时其他的城市仍在裁员之中[1]。 到 1989 年，根据

---

[1] 参见：John C. Teaford, *The Rough Road to Renaissances:* （转下页）

政治学家伊斯特·福克斯的详细研究，纽约市在每 1 000 名居民中雇佣了 55 名工人，相较而言，在芝加哥仅仅是 15 人[1]。

保守派政治家与经济学家常常将纽约的周期性政府预算危机归结为其市政工人工会的力量[2]，但是这看起来并不准确。 如福克斯的详尽比较中所示，"在财政危机之前，针对每个市政雇员的平均支出方面，纽约和芝加哥都相当一致"[3]。 仅仅因为纽约市目前正在执行的职能比芝加哥多得多，因此相对来说也要求更大数量的劳动力，导致了纽约的劳动总支出是如此高〔见表 10.9 的对照比较（controlled comparison）〕。 不过，稍乐观地看，很明显如果没有这些公共职位，纽约的工作景象将会更加黯淡；没有重新分配这些从业者所从事的健康、教育、社会与福利职能，较穷困的纽约人的境况将会更加令人绝望。

———————

（接上页）*Urban Revitalization in America*, *1940 − 1985*（Baltimore: Johns Hopkins University Press, 1990），262, Table 20。 如芝加哥的公共雇佣从 1977 年的 47 000 名工人下降到了 1985 年的约 45 000 名。 不幸的是，蒂福德的表格没有包含洛杉矶的信息。

[1] Fuchs, *Mayors and Money*, 126.

[2] 有趣的是，紧随着城市的财政危机，"20 世纪基金会"委任了一个由杰出的纽约人组成的特遣小组以评估"城市的状态"，并为再次稳定增长提供政策建议。 报告发布时，特遣小组内唯一的反对意见来自安德鲁·贝米勒（Andre Biemiller），来自新近的美国劳工总会与产业劳工组织，他谴责了工会的疏漏以及报告倾向于"忽略对人类的关心，因为它主要关心枯竭的金融组织的问题"。 参见：Masha Sinnreich for the Twentieth Century Fund Task Force on the Future of New York City, *New York-World City*（New York: Priority Press, 1980），33 − 34。 特遣小组里看起来并不包括任何来自市政工会的代表。

[3] Fuchs, *Mayors and Money*, 124.

表 10.9　1974 年 10 月每 1 万居民中的雇员人数(所有处于
中心郡中的当地政府),包含纽约市、库克郡(包括
芝加哥)和洛杉矶郡(包括洛杉矶市),按职能划分

职　能	纽约市	库克郡	洛杉矶郡
全职雇员估测	596.4	392.1	473.5
全职与兼职雇员估测	642.5	455.4	481.3
常规职能			
雇员			
防火	18.3	11.6	12.0
本地公共设施	61.0	29.2	29.7
警察	47.4	37.4	29.9
环境卫生	15.9	7.1	3.2
污水处理	2.8	6.7	2.7
处罚	8.1	2.6	9.5
财务管理	5.6	4.1	7.7
常规管制	13.5	13.4	17.0
供水	3.8	6.2	8.1
园林及休闲	8.2	12.3	11.6
高速公路	10.4	9.6	8.3
图书馆	4.8	4.3	4.6
其他杂项	53.1	57.2	64.0
交通	57.2	22.9 [A]	7.9
所有常规职能	313.9	230.8	224.3
常规职能减去交通	256.7	207.9	216.4
非常规职能			
雇员			
公共福利	36.7	0.1 [B]	19.8

（续表）

职　　能	纽约市	库克郡	洛杉矶郡
医院	62.5	18.1	29.2
健康	10.7	5.0	5.2
房屋/城市更新	18.7	4.7	2.1
所有其他未提及者	27.0	16.4	11.8
教育	176.7	170.1	180.5
所有非常规职能	305.3	198.0	234.7
非常规职能减去教育	128.6	27.9	54.2

注释：将表上单独职能合计起来与第一行给出的总量不符。 我想查到这一矛盾的源头，不过没有成功，所以我猜问题出在原始表格上。

A：通过具有自主税收入的区域性管理机构，芝加哥提供了大多数的公共交通雇佣。

B：伊利诺伊州负担了所有芝加哥福利花费，而在纽约，州里要求财政匹配。

来源：重组、复印经 20 世纪基金/世纪基金会授权，《纽约——世界城市》（New York-World City）（New York：Priority Press），1980，91，表4.5。

工会化

无论如何，普遍的事实是，纽约在工会化方面毫无疑问地领导了全国，这导致一些工作从该区域向外迁移。 美国统计局最近的一份报告指出，"纽约［州］拿回了最大工会化的州这一地位，在工会会员数量方面，超过了夏威夷……接近全国平均水平的 2 倍"[1]。 在 1994 年，纽约州的劳动力中几乎有 29% 属于工会成员，而在全国范围内，工会成员不足 16%，仅仅是 20 世纪 60 年代的一半。 但由于纽约增长的工会力量大多来自公共雇

[1] 参见：Steven Greenhouse, "New York Again the Most Unionized State: Nearly Double U. S. Average, Due to Rise in Government Unions," *New York Times*, October 22, 1995, Metro sec., 38。

员的组织[1]，并且非政府雇员中的工会化比率陡然下降——到
1994 年，仅有 18%——本地区工作的重新布局不能全都归因于
工会化[2]。 而公共雇员的工会化倾向于稳定本地经济，即便这
种稳定性或许促成了 1975 年的城市财政危机。

财政危机

1975 年必将载入纽约史册，这一年城市几乎"破产"，不得
不靠银行家，纽约州政府，以及最终的联邦政府出手援救。 但
是很快便出现了或许是最糟糕的事情[3]。

在 1975 年 10 月 29 日，纽约市的居民一觉醒来，就看

---

[1] 在 20 世纪 60 年代，纽约州是国内首个通过法案赋予公共雇员集体议价
权的州。 当时，约 73%的政府雇员是工会成员，而相较而言，全国范
围内是 38.7%。 实际上，所有的教师与非管理层的市政工人都是工会
成员。 Steven Greenhouse，"New York Again the Most Unionized State：
Nearly Double U. S. Average, Due to Rise in Government Unions," *New York
Times*, October 22, 1995, Metro sec., 38.

[2] 加利福尼亚约有 220 万名工人是工会成员（比纽约州的 200 万多很
多），工会率不足 18%。 各州低工会率者主要在南方，南卡罗来纳不
足 4%，在国内工会化率最低。 一些公司继续将其制造业工厂迁移到南
方以利用非工会的工人。

[3] 关于这种极端的状况、引起它发生的因素、用来"营救"城市的机制以
及危机的即时后果的最充分的描述可参见: Martin Shefter, *Political
Crisis/Fiscal Crisis: The Collapse and Revival of New York City*（New York：
Columbia University Press, 1992 [1985]），see esp, 128 – 137 对于营救
机制的论述。

到了《纽约每日新闻》（*New York Daily News*）头版的横幅头条："涉水来到城市： 倒地而亡"（"FORD TO CITY: DROP DEAD"）……严峻的现实……使国内最大、最繁荣的城市正被破产的前景严重威胁，其债务未付，在没有联邦贷款担保的情况下，银行拒绝扩大其信用额度（credit line）[1]。

对于这一令人烦恼的现象的解释充满了争议。 很容易就会将财政灾难仅仅归结于"全球经济"与"重组"，就像许多研究者已经做的那样。 这种解释并非完全没有价值。 如我们所看到的那样，美国经济中的弱点在 20 世纪 60 年代的后半段已经开始出现，不过这一点由穷人最先经历。 从 20 世纪 70 年代开始时，越南战争的缓和导致了军备生产的短期衰退（不过并不是武器研发层面）。 随后能源价格在 1973 年突然上涨，因为阿拉伯（Arab）石油出口商削减了产量以应对复燃的阿拉伯-以色列战争，这对工业生产产生了进一步的消极影响，不仅仅是美国，也有其他的发达国家。 这一次的经济收缩自然会对"全球"城市扩大影响，尤其是纽约。 此外，世界市场也出现了货币的不稳定，因为一直将汇率与美元绑定的布雷顿森林协定完结了[2]。

---

[1] Fuchs, *Mayors and Money*, 1.

[2] 关于这些经济变化的清醒评估可参见： J. Michael Finger and Thomas D. Willett, eds., "The Internationalization of the American Economy," *Annals of American Academy of Political and Social Science* 460（March 1982）。 虽然这一问题的动因可明确追溯至 1973 年的重组（由于石油价格的上涨以及布雷顿森林体系的瓦解），一些文章的作者涉及了特定的产业，如钢铁、汽车、纺织，追溯了其在 20 世纪 60 年代的衰退。

在更大的图景中，工业生产同时期向海外的转移变得更加普遍，虽然跨国企业的利润得到保持甚至增长，但是在美国开始了工厂的关门潮[1]。 对非熟练工人和准熟练工人的需求下降了，因为更便宜的海外劳动力代替了国内的劳动力。 最终，有些"廉价"的劳工发现了进入大型美国城市的方法，这归功于1965 年开始设置的移民法规的重要变化。

所有这些趋势都对纽约地区众多工人的收入产生了负面效果，因此越来越多的人满足了获取收入补贴、补助房屋、免费高等教育以及政府支持医疗服务的条件，这是城市长期认可的对其市民责任的一部分[2]。 实际上，战后阶段的乐观主义使城市较早地扩大其责任至较贫困居民，尤其在 20 世纪 60 年代，那时来自华盛顿的资金直接或间接地通过广受追捧的项目 [如"向贫困宣战"（War on Poverty）以及"伟大社会"（Great Society）] 输入[3]。

———

[1] 参见： Barry Bluestone and Bennett Harrison, *The Deindustrialization of America: Plant Closings, Community Abandonment, and the Dismantling of Basic Industry* （New York Basic Books, 1982）。

[2] 在 1938 年，在共和党/融合派的纽约市长拉瓜迪亚的督促之下，社会福利委员会在纽约州制宪会议上通过了州宪法的修正案，随后很快获得了州选民的认可。 Section 1 of Article 17 指出："对贫困者的帮助、照料与支持是公共关怀，应由州以及其所有分支提供，其所采用的方式，可由立法机关随时做出。"

[3] Shefter, *Political Crisis/Fiscal Crisis*, 110 中指出，其超出了 1964 年之后导致社会成本上升的贫困人口数目，而在自由主义国家政策的语境下，是穷人的政治动员使得许多合格的家庭能够申请援助。 当然，政治动员施加了使城市学院中具有高度选择性的招生政策转向开放招生的压力，这提高了成本。 据 Shefter, Table5.1, p.114, 在 1961 （转下页）

1975 年"财政危机"的直接原因当然是支出与收入之间的差额增长得太大，以至于年复一年，仅通过短期借款弥补，并通过高估预期收入、延期付款以及一些虚构的会计处理方式巧妙地隐瞒。在 1975 年，放款人最终停止了担保城市的财政对还清债务的能力[1]。为理解财政危机，随后，我们必须考察两个变量："过度"消费与"不充足"的收入。

消费模式

虽然伊斯特·福克斯在另一项无可挑剔的研究中指出，纽约市当选官员由于必须通过扩大（可能没有必要？）向穷人的服务而竞争性地"收买"选民，故而持续性地"过度支出"[2]，不过一个不同且更温和地阐释同样是有可能的。纽约的传统政治文化致力于社会福利目标，其方式与其他大多数重要城市有着巨大不同，虽然选民中的穷人与少数族裔数目很低，并且很少有黑人政治家在城市中获得权力，除去哈勒姆以及偶尔得到的曼哈顿"西区自由党"（West Side liberals）援助[3]。

———

（接上页）年至 1976 年间，福利支出上涨了 940%，医院支出增加了 570%，高等教育支出增加了 1 224%，相较而言，警察支出增加了 278%，火警增加了 217%，环境卫生增加了 178%。

[1] 城市不同于联邦政府，不允许进行赤字开支，证券受到州政府严格监督的限制。当州与城市预算被延期，如纽约所出现的那样，那么工资与日常费用就必须通过短期贷款支付，这有赖于贷方的信任。在 1975 年，这些贷款被银行共同体所拒绝。

[2] 在 Mayors and Money 中，福克斯将之与民主党控制的芝加哥和库克郡进行了对比，后者仅须在选举之后偿付支持，成本更小。

[3] 一份优秀的史料，可参见：Charles Green and Basil Wilson, The Struggle for Black Empowerment in New York City: Beyond the Politics of Pigmentation （New York: Praeger, 1989）。

　　当然，当拉瓜迪亚在大萧条谷底启动城市救济时，不需要
"收买"选民；同样，罗伯特·瓦格纳在提出首个联邦公共房屋
法案和建立社会保障机制与保护工会对抗不公正雇主行为的法规
时，也不是单纯地"收买选民"。 我认为，瓦格纳（民主党市
长，1954—1965 年）自称当他扩大福利并开辟了城市工会的集
体议价途径时，主要是为了跟随其父亲的步伐，这一点是高度可
信的；而当约翰·林赛（John Lindsay）［倡导融合的市长
（Fusion mayor），1965—1973］迅速地和"向贫困宣战"站在一
起时，他或许认为自己继承了拉瓜迪亚的同情心[1]。 这两任市
长任期内的支出急遽增加，为纽约穷人的社会保障编织了一张更
大的网络。

　　这两个"败家子"（spenders）并没有背离纽约的政治图景。
在很多方面，纽约都足够富裕，能为其缺乏优待的居民提供帮
助，并因此感到自豪： 提供高等教育的资助（最初是免费的）
机构；用更好的房屋代替租住房屋；为诊所和医院提供大型医疗
保健设施系统；向未独立儿童及老人提供营养品、家庭保障和娱
乐设施以及直接的财政帮助[2]；还给居民提供他们所希望的广
阔的（且不受区域限制）公共交通系统，该系统需要持久地补贴

[1] 其中当然有亚瓜迪亚的影子，在 1968 年林德赛在纽约黑人社区穿着衬
　　衫露面，大约由于他的行动，平息了在其他地区"上涨"的怒火。
[2] 如我们在第十一章将看到的，芝加哥能够摆脱许多库克郡的职能，因此
　　能够采用富裕郊区居民的税收盈余，或者在都会区成功设立"特殊区
　　域"，随着扩大的盈余的权力以掌控独立职能。 纽约无法采用这类战
　　略，因为它没有包含于一个更大的"郡"中，并且其特定职能的区域必
　　须经常跨越州边界。

以维持运营[1]。 一旦这些服务必须体制化，就很难对之进行削减或提高价格[2]，在乐观主义时期，随着可预见的额外需求，扩张这些服务具有高度的诱惑力，尤其是当联邦政策支持这种扩张的时候。 因此，纽约的运营预算在 1960 年至 1975 年之间增加了 5 倍便不难理解了，这主要是被福克斯称为"非常规"的那些职能[3]。

根据通常在财政数据报告中使用的两种类目，舍夫特和福克斯都将两种职能区分为美国市政府经常行使的职能与并非如此的职能（参见之前第八章的讨论）。 这一区分对于理解纽约和芝加哥以及洛杉矶之间"政治气候"的差异是很关键的。 常规职能包括市政管理和政府建设，以及警察和火警、环境卫生（sanitation）、污水处理、高速公路以及娱乐；这些职能通常由各级政府或其特定部门行使。 非常规职能包含更多的可自行规定的服务——那些指定提供给（某些）城市居民的，尤其是健康与医疗服务、福利、图书馆、公共设施、公共交通、处罚、教育等。 如福克斯所指出的，"常规职能服务常常被分类为'中产阶级''分配性的'（allocational）或'必要性服务'"，而"非常规职能为常常考虑'贫困人口的服务'或者'再分配性服务'"，

---

[1] 可以通过支付 1.5 美元的单程票价乘坐全程的地铁系统，而在按区收费的体系里，价格会随着距离变化。 另一方面，只是最近的时候，都会区公共交通局才实现了其地铁与公交系统间的自由互通。

[2] 对城市学院开放招生强制性的适度学费免费的抗议满怀怨恨，并且每一次当都会区交通局表示必须要提高地铁交通费时，都会引起大批抗议。

[3] Fuchs, *Mayors and Money*.

大多数严格为了城市低收入人口而使用[1]。

　　很明显，纽约市比国内其他任何大城市给予贫困者的帮助都更多。到 1975 年，纽约市所有市政支出的 3/4 都直接指向了非常规（即，再分配）职能。相比之下，在同一年，芝加哥本就更低的预算中，仅有 1/5 分配给了这一目的，然而，从总人口的百分比而言，芝加哥的穷人比例无疑与纽约人口中的一样多[2]。洛杉矶提供给"再分配"服务的预算同样很小。

　　但是不同的内部权力体系甚至意识形态并不是唯一的解释。芝加哥和洛杉矶都在福利职能上投入如此之少的部分原因在于，这两座城市都将许多纽约市预算中包含的职能开支"甩给"各自的诸郡（甚至州），而纽约市并不"内含"较大的郡而介入其城郊挖掘资源。后续合理的比较不是在中心城市之间进行，而是在构成纽约市的 5 个郡与包含芝加哥（即库克郡）和洛杉矶（即洛杉矶郡）的两个郡之间进行比较[3]。虽然纽约的花费仍然略高，不过差别大大减少并且大部分可归结于纽约更高的交通和福利支出。

　　直接比较支出是非常困难的，尤其是希望将郡与城市支出都

---

[1] Fuchs, *Mayors and Money*, 101.

[2] 参见多种图表，同上。我将在第十一章再次回到这一问题。此处，或许我对芝加哥能够"负担"忽略城市贫民需求的代价而着力于"种族问题"的原因的解释是充分的。

[3] 我无法理解为何 Shefter, *Political Crisis/Fiscal Crisis* 以及 Fuchs, *Mayors and Money* 都没有强调这一差别。因此舍夫特指出，在美国经济位置最危险的两座大城市是纽约与华盛顿特区，而没有认识到它们的共性，即它们都需要自给。

包括在内时。 因此，在随后的讨论中，我用当地政府雇员在每种职能中的人数作为替代的测量方法，特别是由于每个工人的成本在纽约和芝加哥都大致相同（可以假设在洛杉矶也差不多）[1]。 如果每个工人的成本一致，那么支出上的差异（因此是纽约市政服务的"过度支出"）可以很大程度上解释为如下事实，即纽约市政府执行了更多的职能，因此要求数目更多的市政雇员。

表 10.9 按照职能比较了纽约市与芝加哥、洛杉矶对应的郡在 1974 年的雇员数目，该年是财政危机之前的一年。 该表格对 1980 年的"20 世纪基金"报告上出现的数据进行了整合利用，它根据职能估计了政府雇员（每 1 万名居民中，在中心郡内所有本地政府中）的数目[2]。

在表 10.9 中，很明显的是，不同城市中**常规**职能的残差（residual）区别在很大程度上可以通过纽约市更为复杂和庞大的交通系统来解释，相较而言，芝加哥的要更小（且是区域性提供支持），洛杉矶（直到现在）的系统则无关紧要。 根据**非常规**的职能，大多数的差异能够归结为纽约更大的福利责任（因为到 1974 年，伊利诺伊州开始负责芝加哥-库克郡的福利体系，许多洛杉矶郡的贫民没有资格享有福利）[3]，和健康（包括医院）

---

[1] 参见：Terry N. Clark and Lorna C. Ferguson, *City Money: Political Process, Fiscal Strain, and Retrenchment* (New York: Columbia University Press, 1983), 161, Table 6.5 展示了 1977 年每一个市政雇员的年均报酬。 芝加哥的条目为 17 689 美元，洛杉矶为 16 425 美元，纽约为 17 636 美元。

[2] Twentieth Century Fund, *New York — World City*, 91, Table 4.5.

[3] 该案例或许是因为，洛杉矶最穷者是拉丁裔移民，合法的与未登记的都有，或亚裔流亡者，他们接受联邦而不是本地资助。

与公共房屋方面的责任，这些纽约都处于全国前列。 有许多迹象显示，纽约对其居民的福利承担了更多的义务，但是若将所有职能都包含在内，考虑到在芝加哥和洛杉矶，对它们负责是郡和州政府，最初出现在纽约的挥霍便下降了，不过没有完全消失。相较于"本地政治战略"，这种区别更多可归因于纽约政治-体制性的布局，鉴于其边界及与州政府的关系，承担了许多其他地方由郡和/或州政府资助的职能的预算责任。 无论如何，当城市财政得到联邦的补贴时，这些安排大约影响很小；当联邦支持开始消失时，1975 年的不幸便发生了。

自那时起，一些证据显示，城市对再分配目标的承诺正在被渐渐破坏，既由于市政协助公司（Municipal Assistance Corporation，MAC）中银行家所强加的苛刻"规定"，它支持发行债券以在 1975 年的破产管理中援救城市，但前提是政府裁员；还由于州政府，作为对承受一定的城市大学花费以及小部分福利支出的代价，现在城市预算的监督更加严格[1]。

城市里"福利州"的缺点在近几年是显而易见的，然而，这不仅仅是由于棘手的制度安排，还由于中产阶级不再支持这些服务，（因其）看起来越来越多地用在城市少数族裔身上。 围绕着公立学校和地铁费用的冲突反映了一些城市中这些新的权力结盟。 至少，在前一方面，纽约与芝加哥或洛杉矶并无不同，正如我将在第十一章、第十二章所示的。

----

[1] 州与市之间预算的斗争正如克林顿总统以及联邦立法机构之间的斗争一样激烈和旷日持久。 每年作为支付城市支出所需要的短期借款及其他的权宜之计，从该财年一开始便完全陷入了拖延。

教育

纽约市政府的一项主要支出是公立学校体系，它越来越多地用于非白人人口，大大超过了其在主体人口中的代表，并且雇佣的教学与监察职员在人种和民族上都不同于主体学生，这也成了多年来学校系统争执的焦点。 由于城市白人人口的老龄化或迁移，并且只有部分被无子女的专业人士替代，公立学校体系白人学生的注册越来越少，这一趋势由于工人阶级和中产阶级居民对教会学校越来越大的依赖，以及更富裕居民对昂贵的"私立"学校（搬到郊区的功能性"替代品"）的持续信赖而放大了。

这些变化的最终结果是，到 1990 年，纽约市公立学校体系中所有学生的 80% 都被认定为"非白人"。 这激化了学生与公立学校雇员之间的种族对立并诱发了地方教育董事会的社区控制运动。 即便存在招聘少数族裔老师的举措，但是到 1990 年，只有 29% 的老师与 28% 的学校校长是非白人。（白人/犹太人主导的）教师工会和（主要为"少数族裔"的）寻求分散学校权力的本地群体之间的敌意必须在这一背景下进行解读［奥辛山之战（Ocean Hill battle）是这一冲突的第一枪］。

鉴于城市学校非白人学生数量的压倒性优势，使用"公共汽车接送"促成种族融合这一问题在某种意义上就变得无关痛痒了，尤其是鉴于作为公共交通的公车或地铁对所有学生免费开放。 也没有同样没有必要的是最近尝试提供"选择"或建立特色学校[1]（magnet schools）或"校中校"（schools within schools），

---

[1] 通常设在贫困地区，以特色资源吸引外地学生就学，以提高学校业绩。也称磁力学校。 ——译者注

以中止"白人"学生从公立学校体系中的流出。 例如： 在曼哈顿，除了一个奇形怪状的学区［尤其是围绕着炮台公园城（Battery Park City）、特里贝克（Tribeca）、格林威治村、切尔西（Chelsea）和富裕的上东区］，这里招收的非白人学生在1990 年仅略低于 3/4，而该区的公立学校中，非白人学生仍占全部入学者的 90%~99.8%。 在布鲁克林的 12 个区中，只有两个区白人学生至少占据一半；该区的许多其他学区（尤其是贝德福德-史岱文森的"腹地"及相邻地区）招收了超过90%的非白人。 在皇后区的 7 个学区中，仅仅只有两个毗邻拿索郡城郊最外围的区非白人数目少于 60%。 相较而言，纽约东部学生主体则有93%的非白人。 斯塔顿岛是唯一一个非白人比例较低的区，即便是在这里，27%的非白人注册率也超过了区总量中非白人的比例。 在公立学院和大学的层面，公认的非白人比例急遽攀升，尤其是在城市学院改为开放注册政策以后。 因为教育是纽约市非常规支出中的一个重点（且这一点甚至并未在芝加哥或洛杉矶的城市预算中出现），可以很容易看出，为何纽约市的预算会如此之高，甚至在紧缩之后也是如此。

常规与非常规职能的私人"补助"

由于城市被强制削减道路整修支出并且将其警力重新部署到了犯罪高发区域以及毒品贸易区，城里被忽视的贸易区域越来越多地迁到政府服务区域之外（paragovernmental service zones）（商业促进区，称为 BIDs，business improvement districts），在这里，周围的业主成立了一个基金以代替或强化市政当局不再提供的服务。 这一私有化，相当于对毗邻商业（而且，在许多时候，还有住宅）征收的"用户税"，掩盖了"常规"支出的金融层面，但是代价是以一种不平等的方式重新分配了利益。 另外，城市尝试对私人企业主的补助金，甚或是一般便利设施的直接供应进行"压榨"，手段是通过一个复杂的议价系统，该系统凭借城市规划办公室为区域免除分区制和高度限制，换取建筑商资助街面半开放空间。 因为这类便利设施仅仅位于繁荣的商业区并且经常被私巡察以便驱逐"不受欢迎者"，这些加剧了不平等。

公共建筑，房屋与重建

另一方面，纽约不能将既有环境改善的成本推卸给其他级别的政府或私人开发者。 如在第七章所指出的，纽约市提供了约50万居民的资助房，这一比例远高于芝加哥，相较于洛杉矶市，所超出的数量更是天文数字。 在联邦资助实质上消失之后，这些原受资助的单元仍旧享有州和当地的财政，虽然是在一种比较低的水平上。 相反，在芝加哥，当联邦财政枯竭之后便停止了公共房屋建设项目，并且现在完全将之移交给了美国房屋与城市发展管理局（U. S. Department of Housing and Urban Development）[1]。 而洛杉矶总是落后于其他两个城市，甚至在仍可获得华盛顿的资金时也是如此。

另外，芝加哥和洛杉矶已被允许建立准独立的"非营利性"重建组织——以芝加哥为例，其公共建筑委员会（Public Building Commission）和洛杉矶的社区重建局（Community Redevelopment Authority）都具有独立的财政创收（revenue-creating）权并有渠道限

---

[1] 毋宁说，由于部分芝加哥房屋管理局官员的渎职和贪污，住房和城市发展部接管了芝加哥的项目。 对更具争议性的细节的讨论，尤可参见：Gerald D. Suttles, *The Man-Made City: The Land-Use Confidence Game in Chicago*（Chicago：University of Chicago Press, 1990）。

制财政自负盈亏，以开展在纽约市仍属资本预算一部分的活动[1]。

资源

1975 年是纽约市获取所需资源进行慷慨再分配的关键转折点。 城市能控制的资源正在萎缩[2]，不仅仅由于经济收缩导致了能提供工作的企业从城市逃离与高收入（即纳税能力）居民向其他州城郊迁移；还因为城市日渐依赖于其他层级政府的税收，不仅仅有联邦还有州政府，它们至少返还了部分城市居民缴纳的税款以支持本地需求。 对于政府间的转移支付的日趋依赖使得纽约市在这一年十分脆弱。

在 1929 年，就在大萧条的前一年，约 80% 的纽约市财政收入来自财产税，剩下的则来自许可费用和其他的本地收入。 很小一部分来自政府间的转移付款。 变化始于大萧条期间，但即便如此，直到 1965 年，政府间的转移支付也只占据城市收入的约 1/4，仍旧少于平稳下降中的财产税比例[3]。 从 20 世纪 60

---

[1] 在资本投资方面，伊利诺伊州批准芝加哥设置具债务能力的特别当局来处理从公共房屋到公共建设（公共建设委员会，设置于 1956 年）的任何事务，这不仅减少了城市的资本支出，还有其债务清偿的支出。 在纽约，这些机制被州严格限制。 非常有意思的是，洛杉矶确实通过一个机构进行了重建——社区重建局——运用公共权力征用土地，并提升投资金额，而后垄断所有重建项目中的利润。

[2] 早在 1965 年，《纽约先驱报》便发表了一系列文章衰叹纽约穷人及少数族裔恶化的处境并且提出警告，城市很快会面临财政危机。 参见：New York Herald Tribune, *New York City in Crisis*（New York： Pocket Books, 1965）。 注意，这远远早于 1973 年的世界经济危机。

[3] 纽约财产税低收益的其中一个原因是市内房地产评估价值总量的 37% 是"公共"住房，因此可以豁免税收。 Fuchs, *Mayors and Money*, 185.

年代中期开始，当时源于财产税的财政收入比例持续下降，源于来自州，以及，尤其是联邦政府的资金数量（和比例）有着实际的增长，后者的数量在约翰逊总统任内得到了急遽增长。 到 20 世纪 70 年代早期，这类转移支付正在占据全部城市可支配收入的近 1/2，不过为接收它们，城市必须匹配相应的资金。 如"21 世纪基金"的业务推进报告在对 1975 年财政危机的成因分析中指出：

> 在 1960 年至 1975 年财年终了的这段时间……纽约已经成为挖掘本地与政府间收入资源的能手。 几乎任何所能想到的税基，纽约都能用来收税，并且利用了每一个适用的联邦与州项目。 这一融资工作的最大一部分以政府间援助的形式出现。 从 1960 年到 1975 年，本地收入增加了 306%，州援助增加了 696%，联邦援助增加了 2 882%……虽然，这一阶段，所有的地方都开始更多地利用联邦和州财政，不过纽约所接收的人均资金数目是 74 个标准都市统计区地方政府均数的 3 倍[1]。

然而，到 20 世纪 70 年代中期，由于早期委托的终止，产生了突然的逆转。 尼克松治理下，华盛顿管理层对维持约翰逊同贫困的"战争"兴趣不大。 虽然联邦对各个城市的援助并没有裁撤，但它缩减了规模并指向了更多特定的资本项目。 州政府流向各个城市的资金，虽在某种程度上有所增加，但并不足以补

---

[1] Twentieth Century Fund, *New York-World City*, 90.

充联邦资金减少的差额。 这是在 1975 年打击城市的财政危机中的直接因素，全球与本地的经济紧缩加剧了财政危机，减少了本地增税的同时，需要帮助的贫困居民的数目也增加了。 面对资金减少和人种与民族差异，后者的政治权力不足以施压政府保证持续性地支持。

错误方向上的财政补贴

然而，如果考虑到联邦课税和分配的结构，财政状况甚至会显得更加不平等。 相较于其所得，纽约州贡献了远超的联邦预算，导致了最近一些被描述为"收支不平衡表"（imbalance sheet）的结果。 纽约、新泽西与康涅狄格位于最靠前的 10 个州之中，它们向联邦政府贡献的人均资金远超其所得（意味深长的是，中西部各州密歇根、明尼苏达、伊利诺伊与威斯康星也处在前 10 之中）。 相反，"净盈余"诸州全处于南方或落基山脉（Rockies）[1]。 当福利援助项目被以整体补助款（block grants）的方式进行分散时，这一矛盾的可能性将会加大，造成了市里和州里政治官员的忧虑，因为纽约州属于那些支付金额最高、申请资格上限（处于贫困线之下）最低的州[2]。 它也是唯

---

[1] 这些结论来自哈佛大学肯尼迪学院主持的一系列研究，参见：Robert Pear, "Federal Government Uses North's and Midwest's Dollars to Aid the South, Study Says", *New York Times*, October 8, 1996, A23。 该文章包括一个图表，题为："Imbalance Sheet: States: Some Pay More and Get Less"。

[2] 参见：Peter Kilborn, "Welfare All Over the Map", *New York Times*, December 8, 1996, E3。 包括一个图表，题为："The Tough-Love Index"，逐州对比了福利支出与适用资格。 纽约市实际上接受救济的人数远非最大的人口比例。 自 1990 年起，底特律的福利人口比例达 （转下页）

——一个福利责任得到州宪法授权的州。

虽然财政不平衡和福利支出并非仅影响少数族裔，不过鉴于贫困、需求、种族与民族群体之间的关联性，可以假设存在一种不成比例的政治利益，会在本地的政治权力冲突中得到反映。虽然纽约市的政治体系对于这些代表比芝加哥或洛杉矶的体系更为开放，不过仍然有很大的问题。

少数族裔的赋权（empowerment）政治

纽约市在 1989 年选出了其首位（到 1999 年，都是唯一一位）黑人市长，大卫·丁金斯（David Dinkins）。然而，他的当选并不意味着任何权力体系内的重要转折。首先，丁金斯通过民主党的常规渠道上位成了曼哈顿区的区长。其次，在同民主党的现任艾德·科克（Ed Koch）（作为独立个体参选）与共和党候选人鲁道夫·朱立安尼（Rudolph Giuliani）的竞争中，优势寥寥。最后，丁金斯仅仅完成了一个平庸的任期，在 1993 年就被重新参选的朱利安尼击败。这一迟来且短暂的市长位置已亏欠太久。在 1893 年，芝加哥选出了其首个黑人市长，哈罗德·华盛顿，并在 4 年之后再次选了他。仅在其 1987 年过早地离世之后，芝加哥"白人"民主党的机构才开始通过其（政治）机器资

（接上页）到最高（26.1%），克利夫兰也相去不远。相较而言，芝加哥市为 14.4%，纽约市为 13.1%，洛杉矶仅为 10.7%。参见如下图表："Welfare Population in 15 Largest Cities", *New York Times*, August 25, 1996, 46。

深领袖的儿子理查德·达利再次占领市长办公室（他当选时只获得了 10% 的"黑人选票"）。 洛杉矶的市长从 1973 年至 1993 年都是汤姆·布莱德利（Tom Bradley），一个前黑人足球明星和警察局长，其权力基础由"西部（主要是犹太人）自由主义者"与少数族裔的联盟所支撑[1]。 只有来自南部中心暴乱中的白人铁杆反叛者，想把政治新手、共和党商人理查德·瑞奥登（Richard Riordan）推进市长办公室。

鉴于纽约人更多采取自由主义立场，那么黑人政治家在城市政府中为何存在感如此之低便是一个很合乎逻辑的问题了[2]。舍夫特在尝试解释如下事实时，即 1985 年该黑人候选人在民主党初选中撞上了科克后仅获得了 13% 的选票，指出，为数不多的少数族裔选民以及他们利益的分散化，在很大程度上沿黑人/西班牙裔的轴线产生了分裂，这要为黑人候选人的糟糕表现负绝大部分责任[3]，或许使纽约本地黑人及其牙买加黑人移民之间产

---

[1] 参见：Raphael J. Sonenshein, *Politics in Black and White: Race and Power in Los Angeles*（Princeton，N. J.：Princeton University Press，1993）。

[2] 这一点是有疑问的，参见：Charles Green and Basil Wilson, *The Struggle for Black Empowerment in New York City: Beyond the Politics of Pigmentation*（New York：Praeger，1989）。 他们其中的一个解释采用了隐藏于纽约少数-多数中的"多样性"进行表达。 他们提供的第二个解释涉及了存在已久的平衡选票的"安排"，包括爱尔兰裔、犹太人以及意大利裔候选人；这一联盟足以保证当选，不需要任何特别的努力以纳入黑人。

[3] 据舍夫特："纽约选举的非白人投票率在美国所有主要城市中是最低的。"仅有 32% 的黑人和西班牙裔选民参加民主党竞选，甚至黑人选民，法雷尔的主要支持者，也仅有 40% 站在了他们"族裔"的候选人之后；只有 10% 的西班牙裔选民以及 3% 的白人选民为法雷尔投票。 参见：Shefter, *Political Crisis/Fiscal Crisis*, xxi – xxii。

生了经常性的紧密联盟，后者曾提供了超出其比例的成功当选的
官员数目[1]。 不过另一种解释也是可能的。 获得正式权力
（formal power）的急迫性或许会在某种程度上被如下事实缓和，
即任何一方的白人市长都并不必然地被视为反黑人或反穷人（虽
然在其随后的任期中，科克表现出了这种倾向）。 实际上，在
瓦格纳和林赛治理下，纽约"福利制度"出现了最为明显的扩
张，当其他城市的黑人社区在马丁·路德·金遇刺之后经历暴动
时，林赛市长在没有护卫的情况下步行进入纽约黑人区，使其选
民不必疑心其同情。

此处，与芝加哥的又一处鲜明对比需要重新解释。 直到
1976 年逝世，理查德·达利市长都在城市（芝加哥）与郡（库
克）中统治着强大的、由白人主导的民主党机器。 他所促成的
联盟——在倾向于保留自身社区的"白人种族"与支持强大的
"增长机器"以维护环带活力的中心商业区商人之间——大约能
够承担忽略黑人社区需求的代价。 这一联盟在达利刚去世便开
始瓦解了。 当黑人与西班牙裔的联盟顺利选举了前议员哈罗
德·华盛顿做市长时，接着出现了短暂的权力真空期[2]。 但是
如我们将要看到的，在他过早地去世之后，控制权最终又回到了
达利家族手上。 我们必须要追问的不是为何非裔美国人不曾在
纽约获得权力，而是为何相较而言芝加哥多得多的黑人人口不能
从"白人机构"手里夺取控制权，以及为何芝加哥穷人受到这般

---

[1]　参见： Green and Wilson, *The Struggle for Black Empowerment*, 119 - 137 中
　　的讨论。
[2]　在华盛顿的"权力真空期"，再分配的支出在芝加哥有所增长，但是这
　　些随后被削减的对城市的控制又归还给了白人领导层。

忽略。 我们将在第十一章回到这些问题。 芝加哥不同的政治格局将会在第十二章开始着手处理。

全球化对纽约"解释"范围的再评估

很明显，全球经济的变化在部分程度上须对纽约区的去工业化负责。 最近的经济"全球化"增长（尤其是在媒体、金融、生产性服务与国际旅游领域）与国外移民有助于维持城市活力也是事实。 然而，必须谨记，在当前重组格局的很久以前，制造业便出现了衰退的趋势，且纽约对全球性职能的依赖（以及作为人口增长来源的移民）同样先于最近国际经济规模和比例的扩张。 全球化强化了纽约作为"资本主义都会"的角色，但是也必须认识到，其让城市在世界经济的力量之下更加脆弱。

然而，全球性力量与纽约的相互影响像其他地方一样，带有许多国家与地方性的条件。 在最后的研究中，该地区支离破碎的政治障碍和适应变化的政治文化将决定该地区能够对世界以外的强大的构造变化做出何种反应。

第十一章
芝加哥：后启示录时代

一个更简单但更麻烦的区域

与纽约或洛杉矶相比，很容易确定芝加哥都会区的边界。要描绘出均匀扩张的半圆形都市区的大致尺寸相对更容易一些，这一区域仍然仍以芝加哥作为其无可争议的核心，尽管问题日益严重。 不仅仅是芝加哥的区域结构越来越可视化和明晰化，由于实质上所有的区域（除向工业化的印第安纳州的一点溢出）都包含于伊利诺伊州之内，许多令纽约十分苦恼并日渐成为阻碍的司法与财政上的并发症在芝加哥都会区都可以得到解决，至少在理论层面如此。

鉴于有这些"优势"，或可预期芝加哥在适应重组与新的全球秩序的过程中，分裂和冲突应该更少，从而大约会产生一种更强的凝聚力。 然而，事实远非如此。 从一开始，芝加哥就是一座内部存在分裂的城市；今天，由于种族和阶级差距不断扩大，城区的大部分地区基本上与"周边地区"隔绝。

糟糕的年代，分裂的年代

在 20 世纪 60 年代晚期，这些分裂使芝加哥成为一座非常糟糕的城市。 即便其湖畔景观极好（尽管在南部环带被突然截断，也几乎延伸至城市的北部边缘），但背后的城市却难得安宁。 西部区域是第二大多种族/民族的贫民窟聚居点，刚刚爆发了暴力抗议。 如其他地方一样，导火索是马丁·路德·金的遇刺，再由社区里贫困的黑人居民的挫折感所助长。 在民权"进步"与随着"伟大社会"而来的几年的"扶贫战争"的推动下，爆炸沿着西麦迪逊大街以及罗斯福大道摧毁了大片土地，暗示了对一个世纪以前芝加哥大火的微妙重演。

这大约是未来的预演。 曾于 1968 年 4 月镇压贫民窟暴乱的军队在 6 个月以后变得更熟练，芝加哥警察以国民警卫队为后盾，他们被召集来控制数千人的反战抗议，后者聚集在格兰特公园（Grant Park）示威反对越南战争和约翰逊总统，并且在密歇根大道对面举行的民主党全国代表大会上（Democratic National Convention），向代表们表明了他们的观点[1]。 暴力的结果暗示了对国民警卫队殴打罢工者的回应，也是芝加哥劳工"关系"中的一个周期性主题。 根据芝加哥的民间说法，官员对达利市长的命令牢记于心，即在前一次的暴动期间所发布的"枪毙"

[1] 对于反越战示威的描述，参见：Walker Report, *Rights in Conflict*（New York: Bantam, 1968）。 然而，记忆并不是恒久的。 在 1996 年，一场民主党全国代表大会的和平"秀"又一次回到这座城市，由理查德·J.达利市长的儿子理查德·M.达利担任会议主席。

（shoot to kill）命令，不过没有发生致命不幸。

这些冲突大约是如下事实的征候，即虽然芝加哥表面上维持着旧的权力结构，但是深层的经济与人口结构变迁正对现状产生威胁。 几十年来，本地的民主党机器掩饰冲突，并使任何改变的尝试都失效，除了那些来自党内的。 赞助与复杂的选区首脑和选区委员会等级制度使"白人"社区与市中心商业利益集团之间的权力联盟永久化，以将其意志在城中施行，然而其掌控力正被削弱。

反战示威也标志着国家政治的转向，这会渐渐破坏达利（因此也是芝加哥）在国内的发言权。 这一年，共和党的理查德·M. 尼克松当选为总统，在之后长达 20 多年的时间里——除了为卡特总统中断的一个任期——白宫都稳定地处在单一党派的手中，它既不对城市负有义务，也不对市长负责。 在芝加哥的经济基础加速衰败期间，其大约一半的白人选民最终逃往城郊，这或许不是偶然。

当"大佬"理查德·J·达利于 1976 年去世之时，许多在本地和华盛顿的芝加哥势力也都随之消逝了[1]。 虽然到 1987 年，他的儿子理查德·M·达利重新入主了市长办公室，不过他接手的是一个不稳定的帝国。 经济与政治权力都已从这片土地上悄悄溜走，这座很久以来都自负地挂着美国"第二城市"头衔的城市。 它甚至还被剥夺了最后一枚勋章，随着洛杉矶人口数

---

[1] 众多关于达利治理下的芝加哥政治的书籍中，最近的一本是：Roger Biles, *Richard J. Daley: Politics, Race, and the Governing of Chicago*（De Kalb: University of Northern Illinois Press, 1995）。

量的遥遥领先，芝加哥被降级为"第三城市"。

经济困境

制造业的衰落

在 20 世纪 60 年代至 90 年代中期，"去工业化"持续猛烈地打击着芝加哥的福特制经济。 然而，很难将崩溃单独归结为全球化引发的变化。 经济崩溃特别铭刻在了 20 世纪 60 年代及 70 年代早期，甚至在国际性重构很久以前就已经出现了："从 1947 年顶峰时期的 668 056 个岗位开始，芝加哥市制造业便逐步流失，一直到 1967 年之后，整个芝加哥地区的制造业雇佣岗位都衰落了。 尤其是在 1967 年至 1982 年之间，衰落完全是毁灭性的，当时有 25 万或者说 46% 的城市制造业岗位都失去了。"[1]

在 1971 年，芝加哥诸多牧场的关闭带来了一个时代的终结，在一个世纪的时间里，这座城市都保有世界上最优秀的生猪屠户地位。 大型钢铁公司保留的时间仅稍微长一点[2]。 虽然

---

[1] Pierre Clavel and Wim Weiwel, "Introduction", in *Harold Washington and the Neighborhoods: Progressive City Government in Chicago*, *1983 - 1987*, ed. Pierre Clavel and Wim Weiwel (New Brunswick, N. J.: Rutgers University Press, 1991), 19;这些图表基于的数据可见之前的: Wim Weiwel, *The State of the Economy and Economic Development in the Chicago Metropolitan Region* (Chicago: Metropolitan Planning Council, 1988), 4 以及 John F. McDonald, *Employment Location and Industrial Land Use in Metropolitan Chicago* (Champaign, Ill.: Stipes, 1984), 55 - 93。

[2] 该地区的首个钢铁厂于 1875 年建立在卡拉麦特河（Calumet River）的岸边。

1973—1974 年股票熊市严重打击了芝加哥，不过迟至 1973 年，大型的南方工厂（South Works）仍然有钢铁订单，其数目"超过供应量，及其母公司美国钢铁公司，取得了创纪录的利润"。然而，太平洋战争正逐渐止息，钢铁公司无法活到 1979 年至 1983 年间即将出现的下一次衰退。 到 1983 年，作为铁锈带的一部分——芝加哥已开始真正地崩溃了。 在支配密歇根湖南岸并为大量人口提供职业——移民和黑人都有——几乎一个世纪之后，"辽阔的 [美国钢铁] 铸造建筑群寂静得如同坟墓一般"[1]。 邻近依赖现成钢铁供应的工厂也开始在多米诺骨牌效应（domino effect）下关闭了。

最开始，制造业工厂仅仅是迁出了城市边界并"重组"为后现代经济服务，这将缓和一些该区域内——如果不说城市的话——的就业疲软。 在 1972 年与 1981 年间，虽然芝加哥市失去了其 1/10 的私人部门工作，不过整个都市区的就业还是增加了 25%。 然而，这一增长带有种族选择性："在市内的两端，黑人和种族混合的社区失去了工作，与此同时，白人人数占主导地位的社区获得了净增长。"[2]

[1] David Bensman and Roberta Lynch, *Rusted Dreams: Hard Times in a Steel Community* (New York： McGraw-Hill, 1987), 72. 该工作对于芝加哥东南部钢铁厂的消亡进行了普遍讨论。 关于同一社群在之前的稳定/繁荣阶段的描述，可参见：William Kornblum, *Blue Collar Community* (Chicago： University of Chicago Press, 1974)。

[2] Gregory Squires, Larry Bennett, Kathleen McCourt, and Philip Nyden, *Chicago: Race, Class, and the Response to Urban Decline* (Philadelphia： Temple University Press, 1987), 3. 作者们引用了：Stanley Ziemba, "City Loses 123,500 Jobs, Study Shows," *Chicago Tribune*, June 12, 1983。

　　经济部门的收缩也是有选择性的。 虽然 20 世纪 70 年代制造业的工作在许多更新的城郊区域实际上正在增加（数字上与比例上），不过在芝加哥城内，所有工厂中有 1/4 都在这 10 年中关停了。 此外，去工业化没有放过南部城郊工业区（包括印第安纳的盖里新城），尤其是钢铁重工业与围绕着关停工厂的相关产业。 虽然郊区的库克郡和芝加哥标准统计区的其他城郊地区所增加的工厂职位与芝加哥所损失的相当，不过一旦将印第安纳州（几乎都是钢铁工厂）工作流失的因素纳入，便无法阻止该区域整体上的工作流失。

　　因此，在 20 世纪 50 年代甚至到 60 年代早期，支撑了芝加哥区域经济的战后繁荣终结了。 在 1947 年到 1981 年间，整个地区的所有制造业工作经历了 14% 的净损失，这意味着"每当通过创业、迁移、扩张创造一个新的工作时，就会因为关停、再安置和紧缩失去 1.9 个工作"[1]。 正如斯夸尔斯（Squires）等人所总结的，"烟囱当然没有消失，但是 20 世纪 70 年代城市失去了 25% 的工厂展现出来的趋势，在未来看来无法逆转了"[2]。

　　在随后至 1982 年间，这些可怕的预兆被证明全都正确，不仅仅是就城市而言，最近整个都会区都是如此。 制造业的工作

---

[1] Squires et al., *Chicago*, 15, 引用自: Robert G. Sheets, Russell L. Smith, and Kenneth P. Voytek, "Corporate Disinvestment and Metropolitan Manufacturing Job Loss", in *Report by Labor Market Information Service*（De Kalb: Center for Governmental Studies, Northern Illinois University, 1984）。

[2] Squires et al., *Chicago*, 4. 注意他们所说的数据提及的是制造业工厂，并非工作。

在郊区也开始消失了。 在 1982 年至 1992 年间，都会区制造业的雇佣降低了 18%，仅在 1991—1992 年一年时间内，就约有 25 000 个制造业的岗位从芝加哥、郊区库克郡和五个"卫星"城镇消失。 即便这些"失去的工作"大多数（1.9 万个）位于城内，但重要之处在于，标准都会统计区剩下的地方仍然有 6 000 个工作消失了[1]。

工业经济能够复兴吗？ 芝加哥传统的福特制替代品能够在其他经济部门被发现吗？ 看法不一。 大约最乐观的回答来自 1989 年讨论铁锈带"重组"的会议参会者，虽然他们描画的图景很晦暗。 会议组织者出版了会议议程，宣称重组（实际上他们是指去工业化）正在中西部上演——伴随着岗位从"实业生产（goods-producing）经济部门"的离开（在 1959 年该行业占据了所有岗位的 40%），转向了服务业（后者是一个宽泛的定义，到 1989 年它占据了 75% 的岗位）。 他们也指出，导致这些变化的远非商业周期中的一次短暂下跌，尤其受到了这次紧缩负面影响的中西部，没有出现复原[2]。

会议议程包含一系列中西部主要城市中心的个案研究。 在这些案例中，芝加哥的章节最为"昂扬"，强调了芝加哥经济基

---

[1] 这些数据源于我自己的计算，基于伊利诺伊雇佣保障局 1991 年及 1992 年版的数据，*Where Workers Work in the Chicago Metropolitan Area*, appendix, Supplementary Statistical Tables 1 and 2。

[2] 参见: Richard D. Bingham and Randall W. Eberts, eds., *Economic Restructuring of the American Midwest* [Proceedings of the Midwest Economic Restructuring Conference of the Federal Reserve Bank of Clevcland] （Boston: Kluwer Academic, 1990）。

础的规模和多样性，允许它重新定向，将旧工业作为新种子的温床。 为了给自己壮胆，作者们宣称，该发展应该（或许？）**能够**阻止其他更为专门化的城市所经历的那种衰退[1]。 然而他们的乐观设想被他们所展示的信息（会议议程中的表 4 - 2）打了脸，该表格将 1979 年至 1986 年间芝加哥的雇佣增长率与国家作比较[2]。 在这 7 年时间内，美国的全部岗位数目增加了 12%，芝加哥降低了 1%。 同样的，美国的制造业岗位在同一段时间内下降了 11%，芝加哥的制造业雇佣数目则急剧下降了 23%。 并且，虽然美国在运输、批发及零售方面的雇佣略有增加，芝加哥则仍然在本质上没有变化（仅仅在航空运输方面，芝加哥的雇佣景象要健康一些）。 甚至在广受吹捧的（但是实际数目很小）"新服务业"部门，芝加哥的增长率也比国家要低很多。 比如，国家金融业雇佣增长了 23%，而芝加哥仅仅增长了 13%；在国家经济中，其他国家的服务业经济增长了 36%，而芝加哥其他服务业雇佣的增长仅为 21%。 所有这些都从根本上破坏了作者们试图描绘的粉红色图景。 最后，他们强行总结道，"**芝加哥看起来承**

---

[1] 参见：David Allardice, Wim Weiwel and Wendy Wintermute, "Chicago, Illinois: Reaping the Benefits of Size and Diversity", in *Bingham and Eberts*, *Economic Restructuring*, 75 - 102。 作者们比较了芝加哥的工业多样性和底特律这样的单工业城市，强调芝加哥受益于可靠的生产者服务，宣称，当"在很难获得精确的数据时，很明显，芝加哥的财政、法律、会计与顾问服务将其服务出口到了中西部、整个国家，事实上是整个世界"（75）。

[2] 参见：David Allardice, Wim Weiwel and Wendy Wintermute, "Chicago, Illinois: Reaping the Benefits of Size and Diversity", in *Bingham and Eberts*, *Economic Restructuring*, 78。

受了商业周期下行期对制造业集聚造成的劣势，且未曾获得上升期的好处。"[1]鉴于这些趋势在 20 世纪 70 年代以前已经开始出现，因此，很难将芝加哥过去 30 年以来的困境仅仅归结为国际性重组。

多样性 vs 国防

必须要问的是，芝加哥为何有这么多问题？ 我同意马库森与麦柯迪的结论，即联邦国防合同的缺乏，尤其在研发方面，这很大程度上导致了制造业的衰退[2]。 在第八章，我展示了马库森与麦柯迪研究中的发现，他们分析了 1951 年至 1984 年的人均基本国防合同。 不难想起，尽管伊利诺伊州在 1951 年接收了中等数量的该类合同，但该州人均国防合同份额在 1958 年已经开始

---

[1] David Allardice, Wim Weiwel and Wendy Wintermute, "Chicago, Illinois: Reaping the Benefits of Size and Diversity", in *Bingham and Eberts*, *Economic Restructuring*, 99, 加粗字体为作者所加。

[2] 同上，102，引自：Ann Markusen and Karen McCurdy, "Chicago's Defense-Based High Technology: A Case Study of the 'Seedbeds of Innovation' Hypothesis", *Economic Development Quarterly* 3 (February 1989): 15-31。 马库森与麦柯迪表明了他们的疑问："几乎使用了所有的措施，芝加哥作为创新与高科技中心的地位还是在战后急遽下跌了。 因此，它表现了'苗圃'这一隐喻的显著意外。 就芝加哥相对糟糕的表现原因，我们提出了一系列假设。 我们阐释的中心观点是，这是军事支出，尤其是用于武器研发，所起到的作用。"（15）这一观点的更广泛地拓展可参见：Ann Markusen and Virginia Carlson, "Deindustrialization in the American Midwest: Causes and Responses," in *Deindustrialization and Regional Economic Transformation: The Experience of the United States*, ed. Lloyd Rodwin and Hidehiko Sazanami (Winchester, Mass.: Unwin Hyman, 1989, 29-59)。 这一章的总结参见：Markusen and Carlson, "Losses in the Heartland," *NE-MW Economic Review*, May 1, 1989, 8-13。

下降，且在 1967 年剧烈下降。 到 1984 年，伊利诺伊州排名跌出了前 18 之外，甚至落在了其他资源匮乏中西部各州之后，如威斯康星、密歇根与俄亥俄[1]。

马库森、霍尔、迪特里希（Dietrich）、坎贝尔（Campbell）早期关于"军火带"的著作为这一发展打下了基础。 正如这些作者们所指出的，第二次世界大战期间，"以及较小程度上的朝鲜及越南［战争］期间，工业心脏地带充满了致力于生产坦克、飞机、大炮以及其他战争物资的工厂的轰鸣……早期对于国防生产的领先地位仅仅是在逻辑上，这些工业城市是国家最具创新性的金属、重型机械、汽车、器械与消费电子中心"。 即便有这种领先地位并存在着顶尖的工程学校和技术劳动力，中西部还是失败了。 "几十年以来，**尤其是在 1950 年后**，中西部工业城市输给了新兴的'军火带'。"[2]

当然，必须承认，伊利诺伊州在华盛顿"政治影响力"的丧失，部分程度上导致了该州吸引力的丧失，因为，正如马库森所恰当地指出的那样，芝加哥（因此，也是伊利诺伊州）在政治和经济的赛场上所失去的，都由其他州获得了，如马萨诸塞州［在肯尼迪（Kennedy）和提普·奥尼尔（Tip O'Neil）任期内］、得

---

[1] Markusen and McCurdy, "Chicago's Defense-Based High Technology," 19, Table 1. 仅根据联邦的陆军、海军和空军设施，伊利诺伊和芝加哥确实从国防支出中受益了。

[2] Ann Markusen, Peter Hall, Sabina Dietrich, and Scott Campbell, *The Rise of the Gunbelt: The Military Remapping of Industrial America* (New York: Oxford University Press, 1991), 52–53. 加粗字体为作者所加。 该书主要的观点集中在从中西部到加利福尼亚海岸再到得克萨斯的国防工业迁移。

克萨斯州（约翰逊任期内）和加利福尼亚（尼克松和里根时期）。 但事实是，军工工业在很大程度上是**出口贸易**，这也有助于解释国防部对沿海地区的偏爱。

陷入衰退的不只是制造业

然而，后工业社会与全球城市的理论暗示，去工业化与国际化仅仅产生了劳动力需求的转向——从制造业朝向服务业，尤其涉及那些适合新经济形态的金融、管理和生产性服务行业。 虽然扩张中的服务业实际上缓解了一些就业上的疲软，不过在芝加哥经济中，这不足以弥补所有损失的工作。 在 1991 年与 1992 年这一年间，芝加哥都会区还损失了 12 000 个**非制造业**的工作。 该区域增加的 19 000 个非制造业的工作仅仅产生在城郊镇中，但是这无法抵偿芝加哥市损失的 31 000 个服务业岗位[1]。甚至在 FIRE、商业服务业、工程、管理与相关服务业这些"新"服务业领域中，20 世纪 90 年代早期也是令人失望的。在 1991 至 1992 这一年中的"环带"类型职业方面，芝加哥净损失了 13 782 个工作。 虽然城郊的库克郡增加了 2 943 个岗位，并且 5 个卫星镇在这些部门中也增加了 9 087 个工作，但它们综合起来仍然缺少 1 752 个工作以补上芝加哥损失的岗位[2]。

---

[1] 这些数据是我根据伊利诺伊就业保障局的数据自己进行的计算，参见：*Where Workers Work*（1991 and 1992 statistical appendices）。

[2] FIRE（金融、保险与房地产）并非灵丹妙药，因为它们产生的职位太少。 参见：Chicagoland Chamber of Commerce，*Chicagoland Demographic*，December 1993。 其中随后给出了这些部门设施的数量信息： 库克郡有12 802 个（规模中位数为 50~99 名雇员）；杜佩奇 2 143 个，几乎全都很小；麦克亨利为 304 个，几乎全少于 10 名雇员。

现在，哪怕是最热情的芝加哥支持者都发现，很难忽略都市区的衰退。 一份由商会起草的对该区域的金融产业的研究中，委婉地将 1990 年至 1993 年间这几年称为"适应阶段"[1]。 它指出，金融服务业的雇佣"稳定在 266 000 个工作的水平"，办公室的空置率从 1991 年的 17%上升到 1992 年的 18.5%，而后在 1993 年稳定在 19.1%，并且非居民建筑的许可证在这 3 年里大量空余。

鉴于这些令人沮丧的事实，芝加哥开始加倍努力宣传其竞争优势也就不足为奇了。 在 1990 年，城市里发行了一份十分华丽的出版物，宣传芝加哥良好的"商业气候"，但是这一被选出的优势更适合落后的南方社区，而不是原来强大的福特制引擎。将该市与其"对手"（尤其是纽约与洛杉矶）相比，该出版物强调芝加哥具有**更低的工资，更低的道路拥堵情况，更低的办公空间租金，更低的公共设施费率以及个人税收**，并有一个**"更合作的"管理层**。 虽然这本华而不实的小册子没有讲清楚这些优势的潜在含义，不过很明显，更低的工资与更低的税收只能意味着更多的穷人且用于帮助他们的资金更少[2]。 并且，如我们所见，中

---

[1] 参见: John E. Silvia, "The Outlook for the Financial Services Industry in Chicago-land" (Chicagoland Chamber of Commerce, mimeo, March 7, 1994)。

[2] 参见: Chicago Department of Planning and Development, *Chicago: The Crossroads of the Business World: A Statistical Profile* (Chicago: Department of Planing and Development, [1990?])。 该"报告"的目的在于通过论证芝加哥对"竞争城市"的"优越性"来吸引商业。 关于**更低的工资**，参见第 3 页；**交通拥堵较少**参见第 6 页（这里指出，在高速拥堵方面，洛杉矶最差，纽约排名第 9，芝加哥排名 25）；关于芝 （转下页）

心城市穷人中，黑人与拉丁裔居民的比例过高。整体的数据潜藏着城市及其城郊环带之间越来越大的鸿沟，与之相伴的，还有少数族裔与压倒性的白人人口之间的割裂，后者垄断了一切，除了一小部分城郊社区。

　　然而，在探索现在割裂的都市区域于空间与社会方面的鸿沟之前，对我来说，为将芝加哥纳入世界全球城市的行列进行辩护是必要的，显然并没有人要求为纽约甚至芝加哥做这样的辩护。

芝加哥作为国际经济指挥中心

　　当开始本项研究时，我注意到，芝加哥已在多个对世界/全球城市的列举中，被多次忽略了[1]。几位知识渊博的同事质疑，我为何要纳入一个已经明显失去了其传统的经济基础的内陆都市。现在开始，我根据两个方面为自己辩护。首先，芝加哥

（接上页）加哥**更低的市中心平均租金**，第 11 页（平均每平方英尺在纽约 30.83 美元；洛杉矶 25.24 美元；芝加哥仅 24.68 美元）；**更低的电力工业费率**，第 12 页（芝加哥为 6.17 美元/千瓦时，相较而言，洛杉矶是 7.24 美元/千瓦时，纽约是 10.73 美元/千瓦时）。在伊利诺伊，不仅仅是企业税低于加利福尼亚与纽约州，而且州与当地平均每户的税收在芝加哥仅 3000 美元，相较而言，加利福尼亚是 3800 美元，纽约则是 6000 美元以上。不过这些比较并不准确，他们确实允许我做出不同的阐释。

[1] 比如说，在：John Friedmann and Goetz Wolfe, "World City Formation: An Agenda for Research and Action", *International Journal of Urban and Regional Research* 6 (1982): 309 - 344 中最初的世界城市清单里，便很显眼地忽略了芝加哥。

仍然是国内前三的都市区，在人口上远超过下一位竞争者旧金山，并且在美国最大型公司的总部数目拥有量上也胜过洛杉矶（虽然都明显落后于纽约）[1]。　第二，我强调，芝加哥可以为纽约和洛杉矶提供一个重要的参照，因为近来的国际性发展并没有复苏该地区经济，而与此同时却让纽约和洛杉矶复苏了。

　　芝加哥同样提供了一种理论上有趣的反事实。　如果，因为被卷入了更上层的贸易与金融循环，全球化确实正在让主要控制中心恢复活力的话，那么芝加哥应当也会从这些趋势中获益。事实上，芝加哥的某些机构已经构成了套利（arbitrage）与货币交易更高级循环中的中心节点，沙森等人称为新全球经济的首要追求。　这些以芝加哥为基础的金融体系毫无疑问在全球体系的运作中发挥了重要的作用。　然而，因为其就业乘数效应非常低，它们对该地区的影响很小。　这些国际金融机构中最令人印象深刻的是芝加哥商业交易所。

———————

[1] Thierry J. Noyelle and Thomas Stanbeck Jr., in *The Economic Transformation of American Cities*（Totowa, N. J.: Rowman & Allenhed, 1984）中确认了四个美国的国家中心"节点"：纽约、芝加哥、洛杉矶与旧金山。在 20 世纪 80 年代末，美国 500 家最大的企业中（它们大多有跨国关系）：有 138 家总部在纽约都会区；芝加哥排第二，有 42 家；洛杉矶排第三，有 25 家。　更多的细节与来源，参见：Janet L. Abu-Lughod, "Comparing Chicago, New York, and Los Angeles: Testing Some World City Hypotheses", in *World Cities in a World-System*, ed. Paul L. Knox and Peter J. Taylor（Cambridge: Cambridge University Press, 1995），esp. 178 - 180。　一项使用了其他标准的研究显示出，芝加哥和洛杉矶更加接近。参见：Alex Schwartz, "Corporate Service Linkages in Large Metropolitan Areas: A Study of New York, Los Angeles, and Chicago", *Urban Affairs Quarterly* 28（1989）: 276 - 296。

芝加哥商业交易所，资本主义金融中心

在全球城市的文献中，一个重点强调的观点是：成就它们成为"全球城市"的，或许不是它们的生产力本身，而是它们对上游金融交易的控制力。然而，这些功能严重依赖通信革命，因此在很大程度上出现在赛博空间（cyberspace）中。于是，在给定的节点中，运行这些功能的相当比例的劳动力需求和流过它的大规模金融交易之间没有必要的关联[1]。实际上，芝加哥许多经济基础的退化同以下事实并不矛盾，即该城市拥有一座金融机构，其交易额远远超过其他任何世界城市——包括纽约。

这一机构便是芝加哥商业交易所（Mercantile Exchange of Chicago，MERC），尤其是，从 20 世纪 70 年代早期开始，它便成了国际货币市场（International Monetary Market，IMM）的驻扎地。它的故事十分吸引人，不过太过复杂，无法在此处重述，感兴趣的读者可以在鲍勃·塔玛金（Bob Tamarkin）厚重的著作

---

[1] 如电子货币现在已经在之前新泽西斯考克斯（Secaucus）的养猪场开始流通，就在纽约之外，所有的 ATM 存储款机器都被清除了。正如 Kirk Johnson，"Where Electronic Money Talks as Fast as it Moves," *New York Times*，February 18，1997 中所指出，"20 世纪 90 年代早期以来，斯考克斯走廊作为一个机械化出纳网络中心出现了……它成了预置程序导引的国家中心……当联 [邦储备银行] 在 1998 年 3 月完成了其 1.4 万亿/天的国家银行间转账系统联储电信（Fedwire）的合并之后，该区域的国家参与仍将进一步加强，首次足以在大宗货币转移中与纽约市相匹敌"（B1）。这一发展很清楚地说明了"无地点的城市领域"（"Nonplace Urban Realm"）的浮现。参见：*Explorations into Urban Social Structure*，ed. Melvin Webber et al.（Philadelphia· University of Pennsylvania Press，1964）。

里找到细节[1]。 简而言之，塔玛金追溯了一个简单的商业交易所——在芝加哥大火之后开始运营，专门从事黄油、鸡蛋，以及随后的猪胸肉（早熟培根）的期货和"对冲"——为自己"创造出"一个后现代的角色，该角色将芝加哥置入国际汇率期货市场中相当核心的地位。 这一发明异乎寻常的成功可以通过一份"简单的"统计得以表达。 到 1991 年，多亏了国际货币市场，芝加哥商业交易所"支持的贸易潜在价值大约有 50 万亿美元——几乎是纽约股票交易所所有同等贸易额的 40 倍"[2]。这一杰出成就的获取方式生动说明了全球、国家与本地事件之间的相互关联。

在 20 世纪 60 年代早期，芝加哥商业交易所正在经历困境，受到了股票市场衰退的负面影响，且没有在众所周知的猪腩、爱达荷马铃薯、木料以及新增的对虾以外，扩展自己的角色。 期货贸易中投资者的收益下降了。 在 1969 年，紧随着越南战争，复苏来临了，与此同时，投资者在证券市场清空了持股，并开始投机加工商品。 如塔玛金所解释的，在 1969 年"50 岁的芝加哥商业交易所首次在交易量（美元）上超越了 122 岁的芝加哥交易所……商业贸易经历了其在美国历史上最活跃的时期。 政府管理的期货市场贸易在 1969 年上升至创纪录的 815 亿美元，较前一年增长了 36%"[3]。 芝加哥商业交易所正在提升其通信技

---

[1] 大多数随后的描述来自： Bob Tamarkin, *The MERC: The Emergence of a Global Financial Powerhouse* (New York： HarperCollins, 1993)。

[2] 同上，书封简介。

[3] Bob Tamarkin, *The MERC: The Emergence of a Global Financial Powerhouse* (New York： HarperCollins, 1993), 160.

术以更好地跟上其扩张中的需求，MERC 也因此在放松管制时为货币期货国际化的发起做好了准备。

在此处，我们必须退回到二战刚结束的时段，当时美元成了国际贸易的支配性货币，并且其他工业化国家的货币都被 1945 年夏天由 10 个发达国家签署的所谓布雷顿森林协定跟美元"钉"在了一起。 国际货币基金组织和国际复兴开发银行[1]（International Bank for Reconstruction and Development）也同时设立。 布雷顿森林协定保留到 1971 年的最后一天，在汇率与美元和黄金均脱钩之后，它们被允许有更灵活的波动。 就在这一变化被批准并签署文件之前，芝加哥大学的经济学家米尔顿·弗里德曼（Milton Friedman）写道，"国际金融结构的变化将创造对国外储备（foreign cover）需求的极度扩张"，并且建议其市场设在美国。 在芝加哥商业交易所，他以前的学生已经迅速推进，于芝加哥发展这一市场，建立了一项货币期货交易以获取巨大的潜在套利份额。 虽然现在还存在着其他的竞争者，不过芝加哥商业交易所的国际货币市场仍是该领域的巨头[2]。

讽刺的是，每天 24 小时，在芝加哥的电子化"市场"的命令之下，"虚拟"（fictitious）资金与期货投机的巨大体量现在正以闪电般的速度向全球扩散，但是城市自身在这种交易中的获利很少。 遥远的投资者可能会获得相当大的收益，少量的本地经纪人或许会变得富裕，但实际上大多数芝加哥人没有获益。 通过商业交易所成为一座"全球"城市并没有使该地区的人口获得

---

[1] 即世界银行。 ——译者注
[2] 更完整的解释参见，Tamarkin，The MERC，180–187。

普遍性的富裕，实际上如果说带来了什么的话，那就是加大的
"富"与"未富"者（"haves" and "have-nots"）之间的裂痕。

不均衡的发展：种族、阶级与空间的相互作用

斯夸尔斯及其合作者简要地提出了这一问题。 他们宣称，虽
然"多样性是芝加哥区域经济的一个优势，不过繁荣的经济连同快
乐的雇佣工人这一图景掩盖了劳动力内部日益明显的不平等、区域
经济整体的发展不均衡以及这一发展中的许多社会成本"[1]。

在芝加哥发展的早期，沿阶层和种族的断层线出现的惹人注
目的不平等，日渐铭刻于城市的空间结构中，所以面对当前这一
停滞或者说衰退的时代，该区域中种族、人种和阶层的分裂在广
阔的都市空间中正变得愈加明显。 在许多方面，目前团结与和
平的展望甚至比 19 世纪晚期至 20 世纪早期更为黯淡，当时工业
竞争正在撕裂芝加哥的社会结构，正如城市的统治精英用凹版印
刷象征性地制作伯明翰规划时，却忽略了其大多数市民的需求。
市民被作为"局外人"而不予理会。 正如斯夸尔斯等人所说：

> 1980 年的人口统计显示，国家最贫穷的 16 个社区中，
> 芝加哥就有 10 个。 与此同时，其企业城郊住宅区［正处
> 于］繁荣中。 城市失业率飙升至国家平均水平以上，同时
> 许多更新、更富裕的郊区将其失业率保持在了平均水平以
> 下……

---

[1] Squires et al., *Chicago*, 23 - 24.

这个城市地区有两个社区在诸多方面朝着不同的方向发展。一方面是城市的中心商业区；贵族化的城市社区，如林肯公园；老的富裕社区，如黄金水岸；还有更为繁荣的城郊，如那些位于北海岸的社区。 另一方面是低收入的黑人与西班牙裔社区，如西区和罗根广场（Logan Square）；正处于同白人社区冲突中的社区，像芝加哥劳恩区（Lawn）；还有更老的城郊工业社区，像芝加哥东区和印第安纳州的哈蒙德（Hammond）。 受芝加哥增长机器的驱动，当其他群体都一无所成时，有一个群体正在加速发展[1]。

城市 vs 郊区：科纳报告中的噩兆

因此，并行运作的去工业化、企业去中心化以及存留的（高科技）工业加剧了芝加哥地区白人和"少数族裔"之间的分裂。根据 1991 年芝加哥城市联盟（Chicago Urban League）发布的报告，最近几年，在国内所有地区中，中西部经历了黑人贫困人口的大幅增长，并且由于白人与黑人家庭收入差距的迅速扩张，现在芝加哥都市区在种族群体间的经济不平等层面上，超过了其他所有地区[2]。 该报告"阐释了经济增长的空间格局并将之与种

---

[1] Squires et al. , *Chicago*, 24, 加粗字体为作者所加；整体可参见，23 - 60。

[2] Nikolas C. Theodore and D. Garth Taylor, "The Geography of Opportunity: The Status of Africans in the Chicago Area Economy"（Chicago Urban Leagues Department of Research and Planning, March 1991）, 2. 这一复杂的原创性研究是我阐述的核心，且我非常感激作者们允许我使用其原创地图。

族隔离和经济衰退的模式并列在了一起。 这一分析揭示了机会的地理分布是解释芝加哥区域经济中经济福利存在巨大种族差别的关键"[1]。

　　一些基本的趋势需要告知，以此作为城市联盟中学者研究的背景。 表 11.1、表 11.2、表 11.3 证实了在 1970 年与 1990 年间芝加哥地区 3 个关键且相互关联的人口发展趋势： ① 芝加哥市范围内相对和绝对的人口下降，与城郊卫星镇的整体性增长相反；② 1989 年，在城市及其城郊之间出现了人均收入的差距；③ 当前该区域进入了"少数族裔"城市及"多数族裔（？）"边缘地带的双行道。 很容易发现，城市连同西部城郊库克郡，在 1970 年至 1990 年间经历了大幅度的人口下降；库克郡南部城郊几乎仍是停滞状态；5 个卫星城镇连同城郊库克郡的西北、西南部分几乎吸收了所有的增长人口。

表 11.1　伊利诺伊州、芝加哥都市综合统计区、城郊各镇和
　　　　　芝加哥市在 1970 年与 1990 年间的绝对人口变化及
　　　　　20 年间人口百分比变化

	1970 年人口	1990 年人口	百分比变化，1970—1990 年
伊利诺伊州	11 110 000	11 430 602	+3.0
芝加哥标准大都市统计区	6 977 573	7 261 176	+4.1
芝加哥市	3 366 957	2 783 726 [A]	−17.3
城郊库克郡 [B]	1 974 294	2 120 516	+10.9

---

[1] Nikolas C. Theodore and D. Garth Taylor, "The Geography of Opportunity: The Status of Africans in the Chicago Area Economy" (Chicago Urban Leagues Department of Research and Planning, March 1991), 3.

（续表）

	1970 年人口	1990 年人口	百分比变化，1970—1990 年
北库克	439 678	412 370	-6.2
西库克	500 020	448 543	−10.3
南库克	402 314	419 665	+4.3
西北库克	294 101	491 174	+67.0
西南库克	338 181	417 051	+23.3
卫星城镇［C］	1 485 204	2 156 109	+45.2
麦克亨利	111 555	183 241	+64.3
杜佩奇	492 181	781 666	+58.8
威尔	247 825	357 313	+44.2
湖畔区（伊利诺伊）	382 638	517 418	+35.0
凯恩	251 005	317 471	+26.5

注释： A： 芝加哥市主张，1990 年的人口被少算了 236 274 人。 但是即便总量按照这一数字加上，城市在最近 10 年中人口依旧减少了。

B： 城郊库克郡几乎包围着芝加哥市，因此这一数据是库克郡减去芝加哥市的人口。

C： 湖畔区（伊利诺伊州）紧靠着库克郡北部边界，麦克亨利镇位于湖畔区以西。 杜佩奇位于芝加哥正西，紧紧楔入芝加哥市与更西一点的凯恩之间。 威尔位于城市正南，包括了朱丽叶（Joliet）小镇（监狱）。

来源： 美国人口调查局报告。 我发现了许多关于伊利诺伊州东北规划委员会的出版资料，对于收集相关数据非常有帮助，我已经进行了重新整理。

表 11.2　1979 年至 1989 年间伊利诺伊州、芝加哥都市综合统计区、城郊诸郡与芝加哥市的人均收入，10 年间百分比变化，以伊利诺伊州为参照指标

	人均收入（美元）		百分比变化十年指标
	1979	1989	
伊利诺伊州	8 071	15 201	100
芝加哥标准大都市统计区	8 568	16 739	108

（续表）

	人均收入（美元）		百分比变化
	1979	**1989**	十年指标
芝加哥市	6 939	12 899	97
城郊库克郡［A］	9 976	19 381	107
北部	12 914	27 058	130
西北部	10 285	20 807	116
西南部	9 118	17 149	100
西部	9 034	15 945	87
南部	8 535	14 724	82
卫星城镇	9 505	19 207	115
麦克亨利	8 646	17 271	113
杜佩奇	10 475	21 155	115
威尔	7 999	15 186	102
湖畔区（伊利诺伊）	10 106	21 765	131
凯恩	8 469	15 890	99

注释：伊利诺伊州十年间人均收入增长为88.4%。指标数字超过100的意味着在既定区域内，人均收入在10年内的增长超过了伊利诺伊州平均水平；数字在100之下的，则表示与州相比，其人均收入为相对负增长。

A：城郊库克郡的分区没有计算过各市镇分区的人均收入人数，因此并不是很具有可比性。

来源：伊利诺伊州东北规划委员会编辑自美国人口调查连续统计表。

表 11.3　芝加哥、伊利诺伊-印第安纳与威斯康星都市综合统计区、芝加哥基本大都市统计区、芝加哥市和外围伊利诺伊诸市镇（库克郡减去芝加哥市与杜佩奇、凯恩、湖畔区和威尔）中的人口，种族/西班牙裔（百分比），1990 年人口调查

人种/民族	都市综合统计区	基本大都市统计区	芝加哥市	外围诸市镇
非西班牙裔白人	66.7	62.3	37.9	82.1
非西班牙裔黑人	18.9	21.7	38.6	7.7

（续表）

人种/民族	都市综合统计区	基本都市统计区	芝加哥市	外围诸市镇
非西班牙裔美洲印第安人	0.2	0.1	0.2	0.1
非西班牙裔亚洲人	3.0	3.6	3.5	3.3
其他非西班牙裔人口	0.1	0.1	0.1	0.1
西班牙裔	11.1	12.1	19.6	6.6

注释：这里的非西班牙裔仅仅涉及给定族裔的非西班牙人口。在其他表格中，这些数据必须谨慎使用。当西班牙裔的居住格局与其人种相交叉之后可以发现，肤色更黑的西班牙裔（以及来自加勒比的人口）几乎像非裔美国人一样在居住上被孤立。然而，他们并不一定会上报自己为"黑人"，这会导致对废止种族歧视的实际进行程度估计过高。"融合区域"中常常居住着"黑人"与"西班牙裔"的组合，而不是"黑人"和"非西班牙裔白人"。

来源：我基于1990年美国人口普查表所做的计算。我重新计算了库克郡在芝加哥市范围以内的部分，与城外的部分做了分割。城郊库克郡剩余部分和威尔、凯恩、杜佩奇、麦克亨利、湖畔区（伊利诺伊州）加在了一起，并且这些城郊区域紧紧围绕着城市的复合区域也被加了上去并且做了计算。

收入差距遵循这些相同的轨迹，意味着在 1979 年至 1989 年间，衰败中的城市与其发展中的城郊之间的阶级鸿沟正在拉大，这一趋势在表 11.2 中清晰地体现了出来。在 1970 年与 1990 年间发展更快的西北与西南城郊地区，其人均收入同样经历了最大幅度的增长，然而，城市相邻的南、北地区的增长则低于平均水平。

与此同时，芝加哥的人口增长相对更少。虽然表 11.2 中包含了金额数量，但是由于通货膨胀，在上述 10 年期间，最好聚焦于百分比变化。这体现为伊利诺伊州百分比变化的上下偏差［即作为指标的收入变化以伊利诺伊州为参照标准（100）］。很明显，差距正在加大并且显示出该中心性城市"未曾实现繁荣"，在人口和经济上都是如此。甚至放眼更大的中西部环境中，也不如西部或者东海岸表现得好，城市的条件已十分糟糕，且其衰退已经超出了城市边界，蔓延至城郊库克郡的西侧和南侧地区。

为完善这一图景，必须补充人种、民族变化以及更大地区范围内移民等信息。 表 11.3 显示，到 1990 年很大比例的非西班牙裔白人从芝加哥市内迁往更外围的城郊镇，或者在迁到该区域之后直接就地落脚，那里他们构成了绝对的多数。 在 1970 年至 1990 年之间，芝加哥城内非西班牙裔"白人"居民的绝对数量从 220 万下降到了 126 万，即净流出了 94.2 万人。

表 11.3 中最重要的部分是最后两列，凸显了城市与其郊区间的对比。 到 1990 年，城内自行上报为"非西班牙裔白人"的城市居民比例不足 38%，这一类别中包含了许多来自中东、印度次大陆和欧洲欠发达地区的近期移民。 出生于国外者的比例相较于纽约和洛杉矶要低得多；城中只有 17% 的居民出生于国外。实际上，在 1980 年至 1990 年间，纽约市与洛杉矶市的**人口实际上都下降了**，正如芝加哥一样，没有大量移民人口的流入。 在 1990 年，非裔美国人略微多于非西班牙裔白人，几乎占据了城市总人口的 39%[1]。 西班牙裔人口（主要来源于波多黎各人，但是现在墨西哥人及其他来源者越来越多）在 1990 年几乎增加到了总量的 20%。 因为这段时间有一些非西班牙裔黑人迁出（有一些迁到了城郊，但是大多数迁到了国内其他地方），并且同时持续有西班牙裔迁入，以至于到了 90 年代晚

---

[1] 我们可以假设，非裔美国人和西班牙裔更容易被人口调查漏掉。 因此，"真实的"比例大概更高。

期，大约接近 1/4 的人口是西班牙裔，而非裔美国人仅有
35%。 与纽约尤其是洛杉矶相反，亚裔的数量仍旧微不足
道，虽然在城内和郊区其人口比例中有所增长。

表 11.3 的最后一列，显示了城郊环带（城郊库克郡与 5 个
卫星城镇）的人种和民族（非西班牙裔）上的"白人性"
（whiteness）。 如果说城郊库克郡及其自治市镇显示出了差异
性，那么这张表同样显示出，目前城界以外的库克郡中居住着城
郊区域内的几乎全部少数族裔人口，并且非裔美国人和其他少数
族裔居民（除去皮肤白皙的西班牙裔和一些亚裔）本质上都被孤
立于少部分城郊市镇中。

城市分化为大规模隔离的人种与民族领地

中心城市与城郊之间的隔离程度，甚至在城市内部得到了更
为生动地再生产。 大多数仍居住在城内的非西班牙裔白人都集
聚在几近排外的"白人"居住区之内： 在 7 区（湖滨，沿着中
心商业区的湖北岸的狭长条带，是现在仍被称为"黄金水岸"的
一部分）、1 区和 2 区（位于西北、西南部分的外围边缘，分别
邻近城市边界并且毗邻从边界向外延伸的繁荣的白人城郊，尤其
是在西北部分）中的任何一个。 与之形成鲜明对比的是，非裔
美国人严重隔绝在 5 区（广阔的南部"黑色地带"）或 6 区（西
部"第二贫民窟"）。 西班牙裔占据了这些黑人和白人区域之间
的"缓冲区"（buffer zones）（3 区和 4 区）。 少量的城郊区域有
少数族裔，大部分是西部和南部区域的延伸地区，几乎全是
黑人。

长时间以来，种族隔离仍然持续着，并且随着白人迁移城
界或者进入明确标明的城市"碉堡"（bunker）区而少数族裔的

居住区没有引起更大整合，种族隔离扩大了。 因此，虽然开放房屋法案（open housing laws）制定已超过 20 年，并且对黑人中增长的中产阶级有了很多讨论，但是种族隔离仍然存在于几乎整个芝加哥。 梅西和丹顿（Denton）的重要论点在于，强调居住隔离和美国城市中加大的黑人地理上的隔绝是阶级形成的根本原因，尤其是"下层阶级"[1]。 他们指出，不管是学者们善意假设开放房屋法案将非自愿的种族隔离变为自发的聚集，还是他们误用了威尔森的观点（阶级比种族更重要）来断言中产阶级黑人能够离开贫民区，这些学者都忽略了这一事实，即黑人前往的城郊有着再次种族隔离的趋势。 他们提醒我们：

> 黑人经受的种族隔离与其他人种和民族群体所经历的有限且短暂的种族隔离并不能等同，现在或过去皆然。 美国历史上没有哪个群体经历过黑人过去 50 年内在大部分美国城市所强加的持久又高强度居住隔离。 **这一极端的种族性孤立不是只发生了就结束了；它还被白人通过一系列持续到今日的自觉行为和有目的的体制性安排加以规模体系化（manufactured）**。 不仅仅是黑人隔离的深度空前且独一无二……更因为其很少随着时间或社会经济的地位而产生有所改善的迹象……［这一种族隔离］将穷人集中起来，在黑人社区内构建了一系列的相互加强（mutually reinforcing）及自

---

[１] Douglas S. Massey and Nancy A. Denton, *American Apartheid: Segregation and the Making of the Underclass* （Cambridge： Harvard University Press, 1993）.

我反馈（self-feeding）的螺旋式衰退……［限制了］黑人的生命可能性，无论其个人品质、个体动机或私人成就如何。 在过去的 20 年里，这一基本事实被决策者、学者和城市底层阶级理论家扫到了地毯之下。 种族隔离是被遗漏的一环[1]。

梅西和丹顿总结道，"种族隔离——及其体制性的形态特征，即黑人贫民窟——是导致美国黑人贫民永续化的关键性结构因素。"这一隔离一直在芝加哥持续，即便在 1970 年至 1990 年间，黑人居民的数量实质上有了轻微的下降（在 1970 年，芝加哥市有 1 102 620 个黑人居民；到 1990 年，有 1 086 389 人）。

然而，其他少数族裔的规模正在加大。 增加最多的是亚裔美国人、美籍印第安人，以及"其他"类别的居民，其加总人数从 1970 年的 56 570 人增加到了 1990 年的 431 384 人。 在这 20 年间同样表现出增长的是西班牙裔（所有人种），他们在 1970 年仅仅占据城市人口的 7%；到 1990 年他们占据了城市居民的 20%[2]。

然而，芝加哥人口中种族和人口的构成变化很少对种族隔离

---

[1] Douglas S. Massey and Nancy A. Denton, *American Apartheid: Segregation and the Making of the Underclass* （Cambridge： Harvard University Press, 1993）, 2-3, 加粗字体为作者所加。

[2] 如我们所见，西班牙裔居民数量的增加可以与黑人一起，在为少数族裔获取更多的本地政府职位方面，产生更多潜在意义上的合作。 然而，它也可以使得少数族裔为了"有限的蛋糕"进行更激烈地竞争。 二者都发生了。 西班牙裔与非裔美国人之间的简短联合使得哈罗德·华盛顿在 1983 年侥幸获得市长席位，并在 1987 年使他再次当选，但是最近这一联盟破裂了。

的废止起到作用。 位于城内的黑人与西班牙裔居民的种族隔离区域不仅越来越大且在 1970 至 1990 年间轮廓愈加清晰；此外，两者间呈现出了不同的形态，由此黑人和西班牙裔越来越彼此隔离，即便就在毗邻的区域。

机会的地理分布

虽然或许是理论上有可能，人种和民族隔离能够在不产生经济后果的情况下存在，不过事实上，鉴于少数族裔相对较低的收入；他们在城市里的隔离程度以及劳动力市场上受到的持续性歧视，都使得雇佣场所倾向于离开少数族裔所在的区域。 这意味着穷人愈加封闭于易受经济波动影响的区域中，并且受制于"商业机构的大规模退出以及市场配置的商品与服务的退化或消失"[1]。 在某种程度上引申梅西与丹顿的观点，我们可以对芝加哥地区这一个案考察（国内种族歧视最为严重的地区）[2]并

———————

[1] Massey and Denton, *American Apartheid*, 9. 他们强调，种族隔离无法通过阶级差异进行解释，"因为黑人在所有收入层次中都被高度隔离"（11-12）。 在调查了数据之后，他们得出了三个结论："第一，在国内最大的都会黑人社区中，居住隔离未见衰退，而这一空间隔离不能归结为阶级；第二，虽然白人现在原则上接受了开放式的居住，但他们并未在实践上与这样的结果做出妥协……；第三，针对黑人的歧视非常广泛并且在城市的房屋市场上仍以高水平持续着。"（109）

[2] 参见： Douglas S. Massey anf Nancy Denton, "Trends in the Residential Segregation of Blacks, Hispanics, and Asians: 1970 - 1980," *American Sociological Review* 52（1980）： 807-816。 作者们确认，芝加哥标准大都市统计区是全美种族隔离最严重的地区。

以此解释去工业化、全球性重组和种族隔离如何合力将"贫民窟"转化为在更大的经济区域中日趋边缘的地区。

芝加哥城市联盟最近的一份报告使我们可以更准确地研究这一点[1]。 1987 年版的伊利诺伊就业保障局（Illinois Department of Employment Security，IDES）出版物《在芝加哥都会区中，工人们在何处工作？》（*Where Workers Work in the Chicago Metropolitan Area*）对芝加哥和城郊库克郡的雇佣数据进行了详尽的分析，其中西奥多和泰勒评估了芝加哥的 47 个"社区地带"（neighborhood areas）和城郊库克郡的 63 个市镇的雇佣历史以及工作前景，在过往表现的基础上，对这些区域的未来经济前景进行了合理的"猜测"[2]。 他们的发现突出了城市与库克郡内城郊之间、芝加哥各部门之间以及城郊库克郡北部、西北部、西部和西南部和南部环带之间的雇佣差别。 种族、空间和经济前景之间的相关性是显著的。

西奥多和泰勒的突出发现可以更精简一些。 城内少数族裔的主要区域过度集中——位于西部环带，还有少量例外，往南超出了城界[3]——都是过去曾经历了最大程度工作损失的地区，

---

[1] Theodore and Taylor, "The Geography of Opportunity".

[2] 同上。 西奥多与泰勒并未纳入周边城镇的信息，但是这一省略并非特别重要，因为如我们已经看到的，那些城镇的黑人居民很少，只有一小部分居住在之前既有工业城镇中的居民。 为了方便分析，西奥多与泰勒重新组织了城市的 56 个邮政编码区域，将之编成了 47 个毗邻的"社群区域"。

[3] 一个值得注意的例外是，最近得到改善的、工业区建筑正在转换中的"印刷工街道"（Printer's Row），就在环带以南，围绕着复苏之中（但并非为了交通）的德尔邦火车站。 这是一个投机者 （转下页）

看起来仍将继续如此。 芝加哥的 9 个社区地带估计仍将流失工作，其他的 16 个社区估计也将有所损失，虽然不那么惨重，它们几乎全位于西部和南部地区（虽然一些工作的流失预期沿西北走廊发生）。 显然，"9 个［芝加哥社区］区域，预计将出现就业的巨大流失……这些地区人口平均拥有接近 70% 的非裔美国人"[1]。

这些趋势既不新鲜也不出乎意料。 斯夸尔斯等人指出，受早期去工业化负面影响最大的地区几乎全集中在芝加哥的南部和西部："在 1963 年至 1977 年之间，整个城市工作流失了 29%，而位于西部中心以及南部中心社区附近的以黑人为主的工厂职位分别下降了 45% 至 47%。"[2]

在另一方面，城市联盟报告估计在 10 个可能增加就业的芝加哥社区地带，有 8 个主要为白人的区域位于城市北部或西北部边界、毗邻繁荣的白人城郊。 其他两个，是南部水滨的环带和小型的中产阶级飞地[3]。（只有后者的非裔美国人人口超过了 15%。）正如城市联盟的作者们所提醒的，"芝加哥因其种族隔离最为严重的房屋市场和国内最为隔离的学校体系之一而知名"[4]。 这一隔离结合制造业工作与贸易在少数族裔地区制造

————

（接上页）（以中心商业区利益群体）的赌注，涉及一项规划，即在其运货铁轨东边的湖畔土地上举行下一场世界博览会。 如果不是哈罗德·华盛顿上任之后对此进行反对并继而放弃了这一规划，这一冒险将会给股东们带来丰厚的回报。

[1] Theodore and Taylor, "The Geography of Opportunity," i.

[2] Squires et al., *Chicago*, 29 - 30.

[3] Theodore and Taylor, "The Geography of Opportunity," 9.

[4] 同上，18。

业岗位与商业过高的流失，产生了灾难性的后果。

同样的空间性/种族性分裂已经出现在城市范围之外并且也延伸到了商业机会方面。 虽然城市联盟的作者们预测库克郡大部分地区的雇佣总量都会增加，不过最被期待工作增加的 14 个城郊区域中，几乎全位于富裕的库克郡北部和西北区域，在这些地方，黑人居民在总人口中所占的比例仅 2% 或者更少。 然而，相较于对整体的城郊库克郡普遍乐观的预测，还有少量的边缘地区则被估计会失去更多的工作。 引人注意的是，有一些"城郊"社区是之前的工业区和/或传统的少数族裔居住区。 城郊库克郡的就业损失被限制在南部与西部的市镇［除去埃文斯顿（Evanston）］范围内，包括城郊库克郡的 5 个镇： 沿 94 号公路南线以及南部铁路线的哈维与芝加哥高地[1]；沿西部铁路线的梅邬（Maywood）及贝尔伍德（Bellwood）；还有埃文斯顿，旧奴隶铁路的北部终点站。 在 1980 年约 100 000 名生活在城郊库克郡非裔美国人中80% 都居住在这些地方。 这些城镇已经流失或将继续流失工作[2]。 剩下的工作持续流失的市镇估计几乎全位于黑人扩张的西部轨道沿线。

服务业与商业工作的格局与工业相类似。 在都市地区的

---

［1］ 在 20 世纪 80 年代末，芝加哥东部高地（最萧条的黑人郊区之一）将名字改为福特高地，然而这种策略未能改变其底色。 根据 1990 年的人口调查报告，福特高地仅有约 4 200 名居民，几乎全是黑人，是美国最贫穷的镇。 没有工作，支持镇政府的收入很少，在 1996 年 10 月，这里成为库克郡警方大规模缉毒行动的发生地，低收入的当地警察发挥了重要的支持力量。

［2］ Theodore and Taylor, "The Geography of Opportunity," 18 - 19.

各个部分，拥有最高雇佣增长的部门是服务行业与商业。 然而，在芝加哥市只有环带地区、奥黑尔机场附近、沿北密歇根大道北部附近地区被估计能获得生意。 相反，在 1972 年至 1986 年之间，"接近一半的芝加哥社区经历了重大的商业设施数量的衰退，且预计还将持续"。 大多数衰退的区域位于西部、西南部和南部地区。 在城郊库克郡，预计的增长几乎全位于西北部，或更小范围说，是该郡的北部地区。 在城郊库克郡剩下的地区中，商业部门的工作预计仍然稳定或微量增加[1]。 因此，对于整个库克郡（包括芝加哥）而言，城市-城郊的错配这一论点解释了城市中少数族裔地区显著的、大范围的衰落。

　　然而，这些机制的出现既不是"自发的"也不像"错配"理论家们所相信的，是由"技术驱动的"。 很明显，工作之所以从少数族裔的地区消失，**仅仅是因为它们是少数族裔地区**[2]。 正如城市联盟报告中的一个章节标题的题目所指出的那样，"劳动市场中的种族不平等"，黑人不仅仅没有获得城市中好工作的充足份额，在城郊的工作中也是如此，甚至当这些工人们居住在市外时也是如此。 就像在纽约的案例中一样，只有两个"利基市场"黑人表现更好，即政府雇佣和健康医疗。 所以，在少数族裔中不仅仅好工作在流失，差

----

[1] Theodore and Taylor, "The Geography of Opportunity," 13-17.

[2] 这里稍微离题一下，或可指出，威廉姆·威尔森（William Julius Wilson）"下层阶级"（underclass）的概念（现在他以轻蔑的态度拒绝这一术语）几乎完全来自他对芝加哥的研究，他公然选择了这一或许是最极端的案例。

工作也是如此，在城郊和市区都一样。 在城郊库克郡，少数族裔居民比白人的失业率要高得多。

西奥多与泰勒总结了城市联盟的报告，并伤感地指出：

> 芝加哥贫穷社区中的非裔美国人尤其远离雇佣与商业机会……如果我们考察报告中展示的失业与商业衰退区域的地图，并将之与房屋恶化/遗弃、银行贷款难易度、丧失抵押权的房屋、房屋建设或人口减少的地图重叠在一起可以发现，很明显，多种因素……对品牌社区和地理区域起作用，对就业和商业增长造成问题[1]。

他们强调，至少参照芝加哥的"贫民窟"人口来看，平权行动因此成了一个空洞的"神话"，在雇佣和报酬两个方面都是如此。 即便是"空间性的错配"能够因为城市黑人人口向城郊的大量分散而消失，差异依旧存在。 此外，即便 1/3 的芝加哥黑人贫困人口的问题可以得到解决，其收益仍然不平等，因为种族间的收入差距存在于所有层面的职业与技能中。 因此，种族歧视持续成为芝加哥社会不平等中的重要因素，独立于任何国际重构与全球化中的附加影响。

城市比较学者如梅西、格劳斯和涉谷琴乃（Shibuya）也推导出了这一结论，他们强调是种族隔离与歧视，而不是成功的非裔美国人有选择性地从城市贫民区的外迁，导致了许多中心城市贫

---

[1] Theodore and Taylor, "The Geography of Opportunity," 20.

民区中贫困人口的聚集[1]。 他们使用非常复杂的方法关联个体收入，记录"贫困与非贫困人群在 5 种社区内进、出"的过程，发现"很少有证据支持黑人贫困人口的地理集聚是由非贫困黑人的外迁所导致或起源于黑人向贫困的净转移"。 而"非裔美国人中贫困人口的聚集最终由城市房屋市场的种族隔离产生，这与黑人居高不下且仍增长的贫困率相互作用，将贫困人口在地理上集中了起来"[2]。

————

[1] 参见: Douglas S. Massey, Andrew B. Gross, and Kumiko Shibuya, "Migration, Segregation, and the Concentration of Poverty", *American Sociological Review* 59（June 1994）: 425 - 445。

[2] 同上，425 - 427。 他们研究的目的是测试三个假设，关于导致这一趋势即贫困人口的进一步地理集聚的动因，威尔森假设: 黑人非贫困的中产及工人阶级人口选择离开了贫民窟；雅格布斯基（Jargowsky）与班恩（Bane）假设，进入贫困地区人口的减少是由普遍贫困的增加导致的；梅西及其同事假设，在美国中西部与东北部较老的城市中，贫困变得更加集中是因为大量的被隔离的族群（非裔美国人与波多黎各人）经历了贫困的急剧增长。 他们总结道:"该研究最重要的发现是，地理上贫困人口的集聚最终可逆向追踪至美国房屋市场的种族隔离。"相较而言，较为富裕的黑人选择迁出贫困的贫民窟，"对于黑人社区贫苦人口的集聚影响很小。"在贫穷或非常贫穷的少数族裔社区中，"相较于不那么贫困的人，穷人更容易离开"（442）。 并且离开的非贫穷的黑人倾向于选择另一个贫穷的社区。 "只有已经不在贫困黑人社区生活的非贫穷黑人相对倾向于搬入非贫穷区域。在某种程度上，贫困人口的集聚与非贫穷的非裔美籍人口的地理迁徙有关，因此，它反映出那些不在贫民区生活者不情愿搬回。"（443，加粗字体为作者所加）梅西等人总结道:"黑人贫民区的集聚起因于美国城市中长久隔离产生的三种机制": ① "贫困黑人向贫困黑人社区的内部净移民"; ② "居住在种族隔离社区黑人之中的社会经济流动性的净下降"; 以及 （转下页）

　　通过贫困率和郡居民非裔美国人比例之间的紧密关联，很容易确认芝加哥都会区[1]。 非裔美国人构成了芝加哥人口的39%，贫困率几乎达到22%。 威尔镇有11%的非裔美国人，贫困率为6%。 其余的卫星城镇其非裔美国人的比例都很小，贫困率也都非常低。 虽然这一关联性并不能说明存在因果关联，但是它确实暗示在地点、人种和贫困之间存在强相关性。

　　这一情形并非源于全球化，虽然芝加哥经济的急遽下跌恶化了非裔美国人城市居民的条件，并且部分程度上导致了中心城与城郊居民之间、黑人/波多黎各人与非西班牙裔白人之间收入差距的拉大。 无法否定，福特制工业的消失、工会权力的崩溃——它们曾不仅有助于维持白人的高工资，也包括少量的少数族裔工人——加大了黑人的失业率和已就业黑人工资的下降[2]。 因此，芝加哥成为威尔森及其学生们的

──────────

（接上页）③ "更重要的是……黑人被白人社区排斥……这些种族隔离力量在经济和社会意义上孤立了黑人，并直接和强制性地导致了黑人社区贫困的积累……因此，除非住房领域消除了种族歧视，否则基于阶级干预下获取的、任何黑人福利的改善，在糟糕的社区境况下，都将倾向于被毁灭。 这种糟糕的境况直接源自居住隔离。"（443）因此，根据政策，"应当做出艰苦的努力以促进黑人居住的流动性并且要加强黑人全方位获取美国都市住房市场利益与资源的通道"（444）。

[1] 尤可参见： NIPC: *Vision 2020 Newsletter*, November, 1993, 6 中的图表，展示了 1990 年人口调查的数据。

[2] 我指的是： Gerald D. Suttles, *The Man-Made City: The Land-Use Confidence Game in Chicago* （Chicago： University of Chicago Press, 1990）中的结论，工作从芝加哥黑人为主的社区中消失了，**因为黑人的"贫民窟文化"使得**其居住者都是贫穷的工人，它比较落后。 当然，在就业前景更好的时候，没有证据显示非裔美国人是"贫穷的工人"。 （转下页）

主要个案研究对象，并在威尔森的著作《真正的劣势》(*The Truly Disadvantaged*)[1]中得到描述，这并非偶然。

"白人化"的白领卫星镇 vs 城市

关于工作的前期讨论聚焦于芝加哥市与城郊库克郡之间的经济与种族差异。但是当关键的种族与经济边界在地理上被推得更远时，这一差异的重要性愈加减弱。它们现在位于逐渐衰退的库克郡（芝加哥和城郊）与另一端的 5 个城郊镇之间。

城市与 5 个城郊镇之间的差距日趋增大，在人种构成与收入

（接上页）而机会减少可归结为经济的崩溃与雇主偏好非黑人工人（种族主义）的结合所造成，反过来导致了许多黑人男性中另一种生存方式与防御性"态度"。至少，二者之间的相互影响是一个比较有可能的解释，这构成了一种显而易见的恶性循环。

至于黑人雇员更低的工资，斯夸尔斯等人指出，私人工会的资格随着制造业的兴起而衰退了。仅有公共部门的工会获得了增加。但是"伊利诺伊是最后一个通过法案赋予政府工人——州、郡、市雇员——在非必需服务领域组织与罢工权利的工业州……该法案在 1984 年 7 月生效……这些新的工会可能在芝加哥更加强大，而更老的工业与手艺联合会变得更弱小了"。*Chicago*, 45; 可整体参阅 39 - 45。将之与纽约市对市政工会的早期认可相对比。

[1] William Julius Wilson, *The Truly Disadvantaged: The Inner City*, *the Underclass*, *and Public Policy* (Chicago: University of Chicago Press, 1987). 在 1970 年，威尔森确认了芝加哥的 16 个贫困社区，这一数字在 10 年之后增加到了 26（贫困率极高的社区数目从 1 个增加到了 9 个）。这一趋势在其他的主要城市中也出现了。也可参见: Paul A. Jargowsky and Mary Jo Bane, "Ghetto Poverty in the United States, 1970 - 1980", in *The Urban Underclass*, ed. Christopher Jencks and Paul E. Peterson (Washington, D. C.: Brookings Institution, 1991), 235 - 273。其他研究指出，这一趋势持续到了 20 世纪八九十年代。

方面都是如此，这种差距早至 1960 年便已出现，但是随着时间的推移逐渐加大。 在 1960 年与 1980 年间，居住在芝加哥的中层与高层收入家庭数目几乎降低了 1/3，而在这 20 年间，城郊库克郡以外的 5 个卫星城镇的中等收入家庭数目增长了 67%，上层收入家庭数目增长超过了 124%[1]。 城郊库克郡的趋向处于这两个极端之间。 自 1980 年以来，芝加哥/库克郡与 5 个城郊镇之间的收入差距继续加大。 在 1979 年至 1989 年这 10 年间，城市与城郊库克郡的收入增长不如国家收入增长得快，而在卫星城镇，其增长已超过了国家均值。

在某种程度上，这些差异可归因于城市自身不同的失业率。在 1981 年和 1991 年间，芝加哥的平均年失业率（除了 1987 年和 1988 年）持续高于美国失业率。 由于失业率是如此之高，生活在贫困线以下的人口比率从 1970 年的 14.4% 飙升至 1990 年的 21%。 芝加哥的家庭收入中位数（以 1990 年的物价水平计算）

---

[1] Squires et al., *Chicago*, 42. 这些结论来自其表 2.5，吸收了来自芝加哥税收和经济政策研究所的阿特·莱昂斯（Art Lyons）对美国人口统计局中 1959 年及 1979 年芝加哥的未出版数据的分析。 该表格比较了都会区不同部分低、中、高阶级的家庭比例。 在 1959 年，18% 的芝加哥家庭被分类为低收入家庭，64% 为中等收入家庭，18% 为高收入家庭。到 1979 年，32.4% 的芝加哥家庭被分类为低收入家庭，而中等收入家庭下降到了 53%，高收入家庭下降到了不足 15%。 相较而言，1959 年城郊库克郡仅有 7.4% 的家庭为低收入家庭，62% 为中等收入家庭，几乎 31% 的家庭为高收入家庭。 20 年之后，城郊库克郡的低收入家庭增加到了 12%，并且中等与高等收入家庭比例出现了相应地下降（不过比较小）。 最为激烈的变化出现在城郊库克郡之外的 5 个郡，其贫困家庭的比例从 12.4% 下降到了 11.4%，中等收入家庭的比例从 64.4%下降到了 59.7%，高收入家庭从 23% 增加到了 29%。

从 1970 年的 34 500 美元降低至 1990 年的 30 707 美元，1990 年的以户为单位的家庭收入（以下简称住户收入）中位数甚至更低（26 301 美元）。

城市里种族和收入之间的关联性十分显著。 在 1990 年，白人住户收入最高（41 663 美元），随后是亚裔美国人（35 419 美元）以及美国土著（33 897 美元）。 相较于纽约，芝加哥的西班牙裔人口比非裔美国人要稍微好一点（西班牙裔家庭平均收入是28 831 美元，相较而言，非裔美国人是收入最低的群体，为25 532 美元）[1]。 事实便是如此，尽管非裔美国人普遍所受教育好于西班牙裔。 失业率毫无疑问可解释这诸多种类的收入差异。 城郊区域工作流失的不同情况同时产生了种族间的收入差距。 1986 年与 1990 年间，在 20 个工作百分比增加最多的城郊地区中，大多数位于城市周围快速发展及高收入的白人区；在19 个工作失去百分比最多的城郊地区中，几乎全部都是城市西部或南部地区，即少数族裔更倾向于生活的地区[2]。

———————

[1] 为方便起见，这里许多数据都来自： Chicago Department of Planning and Development，*Social and Economic Characteristics of Chicago's Population*（Chicago： Department of Planning and Development，December 1992）。其中基于 1990 年的人口统计，对于该城市作为一个整体及其 77 个社区给出的信息很有限。 当然，相较于 20 世纪 30 年代以来社会科学家们出版的本地社区事实的书籍，这一文献的用处不大。 社会科学家们的著作不仅计算了各区域的指标，还有其选民人口普查，并包含了一项进步，对城郊地区也进行了考察。

[2] 这些数据来自伊利诺伊东北规划委员会所发布的多种报告（整合自："Population and Household Forecast，1980 – 2010"）； "Suburban Fact Book，1979" 以及 IDES 1990 Report，*Where Workers Work*。

种族与位置之间的一致性在表 11.4 中表现得特别明显。显而易见，除了城郊库克郡的有限地区，黑人在该区域中的"去中心化"是很微小的，并且在 1980 年与 1990 年之间，卫星城镇的"白人属性"也只是轻微地减弱，从 89% 降为 85%，而且这主要还是由于西班牙裔与亚裔的增加，而不是非裔美国人[1]。此外，在这段时间内，增加更多的仅仅是那些本来就有黑人居民的市镇。

表 11.4　芝加哥、城郊库克郡、卫星城镇与芝加哥大都会区各人种/民族的居民百分比，1980 年与 1990 年

	非西班牙裔白人		非西班牙裔黑人		西班牙裔		其他	
	1980	1990	1980	1990	1980	1990	1980	1990
芝加哥	43	38	40	39	14	20	3	4
城郊库克郡	88	76	7	10	3	6	2	4
卫星城镇	89	85	4	5	4	7	2	3
总量	69	66	20	19	8	12	3	4

来源：我基于 1980 年、1990 年美国人口调查局全面调查表的数据进行的计算。

---

[1] 许多结论得到了预见，参见：David J. Hartman, "Racial Change in the Chicago Area, 1980 - 1987", *Sociology and Social Research* 74（April 1990）：168-173。哈特曼分析了 6 个郡在 1970 年至 1980 年间的变化，并于 1987 年公开了该项目。他指出："从 1970 年到 1980 年，都会区黑人人口仅增长了 16%，相较而言，1960 年到 1970 年增长了 38%。在芝加哥市，1970 年至 1980 年间仅增长了 9%，从之前十年巅峰时的 36% 重重跌落……1980 年以来，这一趋势得到了延续。与长久的趋势相反，20 世纪 70 年代在都会区 6 个郡中，黑人净迁入人口趋势减缓到接近于零，对芝加哥市表现出了强烈的拒绝。"（168）在此他引用自：Donald Bogue, *Population Projections: Chicago SMSA, Chicago City, and Metropolitan Ring 1980 - 2000: By Age, Sex, and Race/Ethnicity*（Chicago：URLDAS, 1983），51。

同样的道理，在芝加哥黑人居民比例有所增加的区域，主要是在 20 世纪 70 年代有显著增长的地区和大量集聚的相邻区域。北部有少量的增长，尤其是以前南部和西埃文斯顿黑人地区的毗邻区域。 相反，在城市的西北象限变化很小，除了邻近洪堡德公园（Humboldt Park）的罗根广场，在 1980 年至 1987 年间经历了根本性变化。"毗邻环带的西区附近，以及更靠西的奥斯汀和洪堡德公园地区，在黑人预计占比方面，皆显示出显著的增长"，这是在 1968 年暴动之后西区贫民窟西向扩张的延续。"芝加哥黑人的南向扩张甚至早在 1960 年的人口普查中便于环带南部近邻颇具规模。 这一扩张一直持续到了芝加哥边界。"[1]

哈特曼（Hartman）观察到，任何黑人人口的城郊化都会导致沿南向走廊延伸的**再度种族隔离**，隔离带与伊利诺伊中心线相平行并一直延伸到了威尔郡的大学公园，向西也延伸到了西部贫民区。 他总结道，整体的情况是黑人持续集中，即便是在 5 个卫星城镇中。 简而言之，出现了一些少数族裔的分散，但是比例低得令人失望。

鉴于中心城市（现在还有城郊库克郡的一部分）与外围卫星镇的种族分化，或许有人会预测，就像同样被白人居民和经济活动抛弃的盖里和底特律一样，芝加哥的政治权力或许也已被遗留给了其少数族裔。 但事实并非如此，尽管在政治史上有一个如此短暂的时期（1983—1987），当时在市长的选举中出现了三足鼎立的局面和（结果是）西班牙裔与黑人短暂联合，促成哈罗德·华盛顿作为首位（并且是至今唯一一位）黑人市长入驻（市

---

[1] Hartman, "Racial Change," 169-170.

长）办公室。

他的政权确实对城市政策有着相当重大的影响，但是华盛顿市长任期内制定的改革举措在其于第二任期的头年意外死亡之后被轻易地逆转了。如早先所指出的，老市长达利之子随后被推进市长办公室，就在议会战争的硝烟散尽，以及选举能举行前接替了华盛顿的黑人议会成员的短暂任期结束之后。

这里没有任何变化，正如迈阿密与戴德郡的比较所揭示的那样，吸引市政府并入郡中是维持白人政治控制的一种方式，更不用说任何在6个伊利诺伊的郡之上建立都市范围内政府管辖权的努力了。确实有一个官方指定的都会区域，即东北部伊利诺伊都会区，在1957年由伊利诺伊立法机构规定，包括东北部伊利诺伊6郡：库克、杜佩奇、凯恩、湖畔区、麦克亨利和威尔区。与此同时，伊利诺伊立法机构建立了东北伊利诺伊规划委员会（Northeastern Illinois Planning Commission，NIPC），令其设计"一个全面的总体规划，可以引导并协调这6个郡的发展……[但是]它仅仅具有顾问权并且无法约束当地政府、州抑或是联邦机构"。它收集数据，为本地社区起草、建议区域划分与建筑条例；为引导区域发展起草综合规划，建议政策[1]。

---

[1] 关于NIPC，一个尤其重要的文献是：Barbara Page Fiske, ed., *Key to Government in Chicago and Suburban Cook County*（Chicago：University of Chicago Press，1989）。该书由芝加哥女性选民联盟、库克郡女性选民联盟、库克郡法庭监票员、伊利诺伊公民信息服务部门的志愿者起草。根据这一文献，NIPC由州长任命的5个本地居民；5个由市长任命的本地居民（其中必须有3个是市议会成员）；每1个郡出1名成员；芝加哥运输局、地区运输局、都会卫生管理区域、伊利诺伊公园管理区域协会、芝加哥公园管理区域各出1名代表所组成的委员会管（转下页）

鉴于这些局限性，东北伊利诺伊规划委员会可以证明自己是一个优秀的研究信息源，但是很难说是一个有效的规划实体。如果说它有任何政策功能，那它只是将代理人或该区域**真正的**规划实体代表聚集在了一起，即大量在区域内发挥作用的"有特定目的的区域"。到 1982 年，单就库克郡便有约 184 个特定区域，包括 90 个公园和娱乐区域，41 个防火区域，31 个下水道区域，8 个供水区域，6 个排水区域，4 个卫生区域，1 个灌溉与水源保护区域和 1 个土壤保持区域——每一个都在州立法机构下建立，明确了其权力与结构。在这些区域规划切实施行的特定区域中，它们全部都位于城市选民的影响力之外。在市政府之外发生了这么多事情，必须要问的是：城市中还剩下什么，公民们又如何通过选举进程影响结果？

城市的特定职能

除了社区之间供应的多种本地服务，房屋与教育也是在城市内执行的主要功能，尽管它们要通过特定的机构实现。理论上说，这些地方或许都是黑人与西班牙裔选民可以表达其"权力"的所在。芝加哥基于种族的冲突，影响了城市服务分权化（和分布均衡化）以及根据国家消除种族歧视的规定调整芝加哥公共住房与学校等方面的持续努力。然而，鉴于我们对城市"政治

（接上页）理。"其他 7 名委员由城郊市长及镇长集合选出"，其必须是市政官员：两个来自库克郡（分别来自罗斯福大道南边和北边）其他 5 个郡中也各出 1 名。然而，"NIPC 既没有税收管理权也没有其他的资源确保盈利，其资金来自志愿者的贡献和服务合同。"参见 pp. 4, 9, 12。

文化"的了解，这一点不足为奇。

公共房屋

1937 年，在州法案的组织下，芝加哥房屋管理局作为一个独立市政机构设立起来了，由一个市长任命、议会批准的董事会所领导。 到 1985 年，约有 145 000 个居民，或说市民的 4.8%，得到了公共房屋所有项目中的 6 个建房赞助。 这些项目中最大的（以及最老的）是为有儿童的低收入家庭提供的公寓（111 000 人口居住在 153 座高层和 1 030 座低层建筑中）[1]。如我们在第八章所看到的，这些项目集中在黑人为主的区域或紧邻着他们。 据杰拉尔德·沙特尔斯（Gerald Suttles）所言：

> 在整个 20 世纪 50 年代以及 60 年代早期，大型混凝土高层遍布整个黑人社区，并且租户选择看起来逐渐倾向于更具破坏性。 在民权运动的高峰之后，租金并未上涨，维护已经失效，城市官员开始定期前往华盛顿朝拜以获取紧急运转资金。 1966 年，［首个］**高特罗**决议（*Gautreaux* decision）禁止所有黑人区的进一步建设并授权了新的建设，大部分都位于全为白人的区域[2]。

---

[1] B. P. Fiske, ed., *Key to Government in Chicago and Suburban Cook County*, 151. 虽然这些数据在某种程度上有些老了，不过由于 1985 年以来增添的新房屋很少，所以我没有寻找更新的数据。

[2] Suttles, *The Man-Made City*, 59-60. 作者对于芝加哥政治的描述包含有一定的恶意，也含有丑闻的详尽描述。 在该引文的脚注中，作者断言："在 1982 年 2 月，芝加哥房屋管理局在国内受到的资助最多，而住房和城市发展部在一个月后称其为国内运营最差的房屋管理机构。"他引用自：*Sun-Times*, March 21, 1982 作为参考来源。

　　但是芝加哥房屋管理局已经预计到了这一发展。　早在1959年，它开始通过为老年人建设房屋而集中获取联邦资金，主要是为了避免种族隔离问题，此时，这一问题正处于紧要关头。　到1985年，约10 500名老年人（其中大部分是白人）已经获得了资助房屋，主要是位于城市北部新建的较小的公寓大楼，这里大部分都是白人。

　　在1975年，第三个项目开始了，该项目强调选取分散的位置进行小型规划。　它旨在为低收入非租户提供新的及/或恢复其住房，"于1987年被安排在破产管理中，伴随着一项集体诉讼案，它控告公共房屋种族歧视和芝加哥房屋管理局不作为，无法满足法院就收购、建设和复原分散区域的指令。　到1987年底，3 900个单元完成了，并且住房和城市发展部（Housing and Urban Development，HUD）额外批准并资助了292个单元"[1]。　另外一个项目于1976年在第8区开启，旨在为近4 000个低收入家庭以及2 800名居住在私人房屋中的老年人提供房租补贴[2]。　另外，第8区还增添了少量单元，它们得到了适度的修补。　还有接近2 000多座得到了实质上的修补，大多数使用城市和州里的基金[3]。　然而，消除种族歧视的优先级并不高，并且无论如何，城市及其周围城镇之间不断加大的种族裂隙正使消除种族歧视在城市边界之内日渐困难。

─────────

[1] Fiske, *Key to Government in Chicago*, 154.

[2] 在1985年，该项目停止接受申请，因为等待名单已经排到了10年以后：到那时为止，等待名单上已经有了40 000个家庭以及5 000名老人。

[3] Fiske, *Key to Government in Chicago*, 153.

　　对种族融合的恐惧再一次导致了住房项目的中断。 到 1976
年，酝酿已久的希尔斯 vs 高特罗（Hills *vs* Gautreaux）诉讼案上
达美国最高法院，最后全体大法官们一致规定"联邦法官可以命
令美国住房与城市发展部管理芝加哥都会区全部 6 个城镇的联邦
资助房屋项目，以助纠正过去芝加哥公共房屋项目中种族偏见的
影响"[1]。 但是，这一规定来得太晚了，因为随后联邦项目被
缩减了，芝加哥的项目被揭示出太多处置失当，并且在住房与城
市发展部的紧急补救资金发放之后，又发现新市长简·伯恩
（Jane Byrne）挪用了至少 1/4 的资金来偿还芝加哥在前一年冬
天所欠下的除雪费用[2]。

　　位置分散的新项目打算通过在规划中增加话语权来"为社区

[1] Alexander Polikoff, *Housing the Poor: The Case for Heroism* （Cambridge,
　　Mass.： Ballinger, 1978），xii. 该书是这一案件的最好文献。 在案件开
　　启以及其被最高法院判决之间迟滞的这段时间几乎是可憎的。 在 1953
　　年，多萝西·高特罗（Dorothy Gautreaux）（一个 6 口之家的黑人家长）
　　被分配了一个黑人社区中的公共房屋，她抗议这一分配。 11 年后，在
　　1964 年，国会通过了民权法案，禁止在联邦资助项目中进行种族歧
　　视。 下一年，"多萝西·高特罗以及其他的芝加哥房屋管理局居住者
　　要求美国公民自由联盟 （American Civil Liberties Union）尝试中止其他
　　打算在芝加哥西部黑人贫民窟实施的大量的芝加哥房屋管理局的项目，
　　并迫使芝加哥房屋管理局进行地点选择的变更"（xiv）。 波利科夫自愿
　　作为美国公民自由联盟的律师承担本案。 当最高法院在 1976 年做出对
　　她有利的决议时，高特罗已经死去多年，而芝加哥的公共房屋项目已经
　　死气沉沉。

[2] 细节参见：Suttles, *The Man-Made City*, 60 - 61。 芝加哥早先经历了一
　　场严重的雪暴，市政厅（"机器"）显示它无力应对。 这一惨败导致
　　简·伯恩斯的当选——芝加哥首位（迄今仍是唯一一位）女市长。 她来
　　自机器队列以外。

授权"[1]，但是沙特尔斯曾讽刺性地将这些发展称作社区"幻想戏院"：

> 如果全市性公共房屋这场戏以不可抗拒的闹剧上演，那么社区中地点分散的房屋项目便呈现为幻想戏院……
>
> ［接下来，邻里之间就分散场地规划的斗争中］越来越多地使用一种简化图景的现成词汇。人们不再与对方说话，他们"戏剧式对白"。……社区团体以高贵的名字装扮自己……
>
> 另一边则是悲惨的景象。一个衰老且患有关节炎的白人妇女被作为资助房屋的典型居民形象进行宣传。一个反对资助房屋的年轻人在推土机面前自杀。这些道德上的公开谴责和缩略语词汇对人们造成的分化程度，并不像其引发的日益增长的非现实感那样严重[2]。

"现实"仍旧如此。从头到尾，芝加哥的公共房屋项目都显示出一种对于消除种族隔离极度恐惧的延续，这种恐惧曾建立于早期失败了的尝试中。

---

[1] 此时，社区得到支持，通过以社区为基础的组织发出声音，而不是曾在 20 世纪 50 年代阻碍地点批准的当选议员。然而，种族仍然是同样的根本问题。

[2] Suttles, *The Man-Made City*, 66－67. 不过，大概最为脱离现实的时刻是简·伯恩搬进了为圣诞节准备的卡布里尼-格林房屋中——被众多政治漫画捕捉到的尴尬时刻。

学校消除种族歧视以及分散化控制

使学校消除种族隔离的规划处于联邦下令消除种族歧视这一背景之下，这些规划随后将诸多学校的管理权分散给更多的当地机构，与之相伴的是公共房屋计划的惨败。 根据一份1965年由芝加哥城市联盟所发布的报告显示，对芝加哥学校种族隔离所进行的公共辩论在1961年已经到达危机程度，此时，种族隔离已经取代了种族融合，并开始急剧增长。"在1963年，伊利诺伊立法机构通过了阿姆斯特朗法案（Armstrong Law），该法案修正了州学校的编码……［指导］伊利诺伊学校委员会划定上学区域，以防止公立学校种族隔离。"一个专家小组对事实上的种族隔离状况进行了研究，并在1964年3月31日向教育委员会提出了倡议。 它总结道，"学校不仅仅是在进行种族隔离，而且……只有黑人的学校教育质量相较于白人学校也会更差"[1]。

倡议为改善这种情况提供了机会。 无论如何，在1963年进行了一系列的种族"人口调查"，并在1964年再次进行了调查。 调查揭示出，"在芝加哥教育委员会就学校种族隔离寻求专家建议一年半之后，也是在其种族融合顾问小组［所谓的哈维格斯特（Havighurst）小组］进行报告一年后，公立学校的种族隔离不但没有消除，反而增强了"[2]。 在隔离的黑人或白人学校

---

[1] 参见: Junerous Cook, "Public School Segregation, City of Chicago, 1963 - 1964 and 1964 - 1965"（Urban League, Chicago, mimeo, May 12, 1965）, 1。

[2] Junerous Cook, "Public School Segregation, City of Chicago, 1963 - 1964 and 1964 - 1965"（Urban League, Chicago, mimeo, May 12, 1965）, 1. 有孩子的白人家庭自城市居住区和/或公立教育体系的大规 （转下页）

中，只有"其他"（即，西班牙裔和亚裔）种类的注册有所变
化[1]。 城市联盟对于 1964—1965 年学生注册的研究值得长篇
引用：

> 在 1963—1964 年的学期中，隔离的白人学校在本学期
> 仍然是以白人为绝对多数。 在隔离的黑人学校也是如此。

———

（接上页）模逃亡，最终给芝加哥公立体系留下的剩余注册人数中"少数族
群比重"是如此之大，以至于废除种族隔离的余地很小，无法超出城市
的边界。 然而，迟至 20 世纪 60 年代中期，融合**能够**进行，鉴于
1963—1964 学年，超过一半的芝加哥学生都是白人，约 47% 是黑人
（Negro），仅有 2.6% 是"其他"；在 1964—1965 学年，48.6% 的学生
是白人，48.8% 的学生是黑人，2.6% 是"其他"。 同上，5。（该报告
使用了 Negro 这一词汇）同一份文件附录中的表格（p. 27）给出了某种
不同的数据，呈现了学校的单日"人口调查"。 该数据基于官方的公
立学校注册数字，故而估计缺席者也被包了进来。 1963 年，在小学
阶段，51% 的学生（包括那些"缺席者"）是黑人，46% 是白人，3% 是
"其他"。 一年以后，52% 是黑人，45% 是白人，2.8% 是其他。 在中
学中，白人注册学生甚至更高一些，其中 64% 的学生是白人，34% 是黑
人，仅有 1.7% 是"其他"；一年以后，白人为 61%，黑人 37%，"其
他"为 1.8%。

[1] 在芝加哥，在黑人/白人固定的对立中，"西班牙裔"常常因其不相干
而被忽略，所以很难断定在这些研究者或城市联盟那里看到，"其他"
到底指的什么。 西班牙裔常常愤恨其模糊的（以及被排斥的）位置。
如卡马萨基及艾萨维尔所敏锐地认识到的："当两个群体相遇时，冲突
往往会升级。 许多黑人至今仍常常将西班牙裔视为另一种'白人'移
民群体，他们进来时处于社会与经济阶梯的底部，而现在赶上了自己。
许多西班牙裔则将黑人视为压迫性的'盎格鲁'社会的延伸。"Charles
Kamasaki and Raul Yzaguirre, "Black-Hispanic Tensions: One Perspective",
Journal of Intergroup Relations 21（winter 1994 - 5）: 19 - 20.

所有从**绝对隔离**（100%）变为**有效隔离**（90%~99.9%）或融合性学校的白人学校之所以有所变化是由于"其他"种族的进入。 **有效隔离**的白人学校中有 2/3 之所以能够成为**融合型**学校是由于"其他"种族的进入。 8%**有效隔离**的白人学校成了**绝对隔离**的白人学校。 任何隔离类型的白人学校都没有转化为隔离的黑人学校。 所有**绝对隔离**的黑人学校之所以转化为**有效隔离**的黑人学校都是由于"其他"种类的进入。 94%的**有效隔离**的黑人学校转化成了**绝对隔离**的黑人学校。 没有变成隔离型的白人学校，只有一个成了融合型……**可以很痛苦地发现，芝加哥教育委员会不仅仅在监督其自己的学校融合政策上失败了；也没有遵守州法案**[1]。

到 20 世纪 70 年代，获取任何程度种族融合的机会都丧失了；白人学生连同那些**能够**融合的少数族裔，在很大程度上消失于公立学校中。 在一份未出版的报告中，玛西亚·特纳·琼斯（Marcia Turner Jones）指出，在 1970 年至 1980 年之间，"芝加哥地区［芝加哥与城郊库克郡］的学校人口数经历了相当剧烈的变化"。 在这段时间内，城市与城郊库克郡都经历了入学适龄人口的相当规模的削减。 初级中学的减少是最大的，同时高中

---

[1] Cook，"Public School Segregation"，3. 加粗字体为作者所加。 联盟在最低限度上使用了"融合"的定义。 如果某一学校的学生100%为同一种族，那么会被认为是绝对隔离；如果注册学生90%~99.9%为单一种族，那么会被认为是有效隔离。

注册数目在城中略有减少，并在库克郡城郊稍稍增长[1]。 有趣的是，注册的下降率在私立学校比公立学校更大，损失最多的是天主教的学校，在城中和城郊库克郡都是如此。 表 11.5 来自报告附录中的表 4。

表 11.5　芝加哥与城郊库克郡在公立与天主教
私立学校中的注册学生总量，1971—1981

年　份	芝加哥		城郊库克郡	
	公立学校	天主教学校	公立学校	天主教学校
1971—1972	573 480	164 552	475 623	93 266
1976—1977	524 221	131 299	433 430	69 424
1981—1982	442 889	117 071	347 590	64 327

来源： 玛西亚·特纳·琼斯：《芝加哥地区入学趋势，1970—1982》（"Chicago Area School Enrollment Trends 1970 - 1982"）（油印品，未注明日期），27，附录，表 4。

将这两类学校放在一起比较 1970 年与 1980 年（如琼斯附录的表格 5 中所示），可以发现随后的种族差异： 在芝加哥市里，黑人入学率下降了 6.5%，同时白人入学率几乎下降了 48%，这导致总体大约下降 21%。 在城郊库克郡，黑人入学率增加了 60%，同时白人入学率降低了 25%。 整体降低了 18%。 关于黑人学生的分散化，只能看到一点点迹象。 在 1970 年，库克郡内所有黑人学生的 93% 在芝加哥的学校中注册，相对地，仅有 7% 在城郊库克郡的学校注册；到 1980 年，接近 89% 的黑人学生在

---

[1] Marcia Turner Jones, "Chicago Area School Enrollment Trends, 1970 - 1982"（mimeo. n. d. ），2 - 3. 不幸的是，我手里的该报告副本没有体现出来源。

芝加哥注册，相对地，城郊库克郡有 11%。 白人学生也放弃了芝加哥的学校，但是比例更大。 在 1970 年，约 45% 的白人学生在市内学校注册，相较而言，55% 在城郊库克郡；到 1980 年，全部的白人学生中，只有 1/3 多一点去芝加哥市内入学，同时超过 2/3 在城郊库克郡注册入学。 因此，很明显，到 20 世纪 80 年代，只有通过合并芝加哥和城郊库克郡的学区才能达成消除种族隔离，但是，独立的行政区永远不会加入。 到 1990 年，白人学校的适龄人口已经有效地迁移到了 5 个卫星城镇以避免融合，正如城市和城郊库克郡白人入学率的大幅下降所指出的那样。

伴随着受到挫折的融合希冀，注意力转向了学校的改革以及城内学区中更大授权当地的分散规划。 在这一过程中，芝加哥落后于纽约约 20 年（纽约始于 1969 年，芝加哥直到 1989 年才开始）[1]。 这两个案例都曾被希望更贴近"使用者"的监管和政策能够使教育更好、更有意义。 这一目标在这两个城市中都没有实现。 在纽约，去中心化的规划激发了在深海丘（Ocean-Hill）黑人父母和（主要是）犹太教师间的大型冲突，在某种程度上阻碍了城市里犹太人与黑人关系的恢复，并开启了一个市政大厅与本地教育委员会之间漫长的权力冲突阶段。 在芝加哥，这一改革在 1996 年被取消，当时理查德·达利市长通过为芝加

---

[1] 随后的材料非常多地参照了：Marilyn Gittel，"School Reform in New York and Chicago：Revisiting the Ecology of Local Games"，*Urban Affairs Quarterly* 30（September 1994）：136 - 151. 我当然同意她的"城市学校改革的比较性分析揭示了两种城市文化上的重要区别"（137），不过我不同意她的某些结论，以及最近芝加哥去中心规划的废除也推翻了她的乐观推测。

哥学校系统任命一个新的"沙皇"，有效地取消了近期唯一一个体制性的去中心化规划，这位独裁者因对不合格学校的掌控而遭受指控[1]。经证实，市长的人选是比"政治文化"本身更重要的变量，虽然后者也并非无关紧要。

本地管理对芝加哥公立学校施压在哈罗德·华盛顿当政的 4 年时间内确立，并最终延续到了 1988 年，当时：

> 伊利诺伊州立法机构与管理者回应了一个强大城市联盟的……对于学校去中心化的利益诉求……即，在每一座学校中……将分散化决议的制定从中心城市的学校官僚机构转嫁给本地的学校议会……鉴于这一规划的激进特性，令人惊讶的是，为何出来反对立法行动的挑战是如此之少[2]。

吉特尔（Gittel）将纽约与芝加哥的不同经历归结为两座城

---

[1] 参见：Don Terry, "One Fifth of Schools Put on Probation in Chicago," *New York Times*, October 1, 1996, A14. 据本文显示，芝加哥学校董事会"将 109 所城市低分学校放在学业察看（academic probation）中"，使得董事会可以"替换校长和老师"——如果这些学校达到年级水平的学生比例没有提升 15% 的话——实际上这个目标不算难。"待察看的 38 所高中，有 8 所其学生达到年级水平的比例不足 4%。其中一所学校，仅有 2.5%……达到年级水平……对芝加哥学校的察看允许学校董事会调动试用中的本地学校理事会……本地理事会是 1989 年芝加哥壮阔的学校改革规划的支柱，该规划信奉权力分散与家长控制是改善学校的方法。但是达利市长最近的行动变更了焦点，赋予了他更多的集权控制。"同样的方法现在在纽约由市长朱利安尼实施。

[2] Gittel, "School Reform," 139–140.

市不同的政治文化，但是人口结构上也具有重大的差异[1]。 她当然是对的，不过，是（体现）在她看到了对规划的支持、华盛顿市长对学校改革的承诺以及麦克阿瑟基金会（MacArthur Foundation）对其努力的支持这三者之间的关联[2]。

然而，吉特尔预言芝加哥的去中心化规划将会比纽约（她称为一个"失败的改革"）的规划实施得更好，这一点的正确性无法证明。 她正确地指出：

> 纽约市的学校-去中心化的规划在 1969 年由纽约州立法机关正式通过，这反映了已经失败的政治分权的社区议程……有限联合的政治，激进的学校团体背后是城市的政治领袖、管理者、市长和新任命的基金会头目。 他们对社会变革的强烈承诺无法维持实现权力转移的斗争[3]。

但是她之所以预测芝加哥会更好，或许过于浪漫化了。 她指出："在最后的分析中，纽约缺乏芝加哥所拥有的东西，即构建基层组织的长期传统。"因此，她宣称，纽约规划的失败在于，它是自上而下的，而预期芝加哥会成功是因为其广阔的基层联合和强大的社区组织[4]。 但是，她没有认识到，芝加哥的社

---

[1] 这两个案例的重要区别在于：纽约的改革开启于少数族裔在公立学校体系占据绝大多数**之前**，而此时权力分散的规划在芝加哥得到了批准，公立学校的白人注册人数已经非常低。

[2] Gittel，"School Reform，" 141 – 143.

[3] 同上，147。

[4] 同上，150。

区组织以及对黑人的赋权是何等短暂。

短暂的黑人赋权

我曾经指出了芝加哥强权的市议会以及民主党机器通过其选区组织动员本地政治力量的能力。这使得芝加哥的社区在公共政策中拥有更多潜在的话语权,但是有趣的是,在这一政治机器被批驳之前,"本地赋权"的意识形态都尚未成为一种改革的核心主题[1]。

在 30 年时间里(从 1946 年到 1976 年理查德·达利去世),传说中的芝加哥机器通过其纪律体系,保持着对 50 个委员会成员无可争议的权力,这些委员每 4 年在党内初选一次,他们又继而任命了负责"输送选票"(delivering the vote)的选区队长。如斯夸尔斯等所指出的,"这对于芝加哥仍然占据公共机构的委员们而言[是]司空见惯的,有些是市议会选出的市议员,其他的是各部门的管理者,如公路与环境卫生,还有少量类似于斯普林菲尔德(Springfield)或华盛顿特区的立法者"。[2] 继而,从委员会主席到市长这一常规路线便是比较顺理成章了。在达利于 1953 年被选为民主党主席一年半之后,中央委员提名达利为 1955 年的市长候选人,这保证了他的当选:

---

[1] 在第八章,我表明了社区"自决"已经在很大程度上被用于将黑人排除出白人社区。

[2] Squires et al., *Chicago*, 65.

在达利担任市长及党魁任期的大部分时间内，芝加哥竞选活动的方式是高度劳动密集型的……达利……作为政府 4 万名雇员的主要统治者——甚至最不重要的职位填充也需要其批准——有一个可任免的工人大军任其支配……［他们］不仅仅愿意在选区内工作，更由于这类技能而首先受到青睐[1]。

管理层也为与城市签约的工人支付了丰厚的报酬，这预先阻止了工会化。达利还讨好了芝加哥的商业精英，通过城郊更新项目、高速公路规划、公共交通的延伸与奥黑尔的开发使他们获利，换言之他打造了芝加哥"增长机器"的共同事业，同时仍然通过任免权和政治机器保持对各选区的控制。

鉴于将芝加哥及其城郊分裂开来的市政间敌意，都市合作的主要途径是从芝加哥到斯普林菲尔德，尤其是从市长办公室经由管理者的宅邸。达利市长与大部分伊利诺伊州官员维持良好的关系，并同共和党的理查德·奥格尔维（Richard Ogilvie）在 20 世纪 70 年代早期解决了由于区域贸易协定（Regional Trade Arrangements, RTA）的创建所引发的交通危机[2]。

在社区以及"市中商业区增长"力量之间总是存在冲突，这

---

[1] Squires et al., *Chicago*, 69.
[2] 同上，74。

被种族问题加剧了，但是直到 20 世纪 60 年代中期，芝加哥的黑人选民仍旧忠于政治机器。"从此时直到芝加哥黑人对机器忠诚的消散，连同他们的选区扩张，预示了民主党人的普遍问题。"[1]

在达利于 1976 年 12 月去世之后，分裂变得更加明显。 虽然根据城市宪章，临时性的市议会黑人主席应该能够在举行选举之前替代死亡的市长，但是白人党的忠诚支持者米歇尔·白兰迪克（Michael Bilandic）成为执行市长，并在之后的初选中击败了阿德曼·罗曼·普辛斯基（Alderman Roman Pucinski）和南部州立法官哈罗德·华盛顿。 然而，民主党机器中的缺陷变得更加明显，尤其是当民主党"改革派候选人"简·伯恩在 1979 年初选中击败白兰迪克市长时。 即便她试图通过向社区分配权力和资源讨好他们，她自己仍然在 1983 年的三方改选角逐中败北。在这次改选中，政治机器试图通过候选的前市长儿子重获控制权，因此分散了"白人的选票"。 民主党的叛逃者哈罗德·华盛顿正是受益于这一分散，并部分受益于芝加哥黑人积极分子的一致努力，对之前疏离的潜在选民进行了登记，并且锻造了同芝加哥增长中的西班牙裔选民的政治同盟。 对"机器"厌恶的富裕白人选民（前者转而轻蔑地称他们为"湖畔自由主义分子"）为华盛顿的胜利增加了微弱的优势[2]。

---

[1] Squires et al. , *Chicago*, 80.

[2] 是"白人势力或党派之间的选战造成了这一状况，在这种情况下，非裔美籍选民能够左右选举结果并且非裔美国人的领袖拥有了为族群赋权的议价权"。 在华盛顿最初胜利的时候，这一点很明显还是正确的。 Richard A. Keiser, "Explaining African-American Political Empowerment: Windy City Politics from 1900 to 1983," *Urban Affairs Quarterly* （转下页）

哈罗德·华盛顿是否带来什么(暂时性的?)不同

道格·吉尔斯（Doug Gills）是一本评估 1983 年 4 月芝加哥首位黑人市长的当选何以发生以及有何影响的著作的作者之一。 他主张，"一个决心改革的体制精英（在此称为'局内人'），同进步团体活动家及政治起义者（'局外人'）组成的松散联盟"应该为华盛顿的当选负责，虽然我认为他低估了黑人与西班牙裔选民的动员所发挥的作用[1]。 不过，吉尔斯是对的，城市的经济衰退逐渐破坏了政治机器的任免体系，这**"日益变得不适合于解决大量非裔美国人的需求……还有西班牙裔和亚裔的需求"**[2]。 这一经济危机"在政治舞台上显现为日益减少的公共收益资源与日益升高的对公共服务与援助的正当需求之间矛盾的加大"。

（接上页） 29（September 1983）： 84. 也可参见： Paul Kleppner, *Chicago Divided: The Making of a Black Mayor* （De Kalb： Northern Illinois University Press, 1985 ）；以及 Diane M. Pinderhughes, *Race and Ethnicity in Chicago Politics* （Urbana： University of Illinois Press, 1987 ）。 后一本书是依据黑人赋权 vs 老派"白种人"和他们对共和党候选人的临阵背叛所做的历史性分析。

[1] Doug Gills, "Chicago Politics and Community Development： A Social Movement Perspective," in *Harold Washington and the Neighborhoods: Progressive City Government in Chicago*, 1983－1987, ed. Pierre Clavel and Wim Weiwel（New Brunswick, N. J.： Rutgers University Press, 1991 ）, 34. 吉尔斯是一名社会组织者，因此我觉得他会倾向于过度强调这些组织的贡献并过于轻视在黑人社区和西班牙裔联盟中进行的引人瞩目的选民登记。

[2] 同上，37, 加粗字体为作者所加。

在 1983 年，有一种普遍的看法，即黑人作为一个整体，其利益的重要性正在遭受威胁。团结成为可能。在一个奇迹般的时刻，黑人中间显现出了所有阶层的团结……这一团结，最初在本质上是防御性的，后来为攻占市政大厅而转化为进攻性……被黑人内部一种空前的政治团结驱动，并得到了大部分西班牙裔以及众多白人的支持[1]。

问题是，华盛顿的行政机构在对抗政治机器的力量及其与"市中商业区增长机器"的结盟以及在权力散布给少数族裔这两方面，取得了多大程度上的成功。这些少数族裔既是大量的个体，也是之前大量被忽略的社区居民。不少研究者认为华盛顿十分成功。

比如，拉里·本尼特认为华盛顿构建了"一个政治联盟并且［领导了］一个大型城市管理机构，并且其计划性的政治议程明确地寻求提升社会和种族公正"，即便存在里根时期的紧缩，但

[1] Doug Gills, "Chicago Politics and Community Development: A Social Movement Perspective," in *Harold Washington and the Neighborhoods: Progressive City Government in Chicago*, 1983–1987, ed. Pierre Clavel and Wim Weiwel (New Brunswick, N. J.: Rutgers University Press, 1991), 39. 在初始阶段，华盛顿吸引了 80% 的黑人选票，不过他还有 17% 的选票来自白人。"在普选阶段，西班牙裔提供了关键的获胜筹码。他能够做到将初选阶段 25% 的西班牙裔选票拉高到普选时的约 65%。华盛顿获得了 75% 的波多黎各人选票，62% 的墨西哥裔选票，52% 的古巴裔选票。"他同样获得了社区组织的支援以及"自身拥有获得芝加哥劳动协会许多本地工人至少名义上支持的能力，并且在普选阶段他获得了芝加哥劳动协会的名义上的支持以及许多本地工会的积极支持"(52)。

是他认为黑人所获利益超过了其他联盟成员，这一结论推翻了传统观点，即华盛顿的进步主义政策的朴素目标是"满足芝加哥大多数贫困的居民以及被忽略的社区需求"[1]。 本尼特指出，"相较于非裔美国人支持者，白人与西班牙裔常常被当作不忠诚的局外人"，并且一份对于华盛顿雇佣情况的分析表明，在1985年城市新增雇员中，有64%都是非裔美国人，仅有11%是西班牙裔[2]。 西班牙裔感到他们没有分到"应得的一份"并抱怨华盛顿没有听取西班牙裔领袖的看法，由于黑人派系的原因，他们难以接近市长。

　　　　因此，华盛顿的管理机构中，黑人/西班牙裔的分裂成为联盟中一个特殊的难题……其次，更为微妙的是"黑人/棕色人口"的分裂。 ［为了抚慰一些西班牙裔，西班牙裔精英分得了酬谢，以便于］……哈罗德·华盛顿在其管理机构中［通过报酬］处理黑人/棕色人口的纠纷，因此，他同样阻断了自己与芝加哥草根阶层之间的通道[3]。

　　即便联盟中存在这种紧张情况，但是对社区的酬谢以及华盛顿对社区学校控制权的支持足够维持其选民的团结，以使他能够获得连任。

　　华盛顿的管理机构同样尝试通过富有想象力的政策来遏制重

---

［1］ Larry Bennett, "Harold Washington and the Black Urban Regime," *Urban Affairs Quarterly* 28（March 1993）： 423，425.

［2］ 同上，434。

［3］ 同上，436。

组的不利影响，解决城市及其少数族裔劳动力的潜在经济衰弱。
吉勒斯（Giloth）和米尔（Mier）宣称，"这些本地性的实验……
［培育了］社会正义、公平、开放与参与的准则，作为国家战略
的种子。"他们对 1983 年至 1987 年间的芝加哥进行了观察，这
段时间里：

> 有几个因素聚集在了一起……创造了一种渐进式经济发
> 展的实验风潮。 第一，是对经济发展感兴趣的广泛社区组
> 织网络的成熟……第二，是一系列替代性的经济发展观念的
> 演化……最后，这些观念与网络从 1983 年开始了戏剧性的
> 扩张……［同时，它们］作为华盛顿发展项目的一部分，获
> 得了新的合法性[1]。

然而，我们可以看到，这些项目中有许多得到了满怀热情的
拥护，但还是失败了。 这要么是由于它们不够充分，要么是因
为在政权更迭之后，其势头未能维持[2]。 吉勒斯和米尔被迫承

---

[1] Robert P. Giloth and Robert Mier, "Spatial Change and Social Justice：
Alternative Economic： Development in Chicago," in *Economic Restructuring
and Political Response*, ed. Robert A. Beauregard（Newbury Park, Calif.：
Sage, 1989）, 182 - 183. 他们对这些本地的实验提供了一个很好的
阐述。

[2] 吉勒斯和米勒提出了三个有前途的案例，不过最后并未结出果实。 他
们描述了儿乐宝（Playskool）玩具工厂保留计划（188 - 191），是对这
一案例发人深省的修正。 "位于贫民窟的"工厂接收了大量的补贴以
留在此地并雇佣本地工人，但是它还是最终离开，并受到了控告。 聚
焦于保留儿乐宝的工人，有一系列的处理方法，几乎都是家（转下页）

认，一个"对网络化［遍及社区组织］……的主要阻碍……
［是］跨越种族边界的社会融合的挑战"，一个芝加哥最熟悉的
故事[1]。

后-华盛顿时代

所以问题仍然存在。 这些新的政治格局能极富魅力的华盛
顿的个人声望更为长久吗？ 他是否曾经构建了一个旧的芝加哥
政治机器的替代品？ 本尼特充满信心地表示，甚至在华盛顿死
后，旧的民主党组织也没有恢复，而在华盛顿引导下的各个城市
机构与基层组织之间的合作思想体系仍得到了延续。 这一点，
他当然是错误的。

在 1976 年理查德·达利去世之后出现的政权变迁再次上演
了，相反，华盛顿在 1987 年赢得改选仅 7 个月之后，便死于突
发的心脏病。 市议会在经历了痛苦的斗争之后——这是在华盛
顿的任期内一直未曾间断的"议会战争"的延续——选出了一个
无效的黑人议员尤金·索耶（Eugene Sawyer）来担任临时市长。

（接上页）庭健康护理这样的工作。 *1984 Development Plan*（参见 p. 185）试
　　图与"族群发展网络"合作以制定一种反应更积极、更公平的发展策
　　略，平衡制造业与服务业以及中心商业区与社区的需求。 但是，这里
　　的结果同样令人失望。 他们给出的第二个案例（参见 pp. 192 - 194）是
　　北部支流工业走廊，包括鹅岛（Goose Island），这里的工业企业实际上
　　通过对低档住宅的高档次改建/阁楼改建过程，在工厂建设中得以中
　　标。 第三个案例是建立特遣小组以解决芝加哥的钢铁与服装工业的存
　　留（参见 pp. 197 - 199）。 如我们已经看到的，钢铁工业并没有恢复；
　　并且，虽然在某种程度上服装工业接收了——在某种程度上感谢雇佣了
　　便宜的墨西哥裔工人的新的朝鲜裔投资者——它很难满足将麦当劳式的
　　工作替换为重工业工作这一目标。

[1] 同上，202。

但是在 1989 年，理查德·M·达利当选为市长——并且直到 1999 年，他仍是市长。"旧王已死；新王万岁。（The king is dead; long live the king.）"[1]

年轻的达利在 1989 年就职，虽然他承认赤字正在增加，并表示他想要减少（赤字），不过他还是降低了税收（但没有很多，更像是面对中产阶级业主的一个象征性姿态）。 他将一些城市服务私有化了，但是无法抵挡城市工会组织严峻的压力。赤字并不像预期那么大，由伊利诺伊州所填补，再造了他的父亲曾经用来绕开城郊及其城市选民的旧体制[2]。 在芝加哥，再一次地，白人拒绝支付那些将会不同程度地惠及其他族裔群体的服务与教育——这种抗拒是在城市政治文化中一直持续着的古老形式。

对未来的预测

在对于芝加哥的未来如此多的预测中，要么谬之于对其过度拥护；要么对其 160 年的存在感到绝望。 但必须承认，哪怕是对于接下来几十年之间的发展，都无法满怀信心地预测。 短期来看，这一图景确实显得很黯淡，因为去工业化和国际重组越来越多地动摇了城市的传统经济根基。 就人种而言，在减少白人

---

[1] 尤可参见：James Atlas, "The Daleys of Chicago," *New York Times Magazine*, August 25, 1996, 37–39, 52, 56–58。

[2] 参见：Rowan A. Miranda, "Post-machine Regimes and the Growth of Government: A Fiscal History of the City of Chicago, 1970–1990," *Urban Affairs Quarterly* 28（March 1993）: 397–422, esp. 417。 只有在华盛顿当政的短暂时期，为福克斯和米兰达所称美的"财政保守主义"才得到"缓解"，使得资源能够流向被忽视的少数族裔区域。

和黑人之间的憎恶方面，其"进步"似乎已经停滞。 但是，由于好斗者在不同地点和政治辖区的分隔，敌意性的对抗已经在很大程度上被消除了。

然而，从积极的一面来看，它过早地将芝加哥城市区域从世界城市的序列中降级了，因为从相关数字的绝对优势和事实上全球性市场的存在来看，芝加哥不再成为美国体系中主要玩家的可能性很小。 实际上，北美自由贸易协定（North American Free Trade Agreement，NAFTA）的条约收益率将会强化墨西哥与加拿大之间的贸易，芝加哥在中部大陆的位置或许还被证明并非一个劣势，而是优点。 涉及该区域人口的民族和人种的构成以及黑人、西班牙裔和白人之间的跨族群关系，更多地取决于两件事： 城内较贫穷的非裔美国人看来不可逆的边缘化趋势是否能够经由种族主义的减弱以及教育和社会平等的进一步改善产生反转；以及在黑人和西班牙裔之间是否能够建立一个更稳固的联盟，进而或可打破白人城市规定界限的束缚，后者紧随着华盛顿的去世而死灰复燃。

然而，这些希望中的改变看起来并不会在持续贫瘠的环境中出现。 区域经济基础的重组是这些解决方案的必要条件，并且种族改革和本地经济权力下放的内在关联需要同时注意到这些问题。 如果复兴限制在城市边缘，到目前为止，分裂最多会破坏复兴，最坏不过是导致反抗。 因此，未知的因素在于，芝加哥地区的社会架构是否能够充分修缮以产生协同作用，而不是反过来继续冲突。 如我们所见，许多同样的结论也适用于洛杉矶，碎片化并非沿着一个单一的、主导性的、黑人/白人之间的断层线产生，而是从一开始，便沿着空间、人种、民族和阶级等多个维度（棱镜状）产生了裂隙。

第十二章
洛杉矶：改头换面

一百英里城

由于"美国化"的城市洛杉矶建立的时间更近，并且其技术环境不同于纽约或芝加哥，在萨迪奇（Sudjic）的诗意描述中，其当前的区域地理分布相当充分地阐释了特大都市的"新形式"：

想象一个围绕着高压电线的力场，能量爆裂作响，并且在其辐射长度内的任一点上，随时都闪烁着电弧并释放出20 000伏特的电压，如此你就对本世纪最后10年内的现代都市之本质有一些概念了。然而，城市力场不是直线型的。而是在任何方向都延伸了100英里，跨越乡村和城镇，穿过广袤的土地，仿佛是一个开放的国家……没有任何警示，瞬间的能量打通了土地，如此之大的购物中心平地而起，需要其方圆内的三五百万人来给它买单。正当尘埃落定，又出现了另一种能量的释放，一个办公园区从无到有，其 30 层、40 层的摩天大厦从以前的农田里拔地而起。 二者没有可见的关联，不过它们是同一座城市的一部分，仅通过电场相互关联，正如各处忽然出现的混合房屋一样，还有机场、立交高速公路，以及公园中间自带湖泊的公司总部[1]。

虽然这一描述至少在今日之洛杉矶城市化地区中的某些部分是准确的——并且，实际上，萨迪奇将该地区当作了其典型案例[2]——不过，这一比喻无法代替一个因果理论。 这种神秘主义不是必要的，因此，最后的分析只能让人困惑，隐藏了产生这些看似不合理的"突然性爆发"和"拔地而起"现象的真正驱动力。 并没有只是任意自行释放的抽象能量（除非投资者因利益动机而以此种方式自降身份），也不存在这种"能量"独立于政治管辖、财产权和政治游戏而无差别释放的景象。 这个"场"已经被提到了，就像卡尔维诺（Italo Calvino）虚构的扎伊尔（Zaira），铭刻于"其空间尺寸与过往事件间的关系中"[3]。

洛杉矶都市区的"分裂"格局现已蔓延到 5 个郡，覆盖了一个超过 33 000 平方英里的混合型区域，该区域从一开始便具备潜力。 虽然，本海姆以 4 种生态［海岸城区、山麓、平原生态

［1］ Deyan Sudjic, *The 100 Mile City* （San Diego, Calif.：Harcourt Brace & Company, 1992）, 305.

［2］ 萨迪奇著作的卷首用了一张洛杉矶"中心商业区"烟雾缭绕的照片并非偶然，相伴随的说明文字指出洛杉矶"大约是 100 英里城最明确的榜样"。

［3］ Italo Calvino, *Invisible Cities*, *trans.* William Weaver （San Diego, Calif.：Harcourt Brace Jovanovich, 1974）, 10.

与汽车生态（Autopia）][1]的视角捕捉了文化、自然和人造地形之间相互作用，在部分程度上清晰展现了这一"分裂"，不过如我们在之前的章节中所看到的，它更多地由现实中人类的经济与政治实践所塑造，即他们通过可用的资本资源和技术"创建"现实中的可用空间。

早至 1930 年，他们的行为已经引出了弗格尔森的"碎片化的城市"（这是他叙述结束的时间）[2]。 从那时候起，地形、供水、公共政策、投资决策以及私人产权利益与投机都继续运作，共同产生了今日甚至更为极端分散的"五彩斑斓之城"（confetti city）——一个城市、乡村、郊区、远郊的拼图，散布于广阔的土地上，在超过 140 个合并城镇和大量未成建制的区域中现生活着超过 1 400 万的人口[3]。 在这一过程中，南加利福尼亚富饶的农业土地正在逐渐被拆分为城市用地[4]。

---

[1] Reyner Banham, *Los Angeles: The Architecture of Four Ecologies* （London：Penguin, 1971）.

[2] Robert M. Fogelson, *The Fragmented Metropolis: Los Angeles*, *1850 - 1930*（Berkeley： University of California Press, 1993 [1967] ）.

[3] 除了洛杉矶郡之外，洛杉矶都市综合统计区还包括北部的凡图拉郡、东边的圣贝塔迪诺和河畔郡以及南部的橘郡。 然而，考虑到圣地亚哥位于橘郡以南，或可认为，在从南加利福尼亚到墨西哥边界这一连续的城市化区域中，它是第二个"增长极点"。 然而，人口统计局并不这样想。

[4] 根据 1995 年洛杉矶加利福尼亚大学张贴的公告牌，迈克·戴维斯曾经教过一门课，名为"The Cannibal City"。 该图表参见：*Los Angeles Times*，February 17, 1995, A3，显示出在南加利福尼亚有多少农业土地被城市拿走使用。 虽然 1978—1992 年间，加利福尼亚州仅流失了 12.5% 的农田用于城市发展，不过洛杉矶郡流失了 50.3%，（转下页）

该地区中包括了 5 个郡（洛杉矶、凡图拉、圣贝纳迪诺、河畔与橘郡），橘郡拥有最为引人注目的现代历史，利用它可以清晰地阐释因果模式，即在较小程度上它是整个区域的预演和概括。

橘郡与欧文牧场（Irvine Ranch）

橘郡曾经是洛杉矶郡扩张出来的一部分。 在 1889 年，"经过长久持续性地喧闹之后"，它被分离了出去，并且"大致沿土狼溪（Coyote Creek）航线所划定边界的南部与东部"成了一个独立的辖区[1]。 欧文牧场大约占据了新城镇的 1/3，且正在其中部。 因此产生了一种不连续性。 这一区域许久都不能用于城市发展，甚至在其周围已经"爆发了"剧变之后仍然是这样。之所以如此，与电力场域无关，而是与一种特殊主义的历史有关。

克莱兰德（Cleland）在 1950 年捕获到了这种异常，写道：

> 橘郡的欧文牧场是南加利福尼亚从过去一代的兴衰与变革中存活下来的少数大型持有的土地之一。 牧场来源于西班牙-墨西哥政权下的古老赠地体系。 现在它成为单独一个家族的领地已逾 80 年，并因此享有一种十分罕见的连续性

（接上页）橘郡是 63.8%，圣贝塔迪诺是 40.4%，河畔郡为 19.5%。 因此迄今为止，不太发达的（即农业更多的）郡经历了较少的土地使用转换。 比如说，科恩郡仅流失了 9.5%，凡图拉仅为 5.8%。

[1] Robert Glass Cleland, *The Irvine Ranch of Orange County, 1810–1950*（San Marino, Calif.： Huntington Library, 1952）, 101.

产权……其仍然实质上保有着其创始者所建立的地区及边界[1]。

欧文牧场起源于圣塔安娜山（Santa Ana Mountains）与大海之间的洼地，到 1950 年，该片土地成为加利福尼亚最为富饶的农业区[2]，可以追溯至征服美洲以前，当时"大量的赠予土地或牧场是该省经济和社会生活的主要特征。 许多年以来，它们一直是该州大部分定居点和农业发展的控制因素……[并] 因此构成了加利福尼亚继承自墨西哥和西班牙的少量持久性遗产之一"[3]。

在南北战争刚结束时，欧文牧场便由两笔这样的赠地构成，还有 1/3 的一部分来自几个旧金山的扬基（误称）企业家，他们最早是在参与淘金时相互结识的[4]。 当爱尔兰出生的詹姆斯·

———

[1] Robert Glass Cleland, *The Irvine Ranch of Orange County, 1810 - 1950* （San Marino, Calif.： Huntington Library, 1952）, v.

[2] 同上， 4。

[3] 同上， 14。

[4] 实际上，弗林特（Flint）与比克斯比（Bixby）的主要合作者詹姆斯·欧文，完全不是一个"扬基人"，在 1848 年的大移民期间，他逃离其出生地爱尔兰，而后在 1849 年的淘金热中向西前进，在这里他在食品杂货生意中取得了成功。 同上，67, 75。 在 20 世纪 60 年代中期干旱时，这三位合伙人用很便宜的价格买下了这 10 万英亩土地，后来成了欧文牧场。 当他们的牛死于缺水时，便转向饲养绵羊，它们需要的水更少，而后经由旧金山向纽约和波士顿输送毛绒；随后切换到洛杉矶南部的新海港，即建在威明顿的菲尼亚斯班宁（Phineas Banning）。 同上，66, 76, 79。

欧文——该群体的主导人物——于 1886 年去世时，南加利福尼亚繁荣的房地产已被直达铁路线引爆，他留下了一份包括牧场在内的地产——22 英里长，9 英里宽，超过 10 万英亩[1]。 在接下来的 80 年里，牧场仍然为家庭所有。 最初，牧场的农业用途仍是微不足道的，它被数次试图卖掉，但是未能实现，最终一个灌溉项目允许其转为柑橘园，拓展了其农业盈利渠道[2]。

鉴于该郡其余地区的城市发展，尤其是海滨地区的属性要求，改变虽然有所延迟，不过大约是不能避免的。 在第二次世界大战期间，美国政府征用了一些未充分使用的土地以用于军事设施。 在战争之后，欧文公司开始沿新港海湾在拉古纳（Laguna）海滩内细分其最有价值的海滨土地以便城郊发展[3]。 到 1950 年，当克莱兰德在完成其著作时，詹姆斯·欧文的孙子梅福特·欧文（Myford Irvine）正开启其雄心勃勃的计划，即在农场开辟新的居住开发项目[4]。 这不仅为橘郡的爆炸

---

[1] Robert Glass Cleland, *The Irvine Ranch of Orange County*, *1810 - 1950*（San Marino, Calif.： Huntington Library, 1952）, 93, 95.

[2] 同上，123 - 135。

[3] 8 英里的沿海街道以及几座离岸岛屿的所有权使得欧文公司成为一个天然的开发者，虽然有些迟到。 如克莱兰德在 1950 年所指出的："在撰写本文时，欧文公司在纽波特湾有很多重要的细分土地……［并且］在拉古纳海滩的市里有广泛的利益……在 20 世纪 20 年代中期沿海高速公路的建设中，欧文公司……给予了经由牧场的通行权，刺激了纽波特湾南部众多海滨社区的发展……［但是］这产生了严重的供水问题……虽然［此时］有了［新的］大管道，圣塔安娜流域水资源的损耗还是威胁到了拉古纳海滩……结果是，建立了沿海市政水资源管理区。"同上，142 - 144。

[4] 同上，147ff。

性增长开辟了道路，还推进了在美国城市历史上都很少见的大规模规划开发（planned development）[1]。

到 20 世纪 80 年代晚期，橘郡作为一个整体已经聚集了一种"强大的亚区域经济，在 1989 年超过了 600 亿美元（相较而言，1975 年是 135 亿美元），使其成为国家第 10 位最大规模的城镇经济体……[并且可能位列]全世界前 30 名，连同阿根廷（Argentina）、奥地利（Austria）、丹麦（Denmark）、埃及（Egypt）的经济体一起"。 在战后阶段，它，

> 从一个乡村城镇演化为一个工业区及附属于洛杉矶的城郊住宅区，最终成为一个综合都市区，包括 28 个独立行政区，具有自己的经济和文化生活。 在 1940 年，橘郡的人口不足洛杉矶的 1/10……从 1950 年开始，随着洛杉矶的增长以及其变得稀缺和昂贵的开放空间，一些居民和主要的飞机制造公司在橘郡南部寻求更便宜的土地，[在这些地方]战后的人口……增长了 10 倍，从 1950 年的 200 000 人增长到了 1987 年的 200 万人以上。 拥有大块土地的贸易公司在欧文、拉古纳尼格尔（Laguna Niguel）和米申维耶霍（Mission Viejo）开发了整体性的规划社区……[在 20 世纪 70 年代与 80 年代，橘郡的区域经济]日渐融入了世界范围内的资本

----

[1] 1950 年下半年的细节可参见： Martin J. Schiesl, "Designing the Model Community: The Irvine Company and Suburban Development, 1950–88", *Postsuburban California: The Transformation of Orange County since World War II*, ed. Rob Kling, Spencer Olin, and Mark Poster（Berkeley: University of California Press, 1991）, 55–91。

主义市场体系[1]。

根据克林（Kling）等人的观点，该区域不再适应白人中产阶级的"城郊"住宅社区模式，**城市**与**乡村**的术语也不再能够概括其特征。 这些人称呼这一新模式为"后城郊"（postsuburban），因为它不仅仅是去中心化的，还围绕着许多特殊的专门化中心形成了组织。 这些中心在一个复杂而分散的城市、城郊与乡村空间混合体中，根据土地使用、社会阶级与种族构成，鲜明地各自区别开来[2]。

爱德华·索亚在其无与伦比的散文中，称橘郡为"外城"（exopolis），并引用了一个加利福尼亚旅游宣传小册子，后者将之称为一个"主题公园""明日乐园"以及"边疆世界"的混合体——一种真正的"后现代经验"[3]。 克林及其同事使用了更

---

[1] Rob Kling, Spencer Olin, and Mark Poster, "The Emergence of Postsuburbia: An Introduction", in *Postsuburban California: The Transformation of Orange County Since World War II*, ed. Rob Kling, Spencer Olin, and Mark Poster (Berkeley: University of California Press, 1991), 1-2. 高科技出口业务量太大，以至于在纽波特海滩开设了一个许可办公室，"华盛顿特区之外的首个分支办事处"。

[2] 同上，5-7。

[3] Edward W. Soja, "Inside Exopolis", 参见一个早期版本: *Third Space: Expanding the Geographical Imagination* (Oxford: Basil Blackwell, 1996)。 他的引文来自 *Californians* 的一段广告，这是加利福尼亚旅游办公室发行的旅行指南。 当然，**真正的**迪士尼主题公园位于阿纳海姆镇的橘郡。 我猜想这一材料将出现在索亚即将出版的著作 *Postmetropolis* 中，计划在 1999 年在 Blackwell 出版。

为冷静的语言并达到了同样的效果：

> 　　这一多中心的区域能够通过大片城郊风格的居住地区，呈现为多个相距几英里远、相互分离的专门化中心大杂烩。但是由于为居民提供了活跃的贸易与文化中心，这一后城郊的空间构造不同于传统郊区。 它更与城郊地区有着显著的不同……后者人口结构更为同质化，并且附近的主要城市是高雅文化、热闹的街头生活、海外种族多样性的主要源泉……［后城郊地区］不是冷清的地方性区域……它们最重要的方面……是其来源于另一座城市的边缘城郊……**即其脱离之处**，以及其中浮现出的一个新的去中心化的环境，具备着先前与传统中心城市联系在一起的经济活力和文化多样性……
>
> 　　……**以办公室和商业空间来衡量，一个橘郡区域中心——科斯塔梅萨（Costa Mesa）-新港海滩-欧文综合体——是加利福尼亚第三大"中心商业区"**[1]。

　　这一"第三大中心商业区"的出现由于欧文牧场所提供的事实上的白板（tabula rasa）而成为可能，现在这里也是加利福尼亚大学欧文校区及其规划联合城镇所在地。 欧文公司向校园捐赠了 1 000 英亩的土地，但是反过来其仍然保有的土地的价值也因由此产生的磁铁效应而一飞冲天。 1960 年的规划，"测绘了

---

［1］Kling et al. , "The Emergence of Postsuburbia", 8 - 9. 加粗字体为作者所加。

10 000 英亩的未开发土地，提出了一个沿着古老的花园城市模式进行面向大学的社区组织总体规划"。[1] 虽然在欧文地区出现了开发者与反扩张团体之间的常规政治斗争，不过"开发公司赢得了大多数的重要斗争"[2]。

不过是何种发展呢

然而，对橘郡的近期状况进行考察的研究者们并不同意对其经济特征的描绘方式，虽然所有人都认识到了"全球城市"的典型要素。在其导论章节中，克林、欧林（Olin）与波斯特（Poster）主张，这是"信息资本主义"的完美产物，他们以此与"服务"经济与"高科技"区别开来[3]。他们强调他们关于信息资本主义的概念：

> 在分析由工业经济转向信息经济所导致的经济变化时，特别有用。因为它锚定了商业与政府的实践行为中新的信息管理战略。**信息资本主义指以数据密集型技术和计算机化为关键性战略资源的组织形式**；这些组织形式出现在所有的经济部门中——农业、制造业与服务[4]。

---

[1] Schiesl, "Designing the Model Community", 58 - 59.

[2] Kling et al., "The Emergence of Postsuburbia", 11.

[3] 克林等或许从卡斯特斯的文章里吸取了**信息资本主义**这一术语，这在其出版 *The Informational City*（New York: Basil Blackwell, 1989）之前。"克林与特纳计算出，大约58%的橘郡劳动力位于信息部门……是其高科技部门规模的6倍。""The Emergence of Postsuburbia", 12.

[4] "The Emergence of Postsuburbia", 13, 加粗字体为作者所加。

他们的方法中有一些优点，但是由于这些部门包括了技术层次最高的工人并且数量更多，在很大程度上是移民和/或少数族裔居民。 他们集中在橘郡的特定中心（尤其是圣塔安娜），这一概念无法把握这些区域中阶级、人种与民族的"劳动分工"[1]。

艾伦·斯科特（Allen Scott）的一个替代性的定义或许可以帮助我们更好地理解这一"新经济"的实际结构。 如果说克林等青睐**后城郊和信息社会**这种术语胜过传统的郊区和服务型社会，那么斯科特则质疑，**后工业**这一术语是否适用于洛杉矶甚或是橘郡的经济。 斯科特替换了萨迪奇神秘的电能，假设这一景观"来自资本主义社会基础的生产装置"，而城市进程通过劳动分配复杂的形式和动态变化呈现出来[2]。 我与他的共同观点是，"现代都市既是社会的造物，也是资本主义的产权关系，又是它们的特殊结合体"[3]。

————

[1] 如，克林等将麦当劳成为"信息"经济的参与者，因为相较于夫妻经营的便利小吃店，大量的订单、存货清单、管理等等都需要数据分析（同上）。 但是麦当劳的大多数雇工的工作是厨房、拖地板或者是出纳，他们当然**并不是**信息经济的一部分，并且至少在加利福尼亚，他们很大程度上都来自墨西哥。

[2] Allen J. Scott, *Metropolis: From the Division of Labor to Urban Form* (Berkeley： University of California Press, 1988), 1.

[3] Allen J. Scott, *Metropolis: From the Division of Labor to Urban Form* (Berkeley： University of California Press, 1988), 6. 斯科特令人信服地强调，"后工业社会"的概念是错误的，尤其是在资本主义通过一些"经济组织的新的信息处理模式"而实现超验性这一方面。 虽然，新的资本主义形式确实有所不同，不过并没有在根本上"改变工业资本主义的结构和逻辑"（7）。

虽然"重组"深刻地影响了先进资本主义社会，不过工业仍然是国家收入最重要的贡献者，尤其是在加利福尼亚以及阳光地带的其他地区。 这在洛杉矶和橘郡尤其正确，它们很难被视为后工业地区[1]。 实际上，在大萧条中，当制造业工作在国内其他地区都消失时，在洛杉矶反而增加了，所以在 20 世纪 70 年代，当去工业化在芝加哥和纽约持续开展时，洛杉矶地区的 5 个郡却增加了 22.5 万个以上的制造业岗位[2]。

在一项 1985 年——芝加哥繁荣的顶点——发布的洛杉矶地区经济变化的预测报告中，索亚、赫斯金与辛扎提（Cenzatti）也表达了他们对于所有常规术语的不满，总结如下：

> 在当代重组的万花筒中……全球与本地汇聚结合，从而产生了［一种］更为复杂的矛盾景观，紧密交织着"阳光地带"与"风雪地带"；"核心"与"边缘"；"北方"与"南方"；"东部"与"西部"；城市与非城市；高科技工厂与 19 世纪血汗工厂；世界上最为昂贵的房屋与流浪汉的纸板棚屋。 对立的单元与极端条件成为最显眼的共生状态[3]。

---

[1] 在 1980 年，在 5 个郡的范围内，几乎有 130 万的工作位于工业部门（最多），约占据所有工作的 30%。 相较而言，服务业仅为 25%，零售业为 18.5%。 其他所有的部门都很少。

[2] Edward W. Soja, Allan D. Heskin, and Marco Cenzatti, "Los Angeles: Through the Kaleidoscope of Urban Restructuring" (University of California, Los Angeles, Graduate School of Architecture and Urban Planning, pamphlet, 1985), 1.

[3] Edward W. Soja, Allan D. Heskin, and Marco Cenzatti, "Los Angeles: Through the Kaleidoscope of Urban Restructuring" (University （转下页）

　　要使这些矛盾更为简洁是很困难的。

　　尽管橘郡在这些新发展中大约是最极端的，不过也是唯一一个案例。 同样的变迁现在扩展到了该地区其他的"卫星城"，即被索亚称为"外城"者[1]。 事实上，除了橘郡之外，索亚还标识了其他三个外围经济区："大峡谷"（Greater Valley），该区域从圣费尔南多山谷往东扩展，包围了伯班克和格兰岱尔（Glendale）（并且，我们还可以加上帕萨迪纳），以及往北从洛杉矶市柴斯沃斯-加诺嘉（Chatsworth-Canoga）公园进入凡图拉郡，甚至延伸至大峡谷与洛杉矶郡北部的荒凉地区[2]；另一个工业带沿着洛杉矶郡太平洋沿岸，从马里布（Malibu）一直到达强盛的圣佩德罗港口，该区域有时称为"航空走廊"（Aerospace Alley）；第三个地区位于"内陆帝国"（Inland Empire），该地区：

（接上页）of California, Los Angeles, Graduate School of Architecture and Urban Planning, pamphlet, 1985）, 13.

[1] 虽然长期以来索亚都使用"外城"这一术语，大约其最明晰的外延界定可参见其："Los Angeles, 1965 – 1992: From Crisis-Generated Restructuring to Restructuring-Generated Crisis", in *The City Los Angeles and Urban Theory at the End of the Twentieth Century*, ed. Allen J. Scott and Edward. Soja（Berkeley: University of California Press, 1996）, 436 - 437。

[2] 斯科特充分讨论了圣费尔南多山谷，另外还有最近农业化的凡图拉郡的某些区域的工业化，参见：Allen Scott, "High-Technology Industrial Development in the San Fernando Valley and Ventura County: Observations on Economic Growth and the Evolution of Urban Form", in *The City: Los Angeles and Urban Theory at the End of the Twentieth Century*. ed. Allen J. Scott and Edward W. Soja（Berkeley: University of California Press, 1996）, 276 - 310。

从洛杉矶的东部边缘延伸至圣贝纳迪诺及河畔区最发达的部分……［虽然］根据工业雇佣和办公室增长来看，这一外城分区是其4个部分中最欠发达的地区……不过，受到其他外围城市成功故事的吸引，成千上万的人来到规划好的新社区，期待着很快找到……工作。可惜工作并没有到来，却留下大量的人口，搁浅在其工作地点60英里以外的土地上[1]。

上层科技，下层苦力

然而，尽管城市形态的多样性与阶级、种族的差异遍布整个地区（橘郡也不能幸免）[2]，不过在洛杉矶郡体现得更为明显。迟至1985年，南加利福尼亚的航空工业仍然集中在洛杉矶郡，虽然各个公司开始搬往橘郡[3]。导弹与航天工业也是如

---

[1] Soja, "Los Angeles, 1965 - 1992", 437.

[2] 克林等宣称，"橘郡受到了大量移民（大多来自亚洲和拉丁美洲）的深刻影响，整个加州南部地区都被改变了"。"The Emergence of Postsuburbia", 15. 在20世纪70年代，西班牙裔居民几乎增长了150%，构成了橘郡人口的15%；亚裔人口增长了370%以上，所占比例接近5%。自1970年代中期以来，橘郡的扩张型服务经济与其对便宜的蓝领体力工人的需求共同吸引了国家第4多的未登记墨西哥裔永久居住移民。虽然他们通常被认为是农业劳动者，不过相当多的西班牙裔尤其是亚裔事实上被雇佣于工业及高科技部门，在此他们经常成为装配线工人大军的核心，这些装配线用来制造电脑以及生物医学设备，还有电子与器械工业的其他产品（15）。

[3] 参见：Allen J. Scott, *Technopolis: High-Technology Industry and Regional Development in Southern California* (Berkeley: University of California Press, 1993), esp. 91. Table 5.1. 第五章涉及了航空工业。

此，不过它们外溢向橘郡的要多得多[1]。 在先进电子工业中，企业与雇员更均匀地散布于洛杉矶和橘郡之间，不过前者仍然占大头[2]。

但是，甚至在这些所谓的高科技工业中，也存在着相当严格的性别与种族的劳动分工，白人男性主要从事高收入的"干净"活儿，而少数族裔（尤其是女性少数族裔）主要集中从事低收入的"脏"活儿。 艾伦·斯科特在其重要著作《技术城邦》（Technopolis）的研究中指出，通过对南加利福尼亚电子装配工厂实际职位类型的要素分析（factor analysis）可以发现，在高科技（与信息）产业中存在三个工作状态的层次，每一个都有其自身的种族与性别特性。 层级最高的工作分为两个类型： 管理型与质量控制型，白人男性占主导地位；监察与测试，主要由受过高等教育和电子装配专门训练的亚裔男性负责。 中档的工作（也是数量最多的）包括冗长乏味、需要耐心和协同性的非技术性工作，从事这些工作者主要是西班牙裔女性，接着是西班牙裔男性，但是也包括极少的亚裔女性[3]。 最终，"在工作层级的最底部……是……一个西班牙裔男性的小群体，负责清理电子装配线。 他们构成了行业中最为边缘化、收入最低的工人"，干那些肮脏、艰苦以及因有毒性而存在危险的工作[4]。

---

[1] Scott，*Technopolis*，127，Figure 6.2.斯科特的第六章考察了导弹与太空相关的工业。

[2] 同上，141，Table 7.2。

[3] 几乎没有非裔美国人居住在橘郡。

[4] Scott，*Technopolis*，195.

同样的格局也存在于许多其他所谓的高科技工业中，正像对硅谷的研究所揭示的那样[1]。

因此，虽然高科技工业区或许因其聚集起来的高级人力资源而引人瞩目，不过后者仅仅占据这些"先进"工业岗位中的很小一部分。并且在洛杉矶地区，与航空航天及电子工业相竞争的发展中行业是基础服务业与服装制造业，很明显是"低技术"行业。直到1985年，"接近15%的新制造业工作在服装行业，同时低收入的服务业工作自20世纪60年代以来至少增加了500 000个"。大多数增长都是低收入服务岗位，尤其是服装制作，该行业得到了大规模西班牙裔移民以及较小程度的亚裔移民的促进[2]。血汗工厂的位置毫无疑问位于洛杉矶中心，并且与西班

[1] 尤可参见，A. Saxenian 的早期研究："Silicon Valley and Route 128: Regional Prototypes or Historic Exceptions"（paper presented at a conference on micro-electronic, University of California, Santa Cruz, 1984）以及 Amy Glasmeier, "Spatial Differentiation of High Technology Industries: Implications for Planning"（Ph. D. diss., University of California, Berkeley, 1985）。

[2] Soja et al., *Los Angeles*, 2. 服装行业的绝大多数工人是西班牙裔，其中有许多都没有登记，但是比例未知。尤可参见：Edna Bonacich and Patricia Hanneman, "A Statistical Portrait of the Los Angeles Garment Industry"（未出版手稿，University of California, Riverside, Department of Sociology, 1992）以及 Edna Bonacich, "Asian and Latino Immigrants in the Los Angeles Garment Industry: An Exploration of the Relationship between Capitalism and Racial Oppression," in *Immigration and Entrepreneurship: Culture, Capital, and Ethnic Networks*, ed. Ivan Light and Parminder Bhachu（New Brunswick, N. J.: Transaction, 1993）。也可参见：Paul Ong, Edna Bonacich, and Lucie Chang, eds., *The New Asian Immigration in Los Angeles and Global Restructuring*（Philadelphia: Temple University Press, 1994）。

牙裔主要定居区域相关联。

经济：上下左右

在 20 世纪六七十年代以及 80 年代早期，洛杉矶的经济持续着显著的扩张趋势，在各个方面促进了周围各郡工业、服务业与人口的增长，尤其是往南一直到橘郡。 这些趋势与芝加哥福特制结构的急遽崩溃，还有纽约地区工作与人口更温和平缓的增长——如果不是人员流失的话，形成了鲜明对比。 表 12.1 比较了纽约、芝加哥与洛杉矶经济区内的特定部门在 1974 年至 1985 年间的雇佣变化。 对比十分鲜明。

表 12.1　1985 年纽约、芝加哥和洛杉矶经济区经济分析局，指定经济部门绝对雇佣量，及 1974—1985 年间的百分比变化

各行业的雇佣		纽约,1985	芝加哥,1985	洛杉矶,1985
制造业	工作数量/万	131. 908 3	77. 871 3	323. 078 5
	1974—1985 年百分比变化	−15. 4	−27. 7	+15. 0
批发贸易	数量/万	57. 953 6	24. 525 5	35. 010 7
	百分比变化	+20	+9. 8	+47. 7
FIRE	数量	803 102	277 295	375 392
	百分比变化	+21. 4	+6. 8	+63. 2
商业服务业	数量	567 131	213 222	331 292
	百分比变化	+76. 4	+67. 0	+106. 7
行政服务	数量	431 071	182 031	184 881
	百分比变化	+13. 3	+9. 9	+51. 6

（续表）

各行业的雇佣		纽约, 1985	芝加哥, 1985	洛杉矶, 1985
健康服务	数量	573 148	242 035	348 222
	百分比变化	+57.5	+57.6	+65.6
教育服务	数量	172 891	69 841	87 087
	百分比变化	+32.1	+25.8	+106.4
法律服务	数量	94 995	31 021	48 595
	百分比变化	+83.9	+106.5	+142.0
专业性服务	数量	135 637	49 990	94 102
	百分比变化	+62.9	+76.6	+125.0
其他服务	数量	67 144	31 455	72 509
	百分比变化	+44.4	+55.2	+120.5

注释：经济分析局自身有对经济区域的定义，并不完全等同于都市综合统计区或基本都市统计区。

来源：这一表格的数据出自威廉姆·拜尔斯（William B. Beyers）：《美国经济的发展与生产者服务：最后十年》（"The Producer Services and Economic Development in the United States：The Last Decade"），为 1989 年 4 月美国商务部所做的报告草案。一个删节本可参见，安·马库森与维奇·贾维尔斯达：《世界城市的多极性与功能分层》（"Multipolarity and the Layering of Functions in World Cities"），*International Journal of Urban and Regional Research* （June 1994）。

如表 12.1 所示，虽然全球城市理论预测到的扩张很大程度上可由生产者相关的服务部门的持续扩大所阐释，不过在所有的案例中，洛杉矶经济区这 10 年中的百分比变化最大。甚至更惊人之处在于，虽然制造业雇佣在纽约地区有所下降，在芝加哥地区已经崩溃，但在洛杉矶却继续攀升。这一趋势直到 20 世纪 80 年代晚期才开始反转，当时冷战结束，国防相关投入开始缩减，一些仍由政府资助的国防/航空合同流向了成本更低且"更稳定的"西南各州。 直到那时，洛杉矶的工业增长才开始趋于平缓。

城市及该区域的国防支出缺乏详尽的数据。 然而，由于洛杉矶都市综合统计区是加利福尼亚主要的工业区，所以 20 世纪80 年代，洛杉矶国防相关的活动周期可以从全州的数据中粗略估算出来，后者指示了加利福尼亚州所获得的主要国防合同的价值。 从 1980 年起，合同价值稳步上升，并于 1985 年达到了顶峰。 在 1981 年，这些合同价值仅 167 亿美元，但是到 1985 年，超过了 290 亿美元。 然而，在 1985 年之后，合同价值逐步下降，在 1990 年下滑到了 223 亿美元的低点[1]。 高科技雇佣的下跌在导弹/航天和通信装配领域最为显著，但是事实上，这是一种普遍现象，仅除去"纺织品"的生产，如服装[2]。 这些削减反映为 1991 年加利福尼亚个人收入增长的锐减和州失业率的急剧上升（高于国家平均值）[3]。

阶级、人种与民族的分化

阶级的分化也加大了。 洛杉矶市的个人收入在贫困线以下

---

[1] 其中一些衰退的原因可归结为裁员，不过还有一部分原因是工厂——尤其是航空工业——向工资低的州的搬迁，如犹他州和亚利桑那州。 根据经济学研究生 Marie Duggan, "Restructuring Los Angeles: The Case of Aerospace and Some Social Implications"（未出版手稿，New School for Social Research, 1994）航空业的利润率在 20 世纪 70 年代已经开始下降，虽然直到 20 世纪 80 年代末与 20 世纪 90 年代早期，最终的重组与搬迁才对其产生打击。 作者的结论部分程度上推导自行业贸易杂志 *Aviation Week and Space Technology* 中各个论题中的数据。

[2] 参见: *Economic Report of the Governor 1992*, submitted by Wilson to the California Legislature, 1991–92 Regular Session, esp. graphs on 17。

[3] *Economic Report of the Governor 1992*, 9, chart and graph.

的比例于 1989 年大规模增长了，并在 20 世纪 90 年代早期持续上升。　主要聚集在城市南部[1]以及东部"（波多黎各）贫民区"的穷人，与大部分居住在洛杉矶郡"自治"社区和周围城镇特定的"城郊"和"远郊"地区的富人之间的鸿沟在 20 世纪 80 年代大幅度增加了，并在 20 世纪 90 年代早期持续加大。

在 1989 年，加州大学洛杉矶分校城市规划学院一个研究生小组调研了他们所谓的"扩大中的鸿沟"（widening divide）。　他们的发现有许多随后被收录进了保罗·昂与伊芙琳·布鲁门菲尔德（Evelyn Blumenfeld）编撰的《城市》（The City）中的章节[2]。　昂与布鲁门菲尔德在其章节开头便强调，相较于东北部与北部中心主要城市的工业衰退，"在 20 世纪 60 年代晚期，洛杉矶作为一个重要的工业中心出现，其劳动力有 30% 都属于制造业"，不仅仅是在受保护的国防工业中，还有普通的低端制造

---

[1] 实际上，洛杉矶南部所处的悲惨困境甚至比其在 1965 年的瓦茨暴乱时更严重。Los Angeles Times, May 11, 1992 的一份特殊增刊总结并图绘了 1990 年美国人口普查的发现。　相伴的文本：Shawn Hubler, "South L. A.'s Poverty Rate Worse than '65" 中指出，洛杉矶正坐在炸药桶上。自从 1965 年的瓦茨暴乱以来，"失业、绝望以及严重缺乏技能和教育"的状况在这座城市的南部变得更糟。"只有外貌变了。　在 1965 年，这片区域有 81% 的黑人。　到 1990 年，人口是原来的 2 倍以上，洛杉矶南部一半以上的人口是西班牙裔，黑人社区占 44.8%。"（A1－A2）

[2] 保罗·昂是加州大学洛杉矶分校一个在规划方面的集体硕士项目"The Great Divide"的主管人员。　实时更新的成果总结可参见：Paul Ong and Evelyn Blumenfeld, "Income and Racial Inequality in Los Angeles", in The City: Los Angeles and Urban Theory at the End of the Twentieth Century, ed. Allen J. Scott and Edward W. Soja（Berkeley：University of California Press, 1996），311－335。

业。　当这一制造业的增长与蓬勃发展的环太平洋贸易和涌入当地的亚洲资本结合在一起之后，"洛杉矶能够规划出一种不同于其他任何美国重要都市区域的道路。　**洛杉矶在 20 世纪 70 年代与 80 年代之间并没有去工业化，而是继续产生新的制造业岗位**"[1]。

　　然而，即便存在这种健康的增长，在 1969 年至 1989 年之间，贫困比率还是从 10.9% 上升到了 15.1%[2]。　此外，在这一增长的间歇，基尼系数（gini index）（用来测量收入不平等的程度）从 1969 年的 0.368——当时仅仅略高于全国的 0.349——上升到了 1989 年 0.444，比整个国家的 0.396 已经高出很多。　这种不平等的加剧在很大程度上可以归因于越来越深的种族隔离，虽然这并不是新现象，不过正在被人口结构的变化和重组加剧。如昂和布鲁门菲尔德所指出的，"洛杉矶的亚裔、西班牙裔和非裔美籍国内移民长期经受着低报酬、贫困和种族主义"，并且实际上，城市正演变为"建立于种族不平等之上"的多民族"世界城市……少数族裔的职业位置转化为持久的收入不一致"，这导致了黑人和西班牙裔较之于白人更高的贫困率[3]。

―――――

[1] Paul Ong and Evelyn Blumenfeld, "Income and Racial Inequality in Los Angeles", in *The City: Los Angeles and Urban Theory at the End of the Twentieth Century*, ed. Allen J. Scott and Edward W. Soja（Berkeley: University of California Press, 1996），315 – 316，加粗字体为作者所加。

[2] 参见，同上 219，Table 10.3。　不过数据必然是郡的数据，因为单市内，贫困率便上升了 20%。

[3] Paul Ong and Evelyn Blumenfeld, "Income and Racial Inequality in Los Angeles", in *The City: Los Angeles and Urban Theory at the End of the Twentieth Century*, ed. Allen J. Scott and Edward W. Soja　（转下页）

简而言之，强大的工业经济并没有保护洛杉矶的少数族裔工人。 在某种程度上，这应归咎于制造业类型和工厂定位方面在重组之下的实质性替代。 生产汽车、轮胎等的工会化的福特制工厂已经一去不复返了，它们主要安置在便于黑人和西班牙裔居住区通勤的区域。 在这些地方，常常处于血汗工厂状态下的服装制造业得到了扩张，不仅仅在中心城区，在边缘地区也是如此。

1990 年后的紧缩

加利福尼亚经济持续研究中心（the Center for Continuing Study of the California Economy，CCSCE）监控了加利福尼亚各郡"经济健康"的变化[1]。 到 20 世纪 90 年代中期，加利福尼亚经济持续研究中心正在寻找加利福尼亚经济重大紧缩即将到来的证据，尤其是在与国防相关的航空制造业部门方面。

经济衰退以来，加利福尼亚在制造业部门流失了超过 200 000 个工作。 航空产业占比最大，超过 80 000 个工作，占总流失的 40%。 主要的工作流失来自航空、导弹与国防电子。 自 1990 年年中，加利福尼亚航空职位下降了 20% 以

（接上页）（Berkeley： University of California Press，1996），323，325. 关于不同民族和人种的贫困率，参见 327，Table 10. 6，展示了 1969 年至 1989 年间的相关变化。 而在 1969 年，黑人的贫困率大体上高于西班牙裔；到 1989 年，黑人贫困率在某种程度上有所下降，而西班牙裔的贫困率增长到了黑人族群以上。

[1] 下面的数据来自： Center for Continuing Study of the California Economy，*California County Projections - 1992*，Stephen Levy（首席经济学家）（Palo Alto，Calif.： CCSCE，1992），7。

上。 建造业相关的工作也下降了 20% 以上[1]。

这一阶段加利福尼亚制造业职位的下降比例超过了美国整体水平。 加利福尼亚航空业的工作下降了 22.3%，相较而言，全国是 16.4%；加利福尼亚高科技雇佣下降了 7.4%，某种程度上多于美国的工作流失率。 加利福尼亚建造业的工作下降了 20%，相比之下，全国仅为 8%。 在 1990 年 5 月至 1992 年 9 月之间，加利福尼亚制造业职位总量下降了 9.5%，而全国仅下降 6.3%[2]。

因此，最近的制造业衰退（除了服装制造）可归结于冷战的结束。 1989 年开始的苏联和东欧的剧变预示了这一点。 如果说，二战后期在"军火带"的投资提升了洛杉矶区域的早期活跃程度，那么最近的衰退则带来了相反的效果[3]。

---

[1] Center for Continuing Study of the California Economy, *California County Projections - 1992*, Stephen Levy（Palo Alto, Calif.： CCSCE, 1992），25.

[2] 同上，26。 表格题为："Change in Manufacturing Jobs, May 1990 - September 1992"。

[3] 如：Ann Markusen, Peter Hall, Sabina Dietrich, and Scott Campbell, *The Rise of the Gunbelt: The Military Remapping of Industrial America*（New York： Oxford University Press, 1991）中指出，"在所有的代表性年份中，所有航空合同中"几乎有 1/4"都到了加利福尼亚。 而其中，足有 1/2 都到了洛杉矶盆地"（84 - 85）。 马库森等尝试评估为何航空业及其他的国防相关的企业会离开加利福尼亚前往日光带的其他地区。 他们指出，因为加州现在已经工会化了，存在着迁往劳动成本更低的区域的诱惑，例如"休斯（Hughes）在南方建立的 5 个'奴隶式的制造业工厂'"。 此外，"洛杉矶的承包商或许会被引诱离开加利福 （转下页）

在 20 世纪 80 年代及 90 年代的人口变化

在某种程度上，洛杉矶地区的总人口变化几乎与经济变化并行，虽然有所延迟，但是经济也反过来被人口构成的变化重塑，特别是依赖移民增长的"低工资"部门被促进扩张。 矛盾的是，在这一非常时期，该区域正在经历一种高工资经济基础上的相对衰退，其总人口继续增长，这很大程度上是由于移民的缘故。 在这一过程中，人口的人种与民族构成及其空间分布经历了巨大的变迁。

在 1980 年至 1988 年间，洛杉矶郡的人口估计增加了 15%，

（接上页）尼亚：**广泛的地区代表的政治优势，更具体的说，通过将设施设立在关键的代表区来获取国会的支持**"。无论如何，他们总结道，即便存在向其他州转移的诱惑，不过发达区域集合体的存在、技术工人的集聚应当使得洛杉矶可以保有其高科技工业。 但是马库森等问道："冷战结束会对洛杉矶产生什么影响？"他们提供了 4 个洛杉矶不会被这些紧缩摧毁的理由： 第一，和平红利（peace dividends）因此变得相当小；第二，削减主要通过关闭军事设施实现，这对其他地方的打击要超过洛杉矶；第三，"**虽然洛杉矶或许支配了美国国防工业，但是国防并未完全支配洛杉矶**"；最后，洛杉矶的劳动力都具有很高的技术，所以他们很容易将其技术转移到和平时期的生产。 马库森等总结道，"**即便 1990 年的东欧地区解冻的影响最终传导到军事预算，洛杉矶或许仍不可逆转地成为美国北部的高科技中心**"（引文提取自 110 - 117，原文带有加粗字体）。 然而，他们的评估太过乐观了。 到 20 世纪 90 年代早期，军事支出的缩减已经产生了某些萧条。 用一种后见之明来看，我们可以发现这些影响比马库森等预期的要更严重，或许是因为它们已经与其他的人口统计与社会变化产生了叠加并被自然灾难加剧了。

成为国内最受欢迎的郡，有 850 万居民[1]。 另外，其两个毗邻郡获得了惊人的溢出人口。 橘郡增长了接近 18%，1988 年的圣贝纳迪诺郡是美国增长最快的大郡，在 1980 年至 1988 年间增长了 44.4%，从 1980 年的不足 900 000 人增加到了 1988 年的 130 万人。 到 20 世纪 90 年代中期，虽然存在经济紧缩，不过人口增长趋势似乎并未终止，据推测，实际增长将会继续，虽然增长率会降低[2]。

表 12.2 展示了洛杉矶都市综合统计区两次普查之间的增长以及 1970 年至 1990 年间的人口构成；表 12.3 更详细地更新到了 1992 年的数据，并预测了到 2000 年的变化。 20 世纪 70 年代与 80 年代这一庞大的人口增长很大程度上源于国外移民。 萨巴赫（Georges Sabagh）与博兹戈米（Mehdi Bozorgmehr）指出，实际上，在 20 世纪 70 年代，"如果没有国际移民，洛杉矶将会流失约 100 万人口，不过由于净移民数量，它只损失了 123 000 人"[3]。

仅在 1975 年至 1980 年间，洛杉矶郡便增加了约 177 000 西班牙裔人口（主要是墨西哥人），同时流失了超过 200 000 名非

---

[1] 这一预测由 CCSCE 做出，加州郡预测的更低，到 1990 年，该郡有 8 863 164 名居民。

[2] 相较而言，在 1980 年至 1990 年间，伊利诺伊州的库克郡只增长了 0.6%；在纽约地区增长明显很微小：布朗克斯增长 4.7%，曼哈顿增长 5.7%，布鲁克林增长 3.7%，皇后区增长 1.8%，拿索下降 0.3%，萨福克下降 2.9%。

[3] Georges Sabagh and Mehdi Bozorgmehr, "Population Change: Immigration and Ethnic Transformation", in *Ethnic Los Angeles*, ed. Roger Waldinger and Mehdi Bozorgmehr (New York: Russell Sage Foundation, 1994), 85.

表 12.2　洛杉矶都市综合统计区、洛杉矶郡（包括洛杉矶市），和其他人口普查综合统计区划定区域人口，以及百分比增长率，1970—1990 年

区　　域	人口总数（千）			10 年百分比变化	
	1970	1980	1990	1970—1980	1980—1990
洛杉矶都市综合统计区	9 981	11 498	14 531	15.2	26.4
洛杉矶郡基本都市统计区	7 042	7 478	8 863	6.2	18.5
都市综合统计区其他四郡	2 939	4 020	5 668	36.8	41.0

　　来源：萨巴赫与博兹戈米：《人口变化：移民与种族变迁》（"Population Change: Immigration and Ethnic Transformation"），参见瓦丁格、博兹戈米编：《洛杉矶的种族》（*Ethnic Los Angeles*）（New York: Russell Sage Foundation, 1996），82，表 3.1，其引用来源为美国人口统计局：《州与都市地区数据手册 1991》（*State and Metropolitan Areas Data Book 1991*）（Washington, D. C.: U. S. Government Printing Office）。

表 12.3　1980—1992 年间洛杉矶盆地各郡的人口增长，预估到 2000 年

郡	人口（千）			年均增长率/100	
	1980	1992	2000	1980—1992 估测	1992—2000 预计
洛杉矶盆地	11 589.7	15 224.2	17 323.3	2.3	1.6
帝国郡［A］	92.1	117.4	140.9	2.1	2.2
洛杉矶郡	7 477.5	9 087.4	9 879.8	1.7	1.0
橘郡	1 932.7	2 512.2	2 811.5	2.3	1.4
河畔郡	663.2	1 289.7	1 730.4	5.8	3.6
圣贝纳迪诺郡	859.0	1 530.6	1 990.4	0.7	3.2
凡图拉郡	529.2	686.9	770.5	2.2	1.4

　　注释：A：帝国郡（Imperial County）并不是洛杉矶都市综合统计区的一部分。其少量人口不太会引起总量的变形。
　　来源：加利福尼亚经济发展研究中心，《加利福亚郡规划，1992》（*California County Projections—1992*）（Palo Alto, Calif.: CCSCE, n. d.），46，表 1。

西班牙裔白人[1]。 在 20 世纪 80 年代，仅洛杉矶郡内部，国内净移民便增加了近 50 万人，整个洛杉矶地区增加了 180 万人，仍然主要来自国际移民。"在 1970 年与 1990 年间，洛杉矶郡生于国外的人口从 11% 飙升至 32%；在大洛杉矶地区，这一数字从 10% 上升到了 27%，很明显可以看出移民对人口的贡献。"[2]

由于缺少对移民数量的更好"控制"，这些趋势没有减缓的迹象。 正如萨巴赫与博兹戈米所强调的：

最近关于移民都市区域居位意向的信息表明，洛杉矶在 20 世纪 90 年代仍旧对移民很有吸引力……［正吸引着］大量无正式文件的移民，或许超过了美国的任何地方［几乎全来自墨西哥］……在 1990 年的移民改革与管理法案（Immigrant Reform and Control Act, IRCA）下，180 万适用于该法案永久居留状态的人中有 35% 居于洛杉矶郡，相较而言，纽约只有 6%。 在整个洛杉矶地区，100 万申请者中有超过 3/4 获得了法律认可。 自 1992 年 1 月 1 日起，预测洛杉矶有 150 万人要么获得了赦免要么仍然为非法[3]。

———————

[1] Georges Sabagh and Mehdi Bozorgmehr, "Population Change: Immigration and Ethnic Transformation", in *Ethnic Los Angeles*, ed. Roger Waldinger and Mehdi Bozorgmehr (New York: Russell Sage Foundation, 1994), 86, 引用自：105 n. 14 of U.S. Bureau of the Census, *Gross Migration for Counties: 1975 to 1980* (Washington, D. C.: U.S. Government Printing Office, 1984)。

[2] 同上，85。

[3] Georges Sabagh and Mehdi Bozorgmehr, "Population Change: Immigration and Ethnic Transformation", in *Ethnic Los Angeles*, ed. Roger Waldinger and Mehdi Bozorgmehr (New York: Russell Sage Foundation, 1994), （转下页）

　　萨巴赫和博兹戈米"分解"了洛杉矶地区的民族和人种群体，并追踪了其在 1970 年与 1990 年之间的变化[1]。 表 12.4 从那些人久远且更详尽的来源地中，选取了关键细节。 这些数据中更显著的是，本地出生白人和黑人的**绝对数量**经历了长久时间后，仍然如此稳定。 人口的边际净增加（marginal net gains）几乎全来自移民，并得到了移民自身更高的人口自然增长率的补充。 移民的进一步增加主要来自墨西哥，也有来自其他中美、南美，以及几个亚洲国家，这些地区移民数很少但正在持续增加。 这使得洛杉矶情况与芝加哥和纽约区别很大，尽管它们都对移民很有吸引力（后者较前者要大得多），但是类型不同。

**表 12.4　洛杉矶地区[B]主要的种族群体[A]，
按出生地，1970—1990**

种族/出生地	1970	1980	1990
所有西班牙裔	1 399 600	2 862 120	4 697 509
本土出生	1 001 400	1 665 980	2 338 369
本土出生比例	72%	58%	50%
国外出生	398 200	1 196 140	2 359 140
国外出生的西班牙裔在国外出生者中的比例	28%	42%	50%
非墨西哥裔比例	29%	22%	27%
墨西哥裔比例	71%	78%	73%

（接上页） 86. Sabagh and Bozorgmehr 引用自 Manuel Moreno et al. ，"Impact of Undocumented Persons and Other Immigrants on Costs，Revenues and Services in Los Angeles County"（未出版报告，25，Los Angeles County Urban Research Section，1992）；参见，105，n.18。

[1] 同上，esp. 95 - 96，Table 3.2。 这是我数据的改编来源。

（续表）

种族/出生地	1970	1980	1990
所有亚裔	256 200	596 080	1 326 559
本土出生	147 00	222 640	414 427
本土出生比例	58%	37%	31%
国外出生［C］	108 600	373 440	912 132
国外出生比例	42%	63%	69%
非西班牙裔白人［D］	7 135 900	7 020 640	7 193 802
本土出生	6 602 600	6 476 860	6 584 994
本土出生比例	93%	92%	92%
国外出生	533 300	543 780	608 808
国外出生比例	7%	8%	8%
非裔美国人	781 000	1 043 800	1 145 684
本土出生	778 700	1 026 800	1 114 269
本土出生比例	100%	98%	97%
国外出生	2 300	17 000	31 415
国外出生比例	0	2%	3%

注释：A：该标签下没有"人种"的范畴。

B：在1990年，该地区是都市综合统计区，包括洛杉矶郡、圣贝纳迪诺郡、橘郡、凡图拉、河畔诸郡。我认为，1970年与1980年的数据所指的是同一地区。

C：在1990年，按照顺序，国外出生的亚裔来自中国、菲律宾和朝鲜。

D：这一数据包括日益增长的中东人口，萨巴赫与博兹戈米在表中进行了单独处理。然而，由于在1990年中东人口的总量仅略多于300 000人，不足其本土出生人口的1/3，并因为其大部分生活在"白人"区，故我将他们算进了非西班牙裔白人中。

来源：析出自萨巴赫与博兹戈米：《人口变化：移民与种族变迁》，参见瓦丁格、博兹戈米编：《洛杉矶的种族》，95-96，表3.2。我们进行了重新整理与百分比计算。数目相加并不完全等于人口总量，因为省略了本土美国人与"其他"类别。

正是洛杉矶人口种族结构产生的变化，在部分"盎格鲁"人群中造成了焦虑。 他们之前在这一区域居于统治性地位，无论是在人口上还是政治上都是如此。 这类白人的焦虑，反映在了以盎格鲁-中心主义为题的阿斯利·邓恩（Ashley Dunn）的文章《在加利福尼亚，这些数目加起来就是焦虑》（"In California, the Numbers Add Up to Anxiety"）中。 1993 年发表于《纽约时报》的名为《改造加利福尼亚》（"Reinventing California"）的一系列文章指出，之前白人对移民的"欢迎"，现在已经被"怨恨"取代[1]。

占主导地位的白人对这一变化做出的反应是相当真实的，并且"表面上看去"相当直观。 在 1980 年与 1990 年期间的 10 年人口调查中，西班牙裔群体几乎增加了 200 万人，很大程度上源自墨西哥的移民[2]（见表 12.4）。 亚洲国家主要源于以下三个大型群体：菲律宾 114 000 人，越南和朝鲜各自略微超过了 91 000 人。 因此，虽然洛杉矶比纽约的移民更多，不过他们的来源地更缺乏多样性。 根据绝对数量，来自墨西哥在所有移民上的压倒性体量（42%）再加上萨尔瓦多人，总共占据了所有移民的一半以上。 其他任何一个国家的输入量都没有超

[1] Ashley Dunn, "In California, the Numbers Add Up to Anxiety," *New York Times*, October 30, 1994, E3. 从其标题可以很明显地看出，正在确证的是**谁的**焦虑。 在《纽约时报》关于加利福尼亚的系列文章中，尤可参见：Robert Reinhold, "California's Welcome for Immigrants Turns to Resentment," *New York Times*, August 25, 1993, 1, A12。

[2] 来自萨尔瓦多和其他中美洲国家的数量要少得多。 除非被人口普查计入，否则未记录的移民不包括在这一数据中。

过所有移民数目的 6%（这些数据与第十章中展现出的纽约的数据形成了对比）[1]。

在这一过程中，整个地区的所有部分在过去几十年里都经历了高度引人注目的变迁。 比如说，在 1970 年，威斯敏斯特（Westminster）［洛杉矶市南部的一个小镇，现在被称作"小西贡"（Little Saigon）］的人口中仅有 2% 为亚裔，到 1980 年，增加到了 8%，到 1990 年近乎 25%。 1970 年，蒙特利尔公园与阿罕布拉（Alhambra）的华裔居民数量微不足道，到 1980 年，这两处的人口中，亚裔的比例分别为 34% 和 13%。 到 1990 年，亚裔人口构成了蒙特利尔公园人口的 58% 和阿罕布拉附近人口的 38%[2]。 洛杉矶的南部中心在 20 世纪 60 年代以黑人为主，而现在至少有一半是西班牙裔。 在 1970 年，西班牙裔构成了其人口的 10%，1980 年是 21%，1990 年是 45%。 此外，在洛杉矶以东的城界之外，一些文章所称的"巨型路障"（mega barrios）更"厚"了，形成了广阔的、被盎格鲁人视为异邦的土地。 他们通过紧靠高速公路而小心翼翼地避开这里，就像纽约白人倾向于避开黑人为主的地区，如贝德福德-史岱文森以及南布朗克斯

[1] 在 1980 年与 1990 年间，经由移民，纽约几乎增加了 150 万居民。 然而，排名前五的来源国（多米尼加共和国，中国，牙买加，哥伦比亚，朝鲜）仅占所有移民的 28%。 形成鲜明对比的是，洛杉矶 200 万国外移民中，有 65% 来自前 5 名来源国，至今，墨西哥都是最大的输出国。

[2] 关于美国最大的"亚洲城市"蒙特利尔公园变化的迷人描述，可参见：John Horton（在 Jose Calderon, Mary Pardo, Leland Saito, Linda Shaw, and Yen-Fen Tseng 的帮助下），*The Politics of Diversity: Immigration, Resistance, and Change in Monterey Park, California*（Philadelphia: Temple University Press, 1995）。

[后者是汤姆·沃尔夫（Tom Wolfe）的小说《夜都迷情》（*The Bonfire of the Vanities*）中让主角惹来麻烦事的地方]。

这些变化激化了盎格鲁居民对"他们的"少数族裔的矛盾情绪。虽然洛杉矶的独特文化中有许多被公认为受到了墨西哥起源的深刻影响，并持续存在于墨西哥裔美国人身上，不过拉蒙娜神话中铭刻的浪漫主义现在已让位于对"收复失地运动"（reconquista）的恐惧。尼尔森与克拉克提醒我们，甚至到20世纪70年代，洛杉矶都会区仍然居住着170万有西班牙血统的居民，并且它是墨裔美籍人口"在墨西哥城之外，世界上最大的聚集城市"。虽然作者宣称"墨裔美籍人口对洛杉矶的影响方式并不同于爱尔兰人之于波士顿，或意大利人之于旧金山，又或是犹太人之于纽约"[1]。如我们所见，他们正开始对洛杉矶的政治权力平衡产生影响。这或许是怨恨之所以正浮上表面的原因之一。

洛杉矶中层和上层阶级的"盎格鲁人"长期以来受益于让他们奢侈的花园和整洁的房屋成为可能的"看不见的手"（就像在童话里一样，巨人的客人们享受着看不见的仆人的服务），另外，农业综合企业、旅馆、饭店以及制造业公司（尤其是服装行业）的投资者长期以来则受益于温顺的墨西哥裔工人们的低廉工资[2]。在该区域，许多新企业的活力源于某些亚裔群体，他们

[1] Howard J. Nelson and William A. V. Clark, *Los Angeles: The Metropolitan Experience: Uniqueness, Generality and the Goal of Good Life* (Cambridge：Ballinger, 1976), 33.

[2] David Rieff, *Los Angeles: Capital of the Third World* (New York：Simon&Schuster, 1991).其中强调了盎格鲁人得利于西班牙 （转下页）

也刺激了房屋与消费需求[1]。 这种愤恨看起来是被最近的三个
变化煽动的，其不同并非体现在种类上，而是程度上： ① 20 世
纪 90 年代早期的经济衰退，产生了对工作安全感的恐惧，甚至
在那些移民很难成为竞争者的部门；② 近来，盎格鲁人和黑人
相对于"其他"种族[2]，比例迅猛下降，与之相伴的是，新来
者（合法及不合法的）正在通过其对于教育、福利与健康服务业
方面扩张的需求以及对警察保护/镇压的进一步依赖耗尽公共资
金；③ 以及一种无论理智与否的恐惧，即这些新的人口结构现
实或许会转化为一种政治权力的再分配，从而打破盎格鲁人对政
府政策以及公共资源分配的长期垄断。

在 20 世纪 70 年代，正是尼尔森和克拉克写作的时候，很明
显，即便"西班牙"文化无处不在，西班牙裔也没有成功将其人
数转化为政治体系内的有用代表[3]。 现在这种情况已经有所变

————

（接上页）裔劳工的方式。 实际上，投资者持续获利于移民为低工资工作
的意愿。 几十年以来，农业工人实际收入的下降可以归结为工会化的
失败。 使农场主的获益的"蜂拥"的移民劳工对此推波助澜。 服装工
人工会化的挑战同样来源于此。

[1] 这些亚洲企业往本地经济中输入技术的方式尤其令伊凡·莱特（Ivan
Light）印象深刻。 尤可参见： Ivan Light and Elizabeth Roach, "Self-
Employment: Mobility Ladder or Economy Lifeboat?" in *Ethnic Los Angeles*,
ed. Roger Waldinger and Mehdi Bozorgmehr（New York: Russell Sage
Foundation, 1994）, 193 - 213。 在某种程度上一种不那么乐观的视
野，可参见同一本文集中： Lucie Cheng and Philip Q. Yang, "Asians:
The 'Model Minority' Deconstructed," 305 - 344。

[2] 这或许可称作"'银翼杀手'大恐慌"，这一症状将在本章后面的部分进
行处理。

[3] 事实上，在： Peter Skerry, *Mexican Americans: The Ambivalent* （转下页）

化，但是在州里的一系列防御性公投（defensive referenda）中并没有出现一种令人瞩目的强烈抵制——在税收、公共服务的资格规定以及最近的赞助性行动计划方面都是如此。

墨西哥裔洛杉矶人的构成变化

在洛杉矶地区，不仅仅是墨西哥出身/血统的居民数目发生了变化，而且他们的构成和地位也发生了变化。迟至 1960 年，人口调查中许多确认为"墨西哥裔"者要么是本地出生，要么是洛杉矶郡的长期居民，再或是农场劳工的"临时性"移民，这些劳工主要散布在其他更外围并仍然为农业区的郡。1965 年的哈特-塞勒法案（Hart-Celler Act）引发了剧烈的变化[1]，伴随着确认为"墨裔美籍人口"或墨西哥出身/血缘人口在接下来的 25 年内的惊人增加，他们在 1990 年达到了 370 万人。

但是整体的数据中隐藏了两种对未来人口结构及其增长的空间与管辖权隔离具有重要影响的趋势。首先，有一种内置的人口动态结构，甚至将在没有进一步移民的情况下继续"撬动"盎格鲁人与西班牙裔之间的比值，即两个社区的年

（接上页）*Minority*（Cambridge：Harvard University Press，1993）中将之作为一个问题，事实上在得克萨斯州圣安东尼奥市，墨西哥裔美籍群体在本地政府中，已经取得了实质性的进步，而在洛杉矶，同样比例的墨西哥裔美籍群体已被堵死了夺取权力的道路。

[1] 据 Waldinger and Bozorgmehr，1965 年哈特-塞勒法案的受益者本来预期是欧洲东部及南部移民，但是"来自亚洲、拉丁美洲与加勒比诸国的新来者反而利用了宽大的新体系"。Waldinger and Bozorgmehr，"The Making of a Multicultural Metropolis," in *Ethnic Los Angeles*，ed. *Roger Waldinger and Mehdi Rozorgmehr*（New York：Russell Sage Foundation，1994），9.

龄结构与生育能力非常不同。 现存的西班牙裔人口相当年
轻并且将会通过出生率迅速扩大；相反，缺乏来自其他州的
大量国内迁徙，盎格鲁的人口将会继续减少，因为平均来
看，他们年龄更大，甚至那些在生育年龄者，生育率也很
低。 事实上，洛杉矶的人口分布倾向于呈现双峰性：年轻
的"少数族裔"与衰老的"盎格鲁"[1]。

这些固有因素被两种相反的迁移趋势放大了，而不是抵消
了：西班牙裔和亚裔人口的净流入与"盎格鲁"人的净流出，
尤其在 20 世纪 90 年代高收入职位市场紧缩的经济带以及该区域
经受了一连串灾难：洪水、大火、暴乱和地震的打击之后。 然
而，这种对城市的逃离只不过是在 20 世纪 60 年代以来已经出现
的趋势的延续。 可参见表 12.5 和表 12.6。

表 12.5   洛杉矶地区的人种/民族，1960—1990 年

地　区	1960	1970	1980	1990
洛杉矶基本都市统计区人口［A］	6 038 771	7 032 075	7 477 503	8 863 164
非西班牙裔白人百分比	80.5	67.1	52.9	40.8
西班牙裔百分比［B］	9.6	18.3	27.4	36.4

―――――――――

[1] 事实上，这是美国的一个普遍现象，参见人口统计局 1997 年的报告
（"Demographic State of the Nation"）。 在 1996 年，非西班牙裔占总人
口的 73%，由于非西班牙裔白人的衰老以及移民和西班牙裔（其中大
多数来自墨西哥）高出生率，预计这一数字在 2050 年将降低至 53%。
尤可参见：Katherine Q. Seelye, "The New U. S. : Grayer and More
Hispanic," *New York Times*, March 27, 1997, B16。 所有这些，加利福
尼亚都走在前面。

（续表）

地　　区	1960	1970	1980	1990
非西班牙裔黑人百分比	7.6	10.8	12.6	11.2
洛杉矶都市综合统计区余量	1 513 707	2 939 962	4 020 046	5 668 365
非西班牙裔白人百分比	86.1	81.3	75.5	63.7
西班牙裔百分比	10.7	14.4	17.1	24.4
非西班牙裔黑人百分比	2.1	2.3	2.9	4.2
洛杉矶都市综合统计区总量	7 551 616	9 972 037	11 497 568	14 530 529
非西班牙裔白人百分比	81.7	71.3	60.8	49.7
西班牙裔百分比	9.8	17.2	23.8	31.8
非西班牙裔黑人百分比	6.4	8.3	9.2	8.5
亚裔百分比	1.9	2.9	5.5	9.4
"少数族裔"百分比	18.3	28.7	39.2	50.3

注释：　A：　这一基本都市统计区实质上就是洛杉矶郡。

　　B：　西班牙裔的数据应该谨慎使用，尤其是 1970 年，这时无法获得西班牙裔的种族分类。 这些年里，人口普查的定义发生了变化。 一些在早些年里被分类为黑人的少量西班牙裔被排除在外了。

　　来源：　数据源于乔治斯·萨巴赫等人的未刊论文。

表 12.6　据 1990 年人口调查,洛杉矶综合统计区、洛杉矶基本都市统计区（与洛杉矶郡相同）、洛杉矶市以及其他 4 个毗邻郡的总和（橘郡、河畔、圣贝纳迪诺以及凡图拉）人口中的种族／西班牙血统百分比

人种／民族	综合统计区	基本都市统计区（洛杉矶郡）	洛杉矶市	毗邻的4 个郡
非西班牙裔白人	49.8	40.8	37.3	63.7
非西班牙裔黑人	8.0	10.5	13.0	3.9
非西班牙裔美洲印第安人	0.4	0.3	0.3	0.5

人种/民族	综合统计区	基本都市统计区（洛杉矶郡）	洛杉矶市	毗邻的4个郡
亚裔非西班牙裔人口	8.8	10.2	9.2	6.5
其他非西班牙裔人口	0.2	0.2	0.3	0.1
西班牙裔	32.9	37.8	39.9	25.2

　　注释：洛杉矶基本都市统计区与洛杉矶郡相同。 洛杉矶市由于历史性的偶然与去合并化的选择，即自20世纪50年代的湖畔法案之后，开始应用于城内的分区，故其形状尤其特别。 不仅仅是由连续的去合并化而形成的"充满洞孔的瑞士奶酪"形状，并且，经由一条穿过本地独立辖区的细条带，洛杉矶市还将港口区的大部分并入南部。 鉴于此，该郡/基本都市统计区或许是最佳使用单位。 然而，需要指出的是，在去合并或抗拒合并的洛杉矶郡地区，除了洛杉矶东部，在某种程度上都倾向于比城市本身更富裕。

　　来源：我基于1990年美国人口调查自己所做的计算，洛杉矶综合统计区卷。 我依照人种和种族重新计算了洛杉矶郡4个毗邻郡的共同人口。

　　表格中体现了某些值得强调的问题。 首先必须要处理的是洛杉矶市以洛杉矶郡内部黑人的持续孤立以及他们在该区域剩下的4个郡中的实质性缺席，这些地方黑人仅构成了人口的4%。 其次，虽然该数据暗示对西班牙裔的隔离程度更轻，但其具有一定程度的迷惑性，因为外围各郡仍然包含有重要的农业区，这里可以发现许多西班牙裔移民农夫，同时，在一些城镇中，城市化的西班牙裔仍然倾向于聚集在一起。

流动中的人口：迁出的盎格鲁人，迁入的少数族裔

白人的逃离：大灾难与经济顾虑

鉴于缺乏对人口普查数据的更新，可以通过研究驾照在州内

外的迁移，对 1990 年后白人洛杉矶居民的净迁出做出间接且粗糙的估计[1]。 如我们在表 12.7 中可见，直到 1991 年的上半年，"盎格鲁"人向州内的转移仍是积极的，但是，在 1992 年暴乱以及 1994 年的地震之后，这一趋势有了显著的反转，这意味着 1985 年之后与国防相关的工业活动的下降并非人口迁出的唯

表 12.7　1988 年至 1994 年上半年加利福尼亚
驾照持有者迁入与迁出

	持有驾照者的动向		净变化[A]
	迁往加州	离开加州	
1988—1989	437 000	306 000	131 000
1989—1990	430 000	346 000	84 000
1990—1991	376 000	340 000	36 000
1991—1992	342 000	355 000	−13 000
1992—1993	289 000	389 000	−100 000
1993—1994	274 000	400 000	−126 000

注释：　当然，并非全部的前加利福尼亚驾照持有者都是"盎格鲁"人，离开加州的全部加利福尼亚人也并非都来自洛杉矶地区。 然而，也有独立证据显示，加利福尼亚迁出者主要为非西班牙裔白人，并且多数来自加利福尼亚南部。

A：　有多少人离开是未知的，然而，加利福尼亚机动车管理局估计，根据驾照变化，截至 1994 年 6 月 30 日财年结束，超过 60 万人迁往了国内其他地区。

来源：　保罗 · 雅各布斯（Paul Jacobs）：《踏上旅途： 机动车管理局表示，离开司机的人数已破纪录》（ "Hitting the Road： Record Number of Drivers Join Exodus, DMV Says"），《洛杉矶时报》，1994 年 8 月 18 日，A26。

---

[1] 有一个假设，即大多数的移居者是本地出生的白人，不过这仅仅是一个假设。

一原因[1]。加利福尼亚机动车管理局（California Department of Motor Vehicles）报告，这些迁出的司机中，大部分都去了西部各州，例如，内华达、华盛顿、俄勒冈、亚利桑那和科罗拉多，而新来者主要来自得克萨斯、纽约、佛罗里达和伊利诺伊[2]。

有迹象显示，在 20 世纪 90 年代中期，这一趋势开始逐渐减弱，虽然向外迁移继续超过了来自美国其他地方的内迁者。 如李所指出的：

> 自 1990 年来，加利福尼亚的驾照更换，首次相对于其他州实现下降……据美国财政部（the state Department of Finance）报告，截止到［1994 年］11 月的 12 个月间，交还加利福尼亚驾照的其他州人数降至 387 022 人，相较而言，一年以前这个数字是 405 000 人。 自 1988 年以来，超过200 万人将其加利福尼亚的驾照更换为别州[3]。

李指出了这些移民面临的困难： 低价出售其房屋（降价50％）；处理所迁往的其他州对他们的敌意；在其他劳动市场寻

---

[1] Paul Jacobs, "Hitting the Road： Record Number of Drivers Join Exodus, DMV Says," *Los Angeles Times*, August 18, 1994, A3, A26. 在决定搬走及实际行动之间有一段延迟，直到驾驶证变更之前，又有一段额外的时间。 因此，我们可以假设在暴乱之前，这个"梦境"便已锈蚀，而地震或许是最后一根稻草。

[2] 参见： Patrick Lee, "The Emigrants," *Los Angeles Times*, February 5, 1995, D6。

[3] 同上。

找工作，他们给这些地方带来了过度的拥挤；在市场上寻找住房，而他们的到来又抬高了房价。

　　在 20 世纪 90 年代初，洛杉矶人的出逃既有天灾又有人祸。但是，如我们在之前的章节中看到的，洪水、大火甚至是地震在洛杉矶地区都并不令人陌生，暴乱抑或是经济紧缩也是如此。鉴于洛杉矶第一代"白人"定居者的多种族来源，人种与民族的"天平"不应该如此显著地倾斜。　当然，这些因素在过去并没有阻止盎格鲁移民[1]。　那么，为何他们会在 20 世纪 90 年代大批地离去？

　　如果仅涉及经济因素的话，可以发现甚至在这些依然留下的居民中政治性的抵制都十分明显。　至今已有一段时间，洛杉矶地区的盎格鲁人一直热情参与公投，涉及抗税、拒绝给予（无合法身份的）"外国人"入学许可、医疗和社会福利金，以及在具可行性前中止本地学校体系的融合。　这些行动，虽然其中有许多被或者可能被发现违宪，但这不仅仅体现出了他们工作及经济的不安全感，还有一种根深蒂固的恐惧：他们的"梦想之地"将要变成梦魇，大约类似于经典的异托邦电影《银翼杀手》中对洛杉矶多种族未来的推想。

水晶球中的阴云

　　当笔者首次向同事提及正在研究洛杉矶时，他们中有一些回

---

[1] 这让人想起，更早期的西班牙"探险家"报告了沿圣安娜河的多次地震以及洛杉矶河的可怕洪水。此外，最初的 11 个从墨西哥来到洛杉矶定居的家庭中，仅有两个家庭是"西班牙裔"，剩下的是黑人、印第安人或"混血"。Howard Nelson, *The Los Angeles Metropolis* （Dubuque, Iowa: Kendall/Hunt, 1983），129–133.

应道,"你一定要看《银翼杀手》。"这一电影是多种焦虑可怕而暴力的"投射"(projection)——关于环境污染、机器人异化以及"种族污染"。但是我对这一梦魇最感兴趣的方面是,对未来洛杉矶西班牙化(Hispanicization)的焦虑明显处于沉默状态——如果不是彻底不存在的话。

该电影在 1982 年出品,仅仅粗略地以一部写于几十年前的未来主义小说为基础,设定背景是 2019 年的洛杉矶,并且描述了一个实体上完全分裂的城市:街头上是一个"第三世界"的城市,充满了迷茫且富有异国风情的"国外人士"(外表上看几乎全是"东方面孔",并操持着快速而不清晰的亚洲语言,混杂着少量的西班牙单词);另一个是,地表之上的盎格鲁城市,住满了盎格鲁外貌的人口。通过无所不在的盘旋的直升机控制整个城市(因此成为洛杉矶警局使用的主要控制机制),从一个巨大的金字塔形建筑发出指令,提利尔公司(Tyrell Corporation)的总部及其雇员正位于此处。这些官僚主义者监管地面上的"法律与秩序"并质询盎格鲁外貌的对象,以判定他们是真正的"人类"或仅仅是"机器人"——后者称作人造生命的机器人。虽然这些人造生命是以精英"自己的形象"为原型设计的,并且由公司进行批量生产,它们从事很多现代社会的工作,不过现在统治阶级害怕其机械生产(高科技)佣人通过发展人类情感,产生跨越种姓界限的渴望。

尽管这一地形同福利茨·朗 1926 年的电影《大都会》中所展现的工人们的地下城市与资产阶级的地表城市间的分裂极其相似,但两者之间的差异却是惊人的。鉴于朗的电影很明显基于去人性化的"普罗大众"及其同一种族的"主人们"之间的阶级冲突，它的背景设定在洛杉矶，将盎格鲁的"主人们"明确置于两个威胁之间：第一个关乎"种族污染"（盎格鲁人相对于"外国人"）；第二个则纠缠于异化（盎格鲁人类相对于面貌酷似人类的机器人）。因此电影同时表达了两种焦虑，即科学非人化（dehumanization）和种族淡化。

这两个主题都值得思考，因为它们暗含着对人性和包容的深层拒斥——既针对可能怀抱着成为"真正的人"之野心的机器人"帮手"，也针对不可同化的边缘"外来者"，其存在被标出，并随后被隔离在城市荒芜的衰败区域中。如果这部电影在今天拍摄，人们或许会惊奇，哪个群体会占有这两种角色。我认为会是墨西哥人／墨裔美国人。实际上，这部电影或许比它表面上所看起来的更为敏锐。它或许在无意间捕捉到了本地"精神分裂"（schizophrenia）的形式，在这里，温顺的墨西哥裔被视为"非完全人类"（not-quite-human）的机器，其服务受到欣赏；同时，他们未被同化或具潜在反叛性的"其他特质"日渐隐藏在对"第三世界"区域的观照中。

与少数族裔共存

即便盎格鲁人存在这样的缺陷，加利福尼亚经济持续研究中心仍预料洛杉矶的5个郡的人口会继续增加，到2005年，将到达1 830万居民人口。然而，值得注意的是，加利福尼亚经济持续研究中心同样预料，2005年人口中"少数族裔"的比例将从1995年估测的55%上升到62%[1]。

---

[1] 参见：Jesus Sanchez, "Big Southland Population Jump Expected," *Los Angeles Times*, in 1995, n. d., D1, D11. 其中引用了一份 CSSCE 所做的研究。

由于该区域非裔美国人的数目已经稳定，或许现在还在减少，西班牙裔将成为这些"少数族裔"中的绝大多数，而其中大多是墨西哥裔或具墨西哥血统。 必须承认的是，这一墨西哥裔民族统一主义的"上升趋势"或许促使盎格鲁人的进一步离开，既便留下来的有许多也撤到了外围城郊与远郊地区防御性的"带门禁社区"中。 显然，一个相当规模的抵制，甚至在橘郡，连同其两极化的阶级/种族体系，在最近几十年内已经迅速壮大[1]。 正是这一置身其中的、其构成不断变化的背景，即围绕加利福尼亚的学校、税收、福利资格规定以及政治性再分区的政治冲突，是读懂洛杉矶的关键。

教育体系中的强烈抵制

起先，1954 年美国最高法庭在**布朗 vs. 托皮卡教育董事会诉讼案**中强制学校取消种族歧视的规定似乎与洛杉矶关联很小，因为该区域分裂为许多独立的社区（大多数具有其自己的独立校区）；也因为相较于其他主要的美国城市，仅有相当小比例的洛杉矶人口（10%）是黑人；还因为墨西哥裔美国人（与亚裔）的儿童是否也被包括进任何的"融合"计划尚不清楚。 此外，通

---

[1] "A Welcome for Immigrants Turns to Resentment," *Los Angeles Times*, 1995 中指出，"大约没有哪个地方的抵制能比橘郡更为激烈，这里……［在］沿街商贩前、拥挤的公寓以及公立学校的双语教学中，都有着尖刻的争吵。 圣塔安娜的西班牙裔超过 2/3"。 也可参见： Robert Reinhold, "California's Welcome to Immigrants Turns to Resentment," *New York Times*, August 25, 1993, A1, A12。

过当地提高的房地产税收进行的学校补贴——一个困扰着其他被迫融入的地区的紧张的政治问题——在加利福尼亚也并不突出。从 20 世纪 60 年代初加利福尼亚高等法庭做出规定（在萨拉诺与牧师诉讼案，*Serrano vs Priest*）开始，学区接受的大部分资金来自州政府，而不是本地政府（然而，这些款项随后根据一项分配准则在本地进行了重新分配，该准则并没有考虑到特定的需求）。

然而，学校消除种族歧视确实在一处重要的地方成了一个紧要问题：洛杉矶联合学区（Los Angeles Unified School District，LAUSD）。到目前为止，它都是州内最大的教育系统，覆盖了710 平方英里的区域，除了洛杉矶市，另又包括 10 个独立城市——卡尔森（Carson）、卡达希（Cudahy）、贝尔、加迪纳（Gardena）、亨廷顿公园、洛米塔（Lomita）、梅邹、圣费尔南多、南盖特（South Gate）、韦尔农（Vernon），还有一些郡内未合并的区域，如洛杉矶东部[1]。这是继纽约市之后，全国人口第二稠密的学区。鉴于其范围，很明显，在现有注册的都会区学生的比例中，"有色学生"居压倒性：非裔美国人、亚裔与西班牙裔。因此，将其作为融合的目标也很合乎逻辑。

早在 1970 年，洛杉矶最高法院的一个判决（克劳福德与洛杉矶市教育委员会诉讼案，*Crawford vs Board of Education of the City of Los Angeles*）中宣布，"该城市的学校依照种族进行隔离为

---

[1] Jess Carrillo, "The Process of School Desegregation: The Case of the Los Angeles Unified School District" (Ph. D. diss. University of California, Los Angeles, 1978), 11. 我的阐述从这一杰出工作中收益颇深。

非法"[1]。 但是直到 20 世纪 70 年代晚期，在长期拖延策略及上诉之后，加利福尼亚最高法院最终绕过了强制取消种族隔离。在这一过渡期，加州选民寻求通过一系列的策略破坏对废止种族隔离的强制执行[2]。 在 1970 年，州众议院 [经由 "维克维勒"（Wakeville）法案] 尝试排除公车接送学生这一方案。 但是，虽然加利福尼亚最高法院最终认为公车接送需要家长同意书，但原本的目的已被搁置，转而通过对所有的学校工作索取家长同意书来破坏消除种族隔离的行动。 在 1971 年，加利福尼亚州立法机构通过了一项法案，要求学校委员会统计种族信息并考虑矫正种族不平衡的规划[3]。 随后，便有了一个规避它的尝试。 在 1972 年 11 月的公民投票中，选民赞同第 21 提案，表示加利福尼亚的儿童不能够仅仅依据人种或教义指派学校。 这逆转了 1971 年的州法案，但是州最高法院再次宣称这一提案违宪。 随后，洛杉矶教育董事会采取了反对公车接送学生的立场，且州再次尝试让请愿书通过宪法修正案，以限制公立学校出于反对种族隔离目的而使用公车接送学生的举措。 最终，在 1976 年，加利福尼亚最高法院宣布了一项决议，命令洛杉矶联合学区，"在学校中

---

[1] 不久之后，因为改选，这一判决被一个反-校车接送的候选人挫败了。参见：Raphael J. Sonenshein, *Politics in Black and White: Race and Power in Los Angeles* (Princeton, N. J.： Princeton University Press, 1993)，102。

[2] 更多的细节，参见：Carrillo, "The Process of School Desegregation," 59 - 61.随后的总结依赖于该篇文献。

[3] 参见：Carrillo, "The Process of School Desegregation," 60。 随后的分析所依靠的数据就是如此收集的。

实行'合理可行的'反种族隔离措施"。 虽然州最高法院责令学区消除种族隔离并要求洛杉矶联合学区提交法庭认可的规划，不过"对于命令的阐释则留给了本地决策者"[1]。 1966—1976年中洛杉矶联合学区不同人种/民族学生注册比例的变化如表12.8所示。

表 12.8　选出的关键年份中洛杉矶联合学区不同人种/
民族学生注册比例的变化，1966—1976 年

人种/民族[A]	按年份分布的百分比			
	1966	1970	1973	1976
非西班牙裔高加索人	56	50	44	37
所有其他类别（少数族裔）[B]	44	50	56	63
"少数族裔"按人种/种族分解				
非裔美国人	21	24	25	24
西班牙裔	19	22	25	32
亚裔及"其他"[C]	4	4	6	7

注释：　A：　这一分类是来源的报告中所采用的。
　　B：　这很明显属于用词不当。
　　C：　我将亚裔、菲律宾裔、太平洋岛民和本土美国人放了一起，因为他们在很多时候，并不会被持续单独地记录。
　　来源：　数据源于洛杉矶联合学会，信息技术部，《1992 年秋天种族调查报告》（Publication 119）（Los Angeles：LAUSD，1992），封面内页表格。

直到 1978 年秋天，法庭才接受了洛杉矶联合学区关于废止种族隔离的规划。 该规划既是自发的，也是强制性的"选项"。 它始于 1977—1978 学年的自发选择，提供给"该区域的家长和孩子们一个机会，可以同其各自（隔离的）学校组队或

----

[1]　Carrillo，"The Process of School Desegregation，" 6.

集合，或选择一个特色学校（magnet school）项目"[1]。 接下来一个学年，特色学校项目创建出来了，在中学层面建立了 10 个特色学校中心；有 10 个"迷你-特色"小学为"有天赋者"准备；4 个迷你-特色初中；8 个迷你-特色高中。 这一机制允许，并实际上如我们所见，鼓励人种/民族的**再度隔离**，甚至**在地理上为同一座学校的综合建筑内**。 此外，强制性部分仅仅应用于"隔离"学校（定义为，那些入学注册"少数族裔加起来少于 30%；少数族裔总共不超过 70%；或至少有 30% 的其他白种人，但是不超过 70%"）[2]4~8 年级的孩子身上。

但是，至此时，融合的正确时机已经错过了。 法院早些时候下令洛杉矶联合学区监视其 700 多座学校中每一座学校学生的人种与民族构成，通过每年在《种族调查报告》（*Ethnic Survey Report*）上发表数据"展示其进度"[3]。 由这些连续报告所呈现出来的"进度"显示，洛杉矶正在迅速倒退，而非前进。 在《1992 年秋天种族调查报告》（*Fall 1992 Ethnic Survey Report*）中封面内页的图表说明了洛杉矶联合学区学生的人种与民族构成在 1966 年至 1976 年间是如何转变的。 当时，已经下达了最终的废止种族隔离命令。 迟至 1966 年，融合**或许**还是可行的，当时

---

[1] Carrillo，"The Process of School Desegregation," 215. 专长学校是"校中之校"。

[2] 参见同上，214 – 217。

[3] 这一系列文件是洛杉矶废止种族隔离缺乏进展的最好信息来源。 参见：Los Angeles Unified School District, Information Technology Division 出版的系列出版物，最初名为：Racial/Ethnic Survey，不过随后简化为 Ethnic Survey Report。

"高加索非西班牙裔白人血统"（报告中经常采用这一分类）的学生仍然占据总数的56%，而"少数族裔总数"约44%。 在此之后，盎格鲁学生的比例出现了单调地下降，并且相反的是，"少数族裔总数"类别的学生比例出现了直线上升（这两条趋势在1970年相交，两者均保持在50%）。

然而，到1976年法院发布命令时，少数族裔几乎已经占据了所有学生中的2/3（24%的黑人，32%的西班牙裔以及6%的亚裔），在随后的年份里，这一不平衡变得更加严重以至于即使再多的公车或适配学校也不能弥补其损害。 到1992年，洛杉矶联合学区报告，这里的孩子中有65.1%都是西班牙裔，14.6%是非西班牙裔黑人，7%是亚裔或菲律宾裔。"非西班牙裔白人"仅剩下12.7%[1]。 对该年的独立学校入学数据进行考察，很明显，"迷你-特色学校"的建立与废止种族隔离的规划同时进行，吸引了数目日益减少的盎格鲁学生中的大多数。

简而言之，洛杉矶学校体系成了少数族裔和/或移民儿童的集结地。 实际上，要不是移民的话，洛杉矶联合学区的注册在1980年至1990年间将会下降23%[2]，而不是12%的增长。 英语熟练程度有限的学生占现有注册比例的很大一部分（大部分此

---

[1] Los Angeles Unified School District, Information Technology Division, *Fall 1992 Ethnic Survey Report* （Publication 119）（Los Angeles: LAUSD, 1992）, iii.

[2] 由于白人的老龄化，以及有孩子的白人倾向于选择居住在LAUSD之外的社区中，故而入学率将会下降。

类学生是西班牙裔或亚裔/太平洋岛民[1]）。 教育这类学生的挑战与额外花费给体系造成了很重的负担，这或许是为何少数族裔辍学率如此之高的原因。

由于加利福尼亚州负责教育资金，因此关于公立学校的支持遭遇了同样的抵制，这种抵制曾经推动了其他的反移民倡议以及州抗税活动。 即便这一需求正在加大，教育债券也被选民一致拒绝，这最终导致在全国人均教育支出上，加州排名为23[2]。到1994年，在每个儿童的支出上，加州于50个州中排名42；在国家标准阅读测试中，其四年级学生与路易斯安那州一起排在最末。 仅在1996年，由于一项州税收的意外之财使得加州获得盈余，从而多年来首次能够对教育进行直接投入[3]。

是否能够单靠财政基金，解决洛杉矶联合学区问题，仍然有待观察，尤其是鉴于这些基金，将被批准用于学生统一的制服，而罔顾洛杉矶联合学区更迫切的补充培养需求。 正如我们将会在下面就最近的本地政治变化的讨论中所看到的，在1997年4月的洛杉矶市长选举中，西班牙裔选民前往投票的人数开创了先河，动员了一次竞选以支持BB提案，即学校债券举措[4]。

---

［1］ California State Department of Education, *Report of 1990* （Sacramento：Department of Education, 1990）.

［2］ California State Department of Finance, *Report of 1989* （Sacramento：Department of Finance, 1989）.

［3］ 相关信息可参见："Tax Money Flowing Again, California Pares Class Size," *New York Times*, September 11, 1996, D18。

［4］ 参见：Jim Newton and Matea Gold, "Latino Turnout a Breakthrough," *Los Angeles Times*, April 10, 1997, A1, A6。 也可参见：Amy Pyle （转下页）

对外国人和少数族裔的政治性抵制

在加利福尼亚，出于最近人口结构变迁而引发的政治性抵制大约比其他地方更加极端。 由于选民名单上剩下的盎格鲁人的"比例过高"，这种抵制直到现在都没有得到同等的力量的反制[1]。 抵制的形式是金融和法律。

抗税：第 13 号提案

在 1978 年，加利福尼亚选民在一起公民投票中通过了第 13 号提案，该提案设置了房地产税的最大数目能以在任何地点的财产市场价的 1.25% 征收[2]。 这一"减税倡议削减了洛杉矶财产税率的 80%，在 1978 年及 1979 年间，税收下降了 50%"[3]。

（接上页） and Lucile Renwick, "Schools Bask in the Glow of Bond Measure Approval," *Los Angeles Times*, April 10, 1997, B1, B3。

[1] 必须要注意的是，虽然"盎格鲁人"现在确实在洛杉矶居民中占少数，不过他们仍然占据 2/3 的选民数。 如可参见：Susan Rasky, "Falling Off the Edge of the Dream," *The Nation*, March 23, 1993, 380–382。 同样应当指出的是，并非所有的合法外国移民或洛杉矶本地出生的西班牙裔都反对减少移民的企图，也并非所有本地出生或归化的西班牙裔都反对撤销对外国移民的福利帮助。 同样地，如我们所见，一个政治上激进的西班牙裔社区的假设也并不正确。

[2] 洛杉矶的宪章"规定，财产估值每 100 美元的上限是 1.25 美元（评估价约为市场价的 25%）"。 League of Women Voters of Los Angeles, *Los Angeles: Structure of a City*, ed. Irene Jerison（Los Angeles: League of Women Voters, 1976），15.

[3] Sonenshein, *Politics in Black and White*, 169. 索南森引用了：Ruth Ross, *The Impact of Federal Grants on the City of Los Angeles*（Federal （转下页）

虽然这对许多房屋业主有吸引力，但是白人和少数族裔对其看法并不相同。 索南森比较了市内 4 个关键的议会分区，每一个区选民的人种/民族都有差异。 在保守的白人区，超过 80% 的选民倾向支持 13 号提案，甚至在"自由主义犹太"白人以及"温和的西班牙裔/白人"区，支持这一举措者也稍稍占优。 只有黑人占主导地位的选区选民进行了反对，78% 的人希望以严厉的举措强迫市、郡收缩服务，尤其当联邦同时削减了援助时，支持者有 22%[1]。

反外国人情绪：第 187 号提案

鉴于对学校废止种族歧视的反对，对学校财政债券的拒绝以及第 13 号提案的通过仅仅间接地针对少数族裔和西班牙裔的新来者，那么 187 号提案则直接表达了加利福尼亚选民人口统计学意义上的"愤恨"，尤其是居住在加利福尼亚南部城市化区域的盎格鲁选民，此地墨西哥裔移民数量最多。 该提案在 1994 年 11 月得到了加利福尼亚选民的压倒性支持，但是在 1999 年仍未执行，因为法庭上诉还将继续，否定"非法"移民在公立学校安置其孩子、使用政府医院和健康服务，以及从大多数的公共服务受益的权利（除了公共交通）。 这些公共机构的雇员不仅仅直接被指示拒绝服务，还被要求向美国移民归化局（Immigration and Naturalization Service，INS）报告不受欢迎的学生/顾客/病人，大

（接上页） Aid Case Studies Series Paper no. 8 ）（ Washington, D. C. ： Brookings Institution, 1980 ）作为这些估测的来源。

[1] Sonenshein, *Politics in Black and White*, 181, Table 11. 6. 计算采用的数据来自： County of Los Angeles, Registrar-Recorder, City Clerk, Election Division, 也参见 191。

概是为了将之驱逐出境[1]。 因此，加利福尼亚的选民预演了这一抵制，同样有争议的是，几年之后福利规则改为即便对合法外来者都拒绝提供公共援助（向大萧条时期的倒退），这一抵制传导到了全国。

虽然 187 号宪法修正案在法庭继续上诉，不过它的通过即刻产生了令移民（无论是"合法的"还是"没有记录的"）甚至是市民寒心的效果，尤其在大规模的墨裔美国人社区中。 第一，合法的移民很快获得了一项信息，即虽然该提案看起来仅仅是直接针对"非法"移民（他们最容易受到打击），但法律的应用会不可避免地影响合法移民（甚至是具有"外国人"外观的本土出生者），他们或许遭受细密的监察并在被证明清白之前，被默认有罪[2]。 他们准确地感觉到了这次公民投票背后的情绪是直接针对所有墨西哥人，无论是处于何种状态的移民。 第二，合法的墨西哥裔移民，尤其是合法通过移民改革与管理法案者，现在因积累了足够的"居留时间"而有资格成为公民。 甚至包括那些多年以来满足于合法移民地位或是永久居留者都开始匆忙进行归化[3]。

---

[1] 应当指出的是，对反移民提案的支持在黑人选民以及奇卡诺社区已立足的年长成员中，同样十分明显。 两者已经开始将新来者视为威胁，因为新来者能够取代他们或者侵蚀其在工资上的优先地位。 1997 年，联邦法院裁定 187 号提案无效。

[2] 目前的法律认为，雇主应当为雇佣无记录的工人受到责罚，这产生了反面的影响。 该法律使得雇佣西班牙裔外貌者具有潜在的风险。 如果雇主们愿意冒险，他们会更倾向于无记录的工人，这些人成本更低，也更好控制。

[3] 墨西哥国籍法律的最近变化是，允许持有双重国籍，这解放了那些不愿放弃墨西哥护照加入美国国籍者。

如果这样做的人很多，并将其新的公民权利转化为选票，他们或许能够打破该地区的权力平衡。

虽然这些焦虑在加利福尼亚尤其汹涌，不过美国其他地方的反移民情绪同样迫使合法移民去申请公民身份。 在 1997 年 9 月 30 日财年结束，据估计有"接近 110 万的移民将要获得公民身份……据移民与规划局的数据，打破了仅在去年创下的纪录——455 853 名入籍者……超过 75% 的新公民集中并围绕着 6 座城市，全都位于有大量投票者的州： 纽约，洛杉矶，芝加哥，旧金山，迈阿密和休斯敦"[1]。 移民与规划局估计，到 1998 年秋天，将会再有 110 万人获得公民身份[2]。 这些新增长的归化者可以直接归结为由之前的 187 号提案与随后的全国福利"改革"法案所产生的焦虑，这在实质上产生的利益损失甚至威胁到了合法移民。 归化的结束也并非近在眼前。 1997 年，在美国大约有 1 000 万名**合法非公民**，其中有 700 万人有资格申请公民身份[3]。 如果他们这么做了，并随后通过投票行使其权力，他们足以倾覆对民主党的支持。 并且在加利福尼亚，尤其是洛杉矶，他们的新投票权或许仅仅破坏了当下的政治联盟，我将会在下面回到这一主题。

---

[1] Sam Howe Verhovek, "Immigrants' Anxieties Spur a Surge in Naturalizations," *New York Times*, September 13, 1997, 1, 16. 这篇文章刊载的是得克萨斯州休斯敦的日期，报道了一群外国人匆匆宣誓成为美国公民。

[2] 还存在着要改变身份状态的经济动因。 移民与规划局现在要求所有在 1979 年以前获得绿卡者都要申请新的绿卡，这要花费 75 美元，申请成为公民仅花费 20 多美元。

[3] Verhovek, "Immigrants' Anxieties," 16.

将加利福尼亚政治家面对移民时所采取的立场与纽约的政治领袖相比，将尤其有趣。 不仅仅是纽约州抗拒针对移民（无论是否合法）的歧视性行动，还有鲁道夫·朱立安尼，这位城市的共和党市长采取了一种积极的行动以反对反移民法案。 在 1996年 10 月，他"请求联邦政府阻止一项法律条款，该条款允许市内雇员告发那些寻求如治安保护、医疗保健与公共教育这类服务的合法移民"。 并且，在 1997 年春天，他参加了反对新福利法案的斗争，"指控该法案中联邦对合法移民利益的削减是违宪的"[1]。

很明显，这两座在近些年吸引了大量移民人口的城市，对于大量移民在社会、经济与政治所产生影响的回应截然不同。 只有部分区别源于经济因素抑或是民主党或共和党选民的短视。 我在全书中都一直在讨论的**政治文化**是导致了这种区别的主要因素。 这种差异也体现在加利福尼亚近来平权运动（affirmative action）的逆转中。

加利福尼亚大学体系中的平权运动

在 1995 年 7 月 21 日，即便"外来的煽动者"如杰西·杰克逊（Jesse Jackson）在所有的校园及演讲中都做出了直言不讳的反对和示威，但监督着加利福尼亚大学体系的 26 人大学董事会在审议 12 小时之后，还是投票废除授予大学合约及选拔学生中的平权运动。 这看起来是部分盎格鲁白人的恐慌进一步"转移"的征候，政治体系对这种恐慌反应迅速。

---

[1] David Firestone, "Giuliani Suit to Contest Cutoff of U. S. Benefits to Immigrants," *New York Times*, March 26, 1997, B3.

在 1995 年,《洛杉矶时报》发表了一篇头条文章,重复了加利福尼亚关于州长彼得·威尔森的闲话,他是一位已经改变了立场的平权运动早期倡议者,希望能够借此推进其总统提名,并且已施加压力以争取选票[1]。 他能够这么做是因为,加利福尼亚州宪法连同让公立大学与政治隔离的目标使得董事会独立于立法机关,但重要的是,并不独立于州长(大学董事会中的 18 名成员实际上由州长任命,而剩下的依据职权任命)。

但是威尔森也反映了整个州日益增长的对平权运动的抗拒。在 1997 年 11 月,加利福尼亚选民批准了第 209 号提案,要求终结州政府雇佣、契约以及教育项目中所有种族及性别上的偏好。该立宪提案在法庭提起诉讼,在 1997 年 4 月,加利福尼亚的一个美国上诉法院支持了该项诉讼,不过反对者仍然希望在美国最高法院对该决议提起上诉[2]。 然而,在 1998 年春天,第 209 号提案的效果已经能够被感受到了,当时加利福尼亚学院和大学大量的黑人与西班牙裔申请者急剧减少,这类学生的录取也是如此[3]。 一些州机构现在正在对其损害进行仓促补救。

总之,对终结平权运动的支持必须被视为对少数族裔的抵制以及对给予他们进一步权力的恐惧的一部分,其被盎格鲁-高加

[1] *Los Angeles Times*, July 22, 1995, 1, A26.

[2] 尤可参见: Tim Golden, "Federal Appeals Court Upholds California's Ban on Preference," *New York Times*, April 9, 1997, 1, B10.

[3] 在 1998 年 4 月 4 日,《纽约时报》刊载了一份编辑报道,指出黑人、西班牙裔与美籍印第安学生仅构成加州伯克利大学 1998—1999 新生的 10%不到,相较而言,前一年为 23%。 在州顶尖的专业学校中,状况更糟: 在 1998—1999 年伯克利法学院的 268 名新生中,只有 1 名黑人(A12)。

索人视为零和游戏。 这一游戏在过去曾引发了对剥夺权力之反抗的周期性爆发，尽管偶尔会促进选举的努力（不过仅发生于一次起义之后），但是现在要求更深层的、外科手术式的变革。政治赋权（一些人）和抗议运动（其他人）之间的相互作用，处在洛杉矶独特政治体制的背景之下，因此，该区域远远没有对其变化着的环境做出反应。

容纳及收编"少数族裔"的失败尝试

如果说芝加哥"种族关系"的主导特性是白人与黑人间尖锐的分裂，那么洛杉矶的潜在问题则存在于盎格鲁人与西班牙裔（大部分是墨西哥裔）间的断层线（fault line）[1]上。 虽然这些冲突在 20 世纪 60 年代被临时性地隐没起来，不过 1965 年的瓦茨暴动在更广泛的民权运动背景中，唤起了对被边缘化的非裔美国人斗争的关注。 需要牢记的是，非裔美国人在城市和地区人口中，永远都只占据相对较小的比例，并且在暴乱之后，出现了一些改善他们被排斥状况的尝试，虽然这对于改变盎格鲁人的规则而言是不够的。

---

[1] 在加利福尼亚，对墨西哥人长期以来根深蒂固的仇恨可参见 Tomás Almaguer 最近的著作： *Racial Fault Lines: The Historical Origins of White Supremacy in California* （Berkeley： University of California Press，1994） 中赤裸裸的惨状。 对于理解盎格鲁-加利福尼亚人的困境及其"恐慌"的基础的更富有"同理心"的尝试，可参见： Dale Maharidge，*The Coming White Minority: California's Eruptions and the Nation's Future* （New York： Random House/Times Books，1996）。

　　正如在芝加哥和纽约那样，近来洛杉矶地区受教育黑人职业的向上流动性增加得有限，且主要是在传媒与公共部门。 同其他城市一样，这很大程度上导致了少数中产阶级与大多数本土出生的黑人之间日益加大的鸿沟，后者日益被经济体制边缘化并被局限于衰败且隔离的区域中[1]。 在洛杉矶，这些鸿沟也日渐出现在西班牙裔人口中。

　　然而，直到最近，研究城市中"种族问题"的通常路径还几乎仅仅集中于"白人"与"非白人"族群之间的割裂，建立在所有的"非白人"都是"黑人"的假设上。 在之前的章节中，我探讨了种族二分法的不准确之处。 虽然直到最近，芝加哥才有了一个强大的分析工具，即便在这里，"黑人"人口也是所有西班牙裔族群的两倍，这无法捕捉新的空间与政治现实。 在纽约市，二分法的有效性总是要小得多。 虽然这里"黑人"与"西班牙裔"很快达到了相同的数目，如我们之前所见，每一种类别都与其他因素相交，如出生地与法律地位。 在洛杉矶，西班牙裔超过了黑人，其比例为3∶1，二分法的准确性甚至更低，因为它丢失了许多在少数族裔内部或各少数族裔之间关联的复杂性。

----

[1] 纽约和洛杉矶状况的比较，尤可参见: Roger Waldinger, *Still the Promised City? African-Americans and New Immigrants in Postindustrial New York* (Cambridge: Harvard University Press, 1996) 以及 David M. Grant, Melvin Oliver, and Angela D. James, "African Americans: Social and Economic Bifurcation," in *Ethnic Los Angeles*, ed. Roger Waldinger and Medhi Bozorgmehr (New York: Russell Sage Foundation, 1994), 339-341。

　　事实上，所有这三座城市中的人种-民族状况都需要重新研究，至少作为非裔美国人、"白人"与西班牙裔的三方"异议"。 这些争议的结果远非注定。 齐美尔（Simmel）在很久以前曾敏锐地指出，这一二分体（dyad）（一个二元集合）动态社会与三元集合有着本质区别，**第三元产生了潜在的、不断变化的序列与组合**[1]。 虽然在全部的这三座城市里，"黑人"在寻求地理空间和政治赋权话语分量的当地谈判桌上，都要同时与"白人"和"西班牙裔"（和/或外国人）抗争，但是城市与城市之间的不同点当然与其共同点一样重要。

　　在芝加哥市里，"有色人种"数目中具有压倒性比例的是非裔美国人，西班牙裔（几乎全是波多黎各人和墨西哥裔，其数目几乎相等）则占据了第 2 位。 虽然后者常常居住在毗邻黑人贫民窟的社区，不过邻近并不必然导向友好或结盟。 在很大程度上，这两个"种族"之间的关系是竞争性的，并常常发生冲突。只有在哈罗德·华盛顿市长首次当选之前的短暂时段内，这两个群体间才达成了充分有效的同盟，借助所谓（反政治机器）的湖畔自由主义者的帮助，赢得了市长办公室的宝座。 并且如我们所见，这一联盟随后便瓦解了，因为西班牙裔领袖（几乎全是波多黎各人）抱怨，他们被市政大厅忽略了。 一等到联盟破裂，加之华盛顿的过早死亡，旧的"机器"由于中心商业区的利益支持，得以再次巩固自身，虽然其前支持者有大批已经逃往

---

[1] 参见齐美尔的长文："On the Significance of Numbers for Social Life," in *The Sociology of Georg Simmel*, trans. Kurt H. Wolff（Glencoe, Ill.： Free Press, 1950）, esp. 145 – 169。

郊区。

在纽约，其民族、人种与移民处境的复杂性产生了抗拒单纯的两极化状态，即便 1968 年在犹太人和黑人之间出现了重大的破裂，当时的背景是深海丘/布朗斯维尔的冲突以及教师罢工[1]。 在某种程度上，政治影响的多重路径（鉴于市长、区首脑、功能性选区体系这一层级结构），通过构建种族平衡（与多党制）的融合选票的可能性所提供的相对开放性，以及在 20 世纪 60 年代卡门·德萨波（Carmen DeSapio）被免职之后传统民主党政治机器权力的削弱，至少使得主要的人种、宗教与种族群体在市政府中获得代表成为可能。 伊斯特·福克斯坚持，纽约存在一种结构性的"劣势"——在一个具有潜在脆弱性或至少不稳定性的体系中，不断地就权力重新协商的需求（或者，如她所言，"偿付"利益集团）[2]——从另一角度或许可以认为，这一"劣势"为新的群体提供了闯入结盟游戏并获得关注的机会。

在洛杉矶，改变中的人口结构与政治结构相伴且被后者限制。 这种政治结构由"职业化"的政府根据世纪之交的进步主义运动观念设计出来，用于强化巩固权力结构，因此在排除或收编异见人士的声音方面一直十分成功。 讽刺的是，由于该体系

---

[1] 导致纽约尝试自行选举学校理事会的这些分裂，永远不会愈合了。 但是更重要的是，它们在学校体系内产生了一些问题，负责人的权力被削减并且一个体系的议长目前服务于约 110 万名学生。 在 1997 年，历经一系列不成功的议长后，该体系在一个具有领袖魅力的黑人议长的领导下进行了"改革"。 要判断最近的改变是否能够扭转体系形势还为时过早。

[2] 参见：Ester R. Fuchs, *Mayors and Money: Fiscal Policy in New York and Chicago* （Chicago： University of Chicago Press, 1992）。

在如此长时期的管理中都漠视少数族裔，那么唯一可以诉诸者就是街头暴乱的周期性爆发。

1965 年的瓦茨暴动便是此种爆发。 它明显引发了城市中从 1973 年到 1993 年的政治体制变化。 当政体再次遭受质疑，这一次由南部中心的黑人与西班牙裔人引发的质疑导致了旧联盟的结束。 在这方面，最具学术性的尝试由拉斐尔·索南森所做出。 他的著作《黑人与白人的政治》（*Politics in Black and White*）集中于汤姆·布莱德利的 20 年统治期。 布莱德利是洛杉矶首个也是至今唯一一个黑人市长。 关于这本在其他方面研究充分的著作而言，它几乎完全将其研究局限在黑人和白人的二元框架下[1]——这一框架或许对芝加哥是合适的，但是对洛杉矶尤其不合适。 因此，我随后提供了一个对索南森著作（以及其他来源）中极有价值的信息的再阐释[2]，以构建一个在某种程度上不同的描述： 关于少数族裔的声音——既有贫穷的黑人也有西班牙裔——在洛杉矶市以及郡中，如何始终被排除在外[3]。

———

[1] 在写于 1992 年 10 月的 *Politics in Black and White* 的序言中，索南森断言：“我在本书中强调，非裔美国人及白人自由主义者这两个种族间的联合已过早夭折了。 且两个种族间的政治仍然存活着，我探究两族间的联合如何运作——如何形成又如何失败”（xv）。

[2] 我所特指的是： Skerry, *Mexican Americans*。 虽然我不同意他的某些结论，不过我发现本书中对得克萨斯州圣安东尼奥市与洛杉矶的拉丁裔政治的比较对我的研究仍非常有帮助。

[3] 索南森宣称，洛杉矶黑人政治成功的关键在于“黑人和白人自由主义者之间普遍存在一种持久的联盟，尤其是黑人和犹太人。 久而久之，这种联盟在商业群体中起到了重要的重用，并扩张到了拉丁裔（转下页）

"进步主义"的政府结构

关于加利福尼亚的政治，要记住的最重要的事实是，这是进步主义改革者的遗产。 他们试图通过强调技术性管理权和选举"无党派"的市政及郡官员，将本地行政机构从政治活动中"移除"[1]。 这一目标保持了当选官员数量的最小化。 今天，仅5名郡监事会（County Board of Supervisors）的成员便"代表"了洛杉矶整个郡，且整个洛杉矶市仅选举了15名市议会代表[2]。后者以分区为基础遴选，但是分区的范围不断地在现任议员的意志之下重新划分。 同样地，洛杉矶联合学区的学校董事会当选成员仅仅7个，最初是广泛的区域，现在代表着不同但空间巨大的地区。

（接上页）和亚裔美国人中"。 *Politics in Black and White*，xvi. 他将洛杉矶的"成功"与他所谓的纽约"责骂式的种族关系"做了对比。 "在利益和领导权方面，纽约市和洛杉矶都有着天壤之别。 我认为，在纽约市的黑人和白人自由主义者之间存在着直接的利益冲突，而在洛杉矶，他们有着共同利益。 在洛杉矶，一个强有力的双种族领导网络可以充分利用共同的利益，而在纽约市，领导者们没有带领其共同体跨越种族界线。"（xvii）

[1] Skerry, *Mexican Americans*, 75. 不过也可参见：William Deverell and Tom Sitton, eds., *California Progressivism Revisited*（Berkeley: University of California Press, 1994）。 对较早的时期进行了充分的阐释。

[2] 值得注意的是，这一数字的相对稳定，即便在过去的100年里人口实现了百倍的增长。 当前的洛杉矶宪章通过于1925年，给选民提供了11或15个地方议会分区这两个选择。 加利福尼亚高级法院通过"给出15个按区选举的席位这一城市制度"而解决了这一"争议"。 城市从未有过15个以上的区，关于这一点的早期历史和证明可参见：League of Women Voters, *Los Angeles*, 28–29。

　　这种进入本地政府的方式带来了两个严重的后果。首先，如斯凯里所指出的，"众所周知，洛杉矶的政府机构与民选官员之间并不相干，并且本地政府要么因其专业主义获得赞扬，要么因其对人民愿望的忽视而被谴责"[1]。对于警察局，这尤其正确，即便是玩忽职守，其领导也很难被轻易开除（就像在1965年的瓦茨暴乱及1992年的南部中心暴乱时出现的那样），并且其对政治选举代表的"掌控"据称通过"勒索"实现[2]。其次，所谓当选代表中的每一位都代表一大批选民，以至于竞选公职的成本是巨大的，所以小群体要对结果产生影响几乎是不可能的。洛杉矶郡的5人监事会"管理的土地范围近乎是罗德岛（Rhode Island）州的4倍大"并且其代表人口在1990年涵盖了890万人——或说一个成员代表180万名居民[3]。洛杉矶联合学区的7个区域的各区平均人口现在超过了60万人；洛杉矶市议会15名议员人均代表了近25万人[4]。鉴于这种治理的结构，要巩固权力、排除日渐增多的少数族裔，使资金雄厚的商业利益继续主宰本地决策便相当容易[5]。

---

[1] Skerry, *Mexican Americans*, 75.

[2] 按照某些令人费解的习惯，更换警察局长并剥夺警察局自主权的竞选承诺总是在市长上任之后便突然不算数了。布莱德利市长将其前任立场改变的原因归结为勒索——约迪市长在任时的"秘密文件"。但是，必须要问的是，布莱德利是否也是因为同样的原因——他也一上任就改变立场。一个结构性的解释似乎更为令人信服。

[3] Skerry, *Mexican Americans*, 77.

[4] 同上，76-77。

[5] 对于本地政治的集中控制，持续操控在未经选举的"领袖"手里，对此最鲜明的大力批判或可参见：Mike Davis, *City of Quartz:* （转下页）

都市的选区改划

少数族裔代表得以依凭的一项重要机制被压缩在最小限度，因此导致了黑人和墨西哥裔美国人在数量有限且潜在不同政见的选区中，被置于一个零和游戏。 这一机制就是现任市议会当局成员**重新划定区域范围**，该权力被用于将城市划分为"多元文化"（multicultural）选区，以对任何一种人种/民族力量的聚集进行稀释。 虽然在这里难以探究该体系的复杂细节，不过结果已经相当明显。 直到 1985 年，只有一个墨西哥裔美国人［爱德华·罗伊鲍尔（Edward Roybal）］曾入选洛杉矶市议会；他在 1942 年至 1962 年间服务于第九区[1]。 当他辞职前去竞选议员时，市议会有权力任命一个临时替代者直到 1963 年下次选举进行。 至此，尚无黑人进入议会，但是面对来自黑人社区的压力［也是分而治之（divide-and-conquer）及围堵政策的双重进程的一部分］，议会在一个黑人和西班牙裔中选择了前者。 索南森评论道，"黑人和西班牙裔的冲突正在形成，有优势的黑人寻求牢牢握住其单一席位——这也是西班牙裔曾经赢得的唯一席位"[2]。

在 1963 年的选举中，黑人候选人不仅仅获得了第九区，

（接上页）*Excavating the Future in Los Angeles*（New York： Verso，1990）. 这一杰出的著作处于城市黑幕文学的杰出传统序列之中。

[1] 该区的外号以"西班牙区"为人所知，即便其黑人与西班牙裔的选民数目几乎一致。 Sonenshein，*Politics in Black and Write*，43.

[2] 同上，44。 直到 1985 年，才有一个西班牙裔被选作洛杉矶郡 5 人市议会成员之一，在郡划分选区之后，这是唯一一次，为东洛杉矶的墨西哥裔美籍人口提供了一些选举力量。

还有第八区（囊括了城内最多的黑人人口）以及第十区。　前加州大学洛杉矶分校的体育运动员、退休的警长、律师，汤姆·布莱德利，在其有力的竞选过程中通过第十区的中产阶级黑人区域（最排外的鲍德温西尔斯）以及西区长久以来被清教徒权力结构怨恨、排斥的犹太选民的助力而冉冉升起。在接下来的 30 年里，非裔美国人把握住了所有的三个席位（但未能扩大其成果），同时布莱德利在几次失败的尝试之后，充分利用了其联盟，赢得了 10 年后的市长职位。　在这段时间中，西班牙裔的声音实际上陷于沉默，部分由于奇卡诺人与非裔美国人间日益增长的敌意，这种敌意由挑动他们相互反对的无耻战略所煽动；还有部分是因为奇卡诺社区内部同化的更深，以及保守的小团体之间与较贫困且/或其中更为进步主义的成分之间日趋加大的分裂。　这些隔阂直到 1997 年的本地选举才变得彻底明朗起来。

另外一个重要的变化——大约为最后一次"分而治之"的企图——是议会 1971 年做出的决议，在人口而非公民的基础上，重新分配（选区重划）了 50 个区域。　这允许"混合"区域的范围可以重新生成，以包含众多的西班牙裔。　由于他们没有公民权，所以无法威胁到盎格鲁人在选举时的支配性地位。　市议会在 1972 年和 1986 年继续重划选区，部分是为了吸纳奇卡诺少数族裔日渐增大的力量，也为了阻止黑人在"他们的"三个席位以外获得更多。

布莱德利当选市长

在 1995 年，洛杉矶被剥夺了公民权的贫穷瓦茨非裔美籍人口完全失去了话语权。　瓦茨从政治上被其他区域孤立，它拥有众多的黑人居民，被安置于第十五区之内，该选区通过"鞋带区域"形成的脐带与威明顿与圣佩德罗的港口区相连。 虽然瓦茨因此在政治进程中失语，不过，通过唤起对暴力威胁的注意及制造一种对于"危险阶级"的强烈抵制，其声音仍在街头产生效力[1]。

短期来看，通过使盎格鲁人和许多境况良好的奇卡诺选民确信法律与秩序应该优先于其他目标，瓦茨暴乱似乎强化了市长萨姆·约迪（Sam Yorty）以及警察局长的影响[2]。 但是，该暴乱或许也暗示，除非黑人增长中的"力量"能够被收编，否则他们有可能直接掀掉桌子。 长远来看，盎格鲁人及中产奇卡诺选民被证明甚至在洛杉矶的未来政治中都要更重要一些，因为它导向了一种白人与黑人间的精英联盟，这为汤姆·布莱德利在 1973

---

[1] 在学者们所做的 1965 年后-暴动研究中，许多黑人社区内的调查对象认为，在愤怒情绪的表达中，或许产生了一些好的事物，即便当时他们并不赞成暴力也宣称没有参与。 相较而言，几乎所有的白人受访者都指出，因为暴动，他们对黑人的态度变得更加负面。 参见加州大学洛杉矶分校洛杉矶暴动研究起草的诸多油印报告。 报告中最贴切的是：T. M. Tomlinson and David O. Sears, "Los Angeles Riot Study: Negro Attitudes toward the Riot" (Report MR – 97, UCLA Institute of Government and Public Affairs, mimeo, 1967)。 对该研究发现的综合描述，可参见：David O. Sears and John B. McConahay, *The Politics of Violence: The New Urban Blacks and Watts Riot* (Boston: Houghton Mifflin, 1973)。

[2] 约迪作为一个改革派候选人，在 1961 年当选，他承诺控制警察局长帕克的权力，并利用联邦资金帮助贫穷的洛杉矶人，这些基金可通过战争与贫困项目获取。 据索南森所言，这两项他都没有做。 后者援引了布莱德利的指控：帕克对约迪"有好处"，因此无法被逐出。 而联邦的机构抱怨，洛杉矶拒绝申请当时可得的财政援助。 参见：Sonenshein, *Politics in Black and White*, 39 – 40, 71。

年成功入主市长办公室铺平了道路。

不过，1969 年布莱德利向约迪的挑战失败了，因为他仅仅吸引到了黑人选民、贫困西班牙裔和一些第十区的自由主义犹太支持者。到 1973 年，他扩大了其选民基础，以微弱优势获得了胜利。确保了"黑人选票"并正确解读了形势（即他也需要盎格鲁商业力量与中层奇卡诺人的支持）之后，他强化了自己与这些群体的精英们的联系[1]。许多盎格鲁选民也可能会设想，他们会通过将一个顺眼的非裔美国人安排在办公室中以"收买"接下来的叛乱，此人不会颠覆商业之船，被焦虑的白人与中产阶级西班牙裔视作律法与秩序的捍卫者（一个前警察），并且低阶层与中产的黑人都能够自豪地将之作为自身在场（arrival）的象征。

但是布莱德利日趋落入与约迪相同的模式之中：一个入主市长办公室的，决心打压暴戾的警察局长嚣张气焰、帮助贫困者的"改革者"已经屈服了。布莱德利不仅没有将在 1992 年暴乱期间相当失败的警察局长免职，也没有增加对贫困人口的联邦援助。此外，他给了中心商业利益集团自由决定权，后者正在加

---

[1] 索南森宣称，这可以看作一件"好"事。"我的研究确认了跨种族精英网络的重要性……我主张，在纽约市黑人和白人的自由主义者之间存在着直接的利益冲突，而在洛杉矶，他们有着共同的利益。"同上，xvii。我提出的其中一个问题是，"共同利益"中是否存在的一个重要之处在于排除西班牙裔。在任何情况下，索南森对于布莱德利在 1969 年以 47：53 输给约迪的原因分析是，在早期，"布莱德利唯一的非-黑人的依靠都存在于犹太人中……[选举后的分析]指出，黑人、中产到更高层的犹太人与贫困的西班牙裔更倾向于布莱德利。他需要获得更多白人、更宽广的犹太人阵营以及向上流动的西班牙裔的支持……[因为]拉丁裔的多数都投票给了约迪"（93－94）。

利福尼亚城市财政之外运作了一个机构：社区重建局
（Community Redevelopment Agency）。社区重建机构提供了一个
最佳案例，用以说明中心商业区的利益何以能够将其权力与财政
置于常规的政治轨道之外。

> 社区重建局的功能是对目标区域进行全面的社会、地
> 理与经济状况研究，以制定规划矫正衰败的环境，并在项
> 目目标区域实施该规划……该局得到州法律批准，可以发
> 行税收配置债券。作为重建的结果，税收增殖收益反映
> 了项目区域评估价值的增长，不过该收益或许仅用于项目
> 的再投资或清理债务，如由发展带来的债券。债券并非
> 城市的义务，而是属于该局[1]。

很显然，尤其是当地方财政收益能力被第 13 号提案削减之
后，房地产"帝国"被益格鲁商人控制且受到利益的强烈驱动，并
成为政府管辖范围以外、为选民所触及不到之处的一项相当可观的
权力来源。其参与的项目（对市中心附近"贫民窟"的清理、
他们全球性功能办公场所与银行的重组、在被逐出的墨西哥裔的
贫困丘陵区为道奇队兴建大型体育场的早期计划）进一步使得穷
人及少数族裔居民被排斥在影响他们自身命运的决议之外[2]。

---

[1] League of Women Voters, *Los Angeles*, 112. 该出版物提供了有关社区重建
机构的有价值的信息。

[2] 因为社区重建机构获取的利润无法用于任何机构外的消费，这种境况令
人想起，罗伯特·摩西利用多种桥梁与隧道项目获取的通行费盈利在纽
约积累的独立权力。

将所有的失败都"归罪于"布莱德利是不公平的。 实际上，鉴于这一坚固的权力结构、"进步主义的"政府制度性框架以及永无变化的城市金融"统治者"[1]，如果他想要继续留任，那么留给他的余地并不大。 虽然他确实扩大了中产阶级黑人在其管理层中的参与度，但他对于警察局（总是引发周期性的暴乱）的改革很小，并且对于改善城市贫困的少数族裔区域（南部中心）正在恶化的状况并无作为。

无论如何，在 1992 年一次重大叛乱中，这些问题汇聚到了一起，就在布莱德利谢绝 1993 年的连任竞选之后。 他的政治生涯因此与近来洛杉矶历史上的两次最为暴力的事件绑在了一起。 他的离开为没有前期政府经验的、富裕的盎格鲁/天主教商人让出了竞选道路。 在之前被排除在外的西班牙裔的帮助下，盎格鲁的权力结构再次从黑皮肤的面具后走到了台前。

失控的警察

在过去 100 年间，几乎每一次在美国城市中爆发人种间、民族间与阶级间的冲突时，警察的行为都是引爆既有敌意的导火索[2]。 警察种族多样性的"改革"；对警官平息冲突的技术训练；使警察更有责任感的举措（通过让市长对警察局进行更多的控制和/或成立民事审查委员会打击腐败），这些在纽约和洛杉矶都显而易见，虽然都并非必然取得成功。 很明显，它们在洛

---

[1] 参见：Davis, *City of Quartz*。

[2] 参见：Paul A. Gilje, *Rioting in America*（Bloomington： Indiana University Press, 1996）。 作者追踪了数百年美国历史上约 4 000 个"暴乱"（保守估计）的案例。

杉矶是缺席的。 我已经指出，洛杉矶警局相较于当选官员的过度自治。 现在，我们转向对一些结果的考察。

有一位作者曾经比较了纽约和洛杉矶的暴行，尤其是保罗·舍维尼（Paul Chevigny）的《刀锋：美国的警察暴力》（*Edge of the Knife: Police Violence in the Americas*）。 据舍维尼所言：

> 纽约市和洛杉矶政府……在维持治安方面采用的方式几乎完全相反。 洛杉矶市和郡的警察留下的名声都是典型的预防犯罪型力量，在工作和公共环境中都采取准军事化的态度。 数十年来没有大的腐败丑闻，警察的士气很好，至少直到罗德尼·金（Rodney King）丑闻爆发前是如此。 相反，纽约市警察局是洛杉矶警局规模的 3 倍，对警官自由裁量权的控制及与公共和政治力量维持良好关系的方面一直备受关注……纽约警局的上级警官和普通成员之间的关系，常常最多是小心谨慎的，并且纽约警局存在周期性的腐败丑闻，有大有小。 **两个城市区域治理风格差异的原因同市政府与城市及其警察的历史有关。** ［因此，虽然］每个城市都有非致命暴力的滥用——警察暴行——的地方性问题，就像美国许多其他城市那样。 不过在 1991 年［罗德尼·金案开始的年份］之前，洛杉矶对这类暴力并没有严肃地试图控制，而纽约则更早产生了压力，要求至少设置一些系统性的问责制度。 很久以前，在尝试警官负责制并通过严格的内部规章减少致命暴力的使用方面，纽约都走在了全国前列，而在美国最大城市的警局中，洛杉矶的

警察射杀(伤)的人数仍旧最多[1]。

舍维尼的观点得到了 1993 年美国司法部(U. S. Justice Department)《统一犯罪报告》(Uniform Crime Report)的数据证实,1995 年春天,它一股脑儿登在《洛杉矶时报》上。 这些图表展示了 1993 年选定城市中,对比由警察导致的死亡事故,暗示生活在洛杉矶是很危险的。 华盛顿特区 4 424 名警官导致了 13 起死亡事故,警察致死率为最高: 每 1 000 名警官中,有 2.9 名警察引发死亡。 洛杉矶紧随其后,7 800 名警官,导致了 21 起死亡事故,每 1 000 名警官有 2.7 人出现开枪致死情况。 相较而言,芝加哥和纽约每 1 000 名警官中仅有 1 起警察致死事故,很难说是值得夸耀的成绩,不过或许反映出了各个城市"整顿"警察并训练警官"人际关系"方面的持续进展。 这些努力并没有发生在洛杉矶。

虽然针对洛杉矶黑人的大多数白人警察的暴力行为最为人所知,不过必须要记住的是,警察镇压墨西哥少数族裔同样有着很长的历史。 1965 年的瓦茨暴乱被媒体广泛报道,给出了一种错误的印象,即相较于非裔美国人,墨裔美国人群体要么没有被排

---

[1] Paul Chevigny, *Edge of Knife: Police Violence in the Americas* (New York: New Press, 1995), 1–2, 加粗字体为作者所加。 在某种程度上,他对于洛杉矶和纽约的比较类似于基梅尔道夫之前对于东西海岸港口的描述,其中与旧金山相关的是"赤色分子",纽约则是"非法分子"。 参见: Howard Kimeldorf, *Reds or Rackets? The Making of Racial and Conservative Unions on the Waterfront* (Berkeley: University of California Press, 1988)。

斥，要么是温顺地接受了二等地位。

在对 1970 年洛杉矶东部警察与奇卡诺激进分子之间的三场大规模暴力对抗的描述中，阿曼多·莫拉莱斯回顾了警察－墨西哥裔关系数世纪以来的历史，并指出墨西哥裔受到歧视性对待的时间要比黑人更为久远（至少持平）。当其指出，"在 1969 年，因为'干涉执法'，洛杉矶墨裔美国人被逮捕的比例远超其他人（墨裔美籍社区，58%；黑人社区 24%；盎格鲁社区 18%），这涉及警察的玩忽职守"，他问道，"这一行为能从历史上解释吗？"他认为，"由于有在疏离的环境中长期居住的经验，［墨裔美国人］对美国执法机构、法律机关的轻慢及不信任感被强化了。"他指出，墨裔美国人"为了生存的目的，这种反应方式已经成为'条件反射'"[1]。

他将这种不信任归因于通过执法部门实施的、司法的双重标准。莫拉莱斯称，法律与贫困西部中心（Western Center on Law and Poverty）研究了墨裔美国人的宣判，并发现："对于那些被判重罪的被告人，具有西班牙姓氏者或黑人的平均宣判裁决要比盎格鲁人更严苛"[2]。当这些与被移民归化局武断逮捕、移民官员对墨西哥裔外观者进行追逐等持续威胁混合在一起之后，你可以理解无论是否合法移民，他们对执法者的主导情感都是恐惧和愤恨。那么，出现周期性的冲突便不足为奇了。

洛杉矶东部的社会激进主义与抗议得到了几位芝加哥学者的

---

[1] Armando Morales, *Ando Sangrando（I Am Bleeding）: A Study of Mexican American Police Conflict*（La Puente, Calif.: Perspectiva, 1972）, 11.

[2] 同上，12。

编年记录[1]。 莫拉莱斯小册子的第八章名为："1970—1971 年的洛杉矶奇卡诺-警察暴乱"，其上已经说出了全部。 该章节描述了 1970 年 1 月 1 日、8 月 29 日、9 月 16 日发生于洛杉矶东部的冲突[2]。 莫拉莱斯直接将这些对抗置于 20 世纪 60 年代黑人暴动的背景中，宣称"将美国防暴委员会报告中的发现与洛杉矶东部暴乱情况的根本原因进行对比，证明了一个令人毛骨悚然的结论。 在用词上只要将所有的'黑人'替换成'墨裔美国人'，将'贫民区'替换'巴里奥'，而具体环境还是一样"[3]。

事实上，莫拉莱斯宣称，洛杉矶的墨裔美国人的境况比黑人还差[4]。 在重新阐释 1964 年至 1970 年间所谓的商品/反警察暴乱（commodity/antipolice riots）时，他指出，这些在白人警察武力之下的少数族裔袭击表现了他们在白人主宰社会下的能动性（agent）。他指出，虽然"20 世纪 40 年代的'种族暴动'主要涉及白人公民对少数族裔的侵犯，后者造就了战争年月的经济进步……但 20 世纪 40 年代白人公民的态度现在**通过并利用**白人警察进行表达，更重要的是，**这得到了占据主导的白人社会的鼓励**"[5]。

---

[1] 尤可参见：Marguerite V. Martin, *Social Protest in an Urban Barrio: A Study of the Chicano Movement, 1966 – 1974* （Lanham, Md. ： University Press of America, 1991）。

[2] Morales, *Ando Sangrando*, 91ff. 关于三场暴乱的细节可参见 100 – 102 页，不过也可参见之前第九章的讨论。

[3] 同上，91，加粗字体为作者所加。

[4] 同上，93。

[5] 同上，94。 莫拉莱斯指出，在 1968 年的贫民窟与反战暴乱的浪潮中，并且"预期着洛杉矶东部的市民骚乱，多个城市、郡政府以及商业领袖决定在东部洛杉矶之内构建价值 567 386 美元的暴乱控制中 （转下页）

即便奇卡诺人及黑人社区中动荡的成因有所相似，并都被对警力压迫的共同怨恨激化，不过这并不表示二者是"天然的"联盟。诚然，在 1992 年南部中心暴乱中，黑人和西班牙裔看起来是共同参与（并且，实际上西班牙裔被逮捕率要比黑人更高），不过，鉴于他们在该区域相同的人口比例、相同的阶级位置，以及对"法律和秩序"力量有着同样的负面经历，这是在所难免的。然而，这种合作很难被期待会在政治舞台上出现。如阿利斯泰尔·罗格斯（Alistair Rogers）曾经指出的，在洛杉矶，这两个"少数族裔"群体之间的关系"并不固定，而是模糊不清"[1]。何种意义上的模糊，以及现在城市权力的政治博弈如何影响这两个群体间的关系，这在 1997 年 4 月的选举中已经得到了揭示。

西班牙裔/黑人的决裂？一个新的盎格鲁-西班牙联盟

1997 年 4 月的改选中，不出所料，理查德·瑞奥登成了洛杉矶的市长，鉴于其在任时的额外优势是，其对手是汤姆·海登，一个进步主义者（即便激进的"60 年代"已经过去），后者

（接上页）心"。并且，当特别执法局（Special Enforcement Bureau）建立时，"在墨西哥裔美籍群体中存在着愤怒的谣言，认为这是用来对付自己的"（96-97）。

[1] Alistair Rogers, "Ambiguous Boundaries and Urban Change: Blacks and Latinos in Los Angeles"（paper presented at the 26th meeting of the International Geographers Congress; typescript dated August 1988）.

现在大约作为简·方达（Jane Fonda）前夫的身份同其近期开展州政治活动一样闻名。 根据一次选后民意调查（exit poll），瑞奥登获得了 62% 的男性选票以及 59% 的女性选票，所以性别并不足以成为影响获选的变量，通识教育程度因素也是如此（他获得了 60% 的高级中学毕业生或更低学历的选票，这些选民中 63% 拥有大学学历，60% 为大学程度或更高）[1]。

　　另一方面，民族与人种是最重要的变量。 所有选民中约 65% 是白人，并且，其中有 71% 都倾向于瑞奥登。 选民中有 15% 是西班牙裔，其中有 60% 也倾向于瑞奥登[2]。 瑞奥登同样俘获了 62% 的亚裔出身或血统的选民选票。 只有选民中占比 13% 的非裔美国人，大幅度地背离了这一趋势。 足有 3/4 的黑人选民支持海登；瑞奥登收获的黑人选票不足 1/5。 分而治之的"老把戏"再次上演，但这一次是通过白人与西班牙裔结盟对抗黑人——在某种程度上还有"自由主义者"——来实现[3]。

　　黑人和西班牙裔在 1992 年共同参与南部中心叛乱，然而却

---

[1] 选后民调的细节可参见： Jim Newton and Matea Gold, "Latino Turnout a Breakthrough," *Los Angeles Times* （Washington ed.）, April 10, 1997, A1, A6. 参见： esp. the table on A6。

[2] 这是城市历史上，西班牙裔首次超过黑人选民。 西班牙裔选票的增长有两个来源： 第一，由于归化（参见上文）的原因，潜在选民的数目有所增加； 第二，因为一次重要的公民投票（教育债券的发行）同样进行投票表决，一致的达成使得选民被进一步动员。 这对于西班牙裔社区尤其重要，因为到 1997 年，洛杉矶联合学区注册的全部学生中，西班牙裔占了 80%。 然而，在债券发行中，西班牙裔的投票仅仅巩固了来自其他既有选民的支持。

[3] 在选后民调中，确认其政治"意识形态"的选民中，27% 自称"自由主义者"的选民中有 1/3 支持瑞奥登，其他 2/3 支持海登。

在 1997 年的市长选举中戏剧性决裂的原因在于诸多人种、民族、阶级和司法状态交织而成的复杂性，这一点已经在本章前面部分进行了详尽解释。 而这一复杂性暗示了洛杉矶政治文化和权力结构中的潜在变迁。

让我们首先检查黑人和西班牙裔关系中阶级、种族和司法状态的交叉点[1]。 昂和瓦伦苏埃拉（Valenzuela）的一份详细研究考察了洛杉矶经济中西班牙裔移民对"低阶层"黑人（受教育程度较低者）地位的影响。 他们发现，增加的移民，尤其是非技术性和（甚至更加脆弱的）无合法身份的西班牙裔，直接关系到了非裔美国人群体中最贫困者日趋增加的失业，虽然种族歧视与劳动力市场分割都强化了这一效果[2]。 他们总结道，至少在洛杉矶：

> 西班牙裔的移民及种族主义在使非裔美国人陷入失业及收入的不利境地方面都发挥了重要的作用……［虽然］与种族差别对待相关的额外失业是与移民相关的失业的 3～4 倍……［然而］种族主义与移民的影响并非无关……黑人在二级劳动力市场高度集中，这里也包含了大量低技术的黑人

---

[1] 这一讨论忽略了亚裔人口，他们倾向于跟随白人选民，并且，除了大部分来自越南和柬埔寨的贫困难民小团体之外，倾向于至少与白人的经济和职业地位平等——如果不是更高的话。 参见：Cheng and Yang. "Asians"。

[2] 参见：Paul Ong and Abel Valenzuela Jr., "The Labor Market: Immigration Effects and Racial Disparities," in *Ethnic Los Angeles*, ed. Roger Waldinger and Mehdi Bozorgmehr（New York: Russell Sage Foundation, 1994），165-191。 在这本具有普遍重要性的书中，这是最好的章节之一。

移民，从而将黑人暴露至更大的工作竞争环境中，并且或许引发了他们日益增长的失业率及其相较于非西班牙裔白人更低的收入[1]。

较低经济层面上的阶级团结或种族竞争都不会立即转化为本地政治，因为如此多的西班牙裔非技术性及服务性工人都并非公民。 据索南森的看法，在过去的选举中，越贫困的西班牙裔公民越倾向于支持布莱德利，而较富裕的奇卡诺人并非如此；最近的选举中这一差异看起来消失了。 在受教育程度更高的政府雇员与白领中间，直到最近非裔美国人才在竞争中获得了比职业移民更好的处境，因为他们更可能是精通英语的公民。 有证据表明，这一阶层内的种族竞争有所加剧。 在西班牙血统的公民中，无论是移民还是本地出生者，在政治竞争中取得的成就很大程度上是以牺牲黑人权利为代价。 理解洛杉矶市及洛杉矶郡最近政治变迁的部分关键点在于西班牙裔社区自身内部的矛盾与分化。

西班牙裔的内部分裂

在西班牙裔社区内部，司法与阶级差异处于主要地位。 西班牙裔社区内部的"人种"及/或"民族团结"本应导致一种对移民进行限制的普遍态度这一假设并不正确，而且在经济紧缩的条件下变得不太可能。 来自墨西哥和中美洲的高度合法及不合

---

[1] Paul Ong and Abel Valenzuela Jr. , "The Labor Market： Immigration Effects and Racial Disparities," in *Ethnic Los Angeles*, ed. Roger Waldinger and Mehdi Bozorgmehr（New York： Russell Sage Foundation, 1994）, 178.

法的迁徙对一些根基更稳固的西班牙裔甚至是新近宣誓加入的公民的社会流动性造成了潜在威胁，短期来看，虽然威胁没有增加，但已经影响到了他们在选举扩张中的权力。 许多安稳下来的奇卡诺人为白人的抵制所警醒，并或许因此将和解置于对抗之上。 然而，与此相对的是与自身亲属境况的冲突，他们或许正寻求迁入并且不希望遭到排斥。 简而言之，情况非常复杂并且需要仔细观察。 此时，可以得出的唯一结论是，洛杉矶的政治结构正在经历一个深远的变化。 这是否会导致权力的深层再分配抑或是仅仅反映了事关分化、统治及收编的另一种操作，权且拭目以待。 并且，较贫困的西班牙裔及黑人将对此种新联合做出何种反应，尚无法准确预测。 政策的改变或许会促成改善，但如果没有，穷人将再次走向街头，永远重复 1965 年及 1992 年的暴乱回应。

一个与众不同的全球城市：洛杉矶

很明显，不管之前对洛杉矶声称自己为全球城市有任何怀疑——根据经济和人口统计——这一点确实是充分成立的。 但是在洛杉矶地区，"全球主义"的本质相当不同于芝加哥和纽约。 我将在第十三章探讨它们的异同，总结诸城市之间的历史比较情况，并探讨如下问题，即这种不一致性有多少是来自全球主义，有多少来自环境，又有多少是来自这三座城市的独特特性。

第十三章
总结与展望

再访全球化

在最表面的意思中，全球化仅是一个持续性的进程，借此，世界上越来越大的地区彼此日渐联系[1]——通过资源、商品、通货的实物交换，以及人口在更广泛地理范围内的流动，无论是暂时性的还是持久性的。不可避免地，该进程不仅在经济与政治层面引发了更多地"整合"，还允许符号与文化层面有更多的相互作用[2]。相互作用或许是直接的，也可能是间接的。在后一种情况下，全球化也可以包括一种日趋提升的"广度"与

---

[1] 在 Godfrey Wilson and Monica Wilson 关于非洲的早期研究中，这一日趋增大的范围被称为"规模（scale）的增长"。参见他们的：*The Analysis of Social Change Based on Observations in Central Africa*（London: Cambridge University Press, 1968 [1945]）。这一观念塑造了社会区域分析的概念基础，对它的说明可参见：Scott Greer, *The Emerging City*（New Brunswick, NJ.: Transaction, 1998 [1962]）。

[2] 参见：Leslie Sklair, *Sociology of the Global System*（Baltimore: Johns Hopkins University Press, 1991）。

"深度"意识，因为世界上更多区域中的人口能够互相了解并至少潜在地、被远在其生活地点之外起源的观念、价值观和实践影响。　不过在这一全球性意识日趋增长的过程中，它并没有建立一个温德尔·威尔基（Wendell Willkie）在二战期间所预言的"同一个世界"的意识形态联合体，而是实际上引发了一种混合的甚至是"杂交的"（hybridization）文化形式[1]。　所有此类相互作用的深度与广度在任意给定的时间都定义着世界体系（world system）的形态[2]。

　　然而，重要的是认识到，仅仅因为当代国际体系极大地涉及了其各个部分的命运安排，在这一广泛的体系中被指派给各个地区及民族国家的角色并不必然相同或一致。　而一般来说，这种影响不同程度上来自霸权力量（无论是基于帝国、新殖民主义或是阶级）及支配性文化（hegemonic cultures）（无论是消费主义、宗教或政治意识形态），并且不同的子单元都受到了影响，国家内部及国家之间都是，其方式在深度和意义方面多种多样。

———————

[1] 尤其可参见：Stuart Hall, Ulf Hannerz, and Janet L. Abu-Lughod in Anthony King, ed., *Culture*, *Globalization*, *and the World-System: Contemporary Conditions for the Representation of Identity* （Minneapolis：University of Minnesota Press, 1997）中的短文。　在某种程度上，一种不同的视角可参见：Bruce Mazlish and Ralph Buultjens, eds. *Conceptualizing Global History* （Boulder, Colo.：Westview, 1993）中，将全球化的含义作为"全球范围内"（globewide）进行讨论。　在我的理解中，将对全球化的分析仅限制在全球范围内的状况是一种错误。

[2] 在此，我在一种较宽泛的意义上使用**世界体系**这一术语。　几乎是将之作为**国际体系**（the international system）的同义词来用，我充分意识到，在更专门的文献中，它具有特定的含义，涉及**世界体系研究**（world-systems analysis）这一社会学"学派"。

　　在被分析者所说的**全球**或**世界城市**之中，即在这些城市集聚区或节点中，通过不均衡的国家内与国家间相互作用，这一不一致性也十分明显。　这一相互作用虽然几乎总是双向的，但既不均匀也不对等。　经济、政治与文化的优势程度有助于将主导性城市及从属性城市区分开来，即便它们或许都同样地整合进了全球体系。　虽然有时候，支配性的与从属性的世界主要城市都会被粗略地界定为全球城市，不过，在这些主要的城市区域中，需要做出一个关键性的区分：它们包括了国际体系中的控制或"指挥"中心及那些反之在系统最高路径较低的区域路径之间辅助调节的城市。　牢记这一点，那么全球城市之间及其内部的全球化差异效应便很清楚了。

　　由此，被提升为关于全球城市"新理论"的洞见与概括，虽其表面上看起来有说服力，但在解释特定的都市区域之间及内部的差异时，仅具有有限的价值。　本章的目的在于，超越这些概括以说明全球化的影响如何随时空发生变化，不仅由于世界体系本身得到了重新配置，还因为更高层面上产生的强制力总是与底层的既存环境产生交互，其造成的效果颇具空间与阶级的特殊性。　在这一反思的过程中，我想提出一些根本性的问题，虽然不能得到完整的答案：

　　（1）目前，在 21 世纪来临时出现的这一全球化进程，相较于早先在世界体系范围内融合中的增长，仅仅是程度上的不同，还是与具有明显不连续性的先前案例有着不同的特性？

　　（2）全球化如何随着时间演化？　最近主要的世界特大城市（megacities）中发生的变化在何种程度上直接来源于世界体系当前阶段的变迁？

（3）　就西方统治核心的世界城市受到的全球化影响而言，可以做出何种**局部性**的概括？　这些与对世界从属性地区的影响有何不同[1]？

（4）　现在在美国最大的全球城市中：纽约、洛杉矶以及——有所保留的——芝加哥，可以感到何种普遍的全球化影响[2]？

（5）　在对这三座城市的历史进行比较的基础上，关于第一章中所确认的变量在何种程度且以何种方式聚集在一起，进而生成了纽约、芝加哥与洛杉矶的特定空间、社会及政治结构，并因此能够解释三者独特的性质以及它们对当前全球化格局的独特回

---

[1] 我不会在此处理这一问题。 在一篇早期的对作为全球城市的纽约与开罗进行比较时，我指出，即便它们形式上存在着作为"第一"与"第三"世界混合物（彼此嵌套着）的相似点，不过在它们与国际经济的关系上，仍存在着更深层的差异：一个是控制者；另一个是被控制者。参见：Janet L. Abu-Lughod, "New York and Cairo: A View from Street Level", *International Social Science Journal* 42（1990）：307–318。

[2] 关于全球化如何影响美国城市这一问题，最近有一连串的文集，所有这些都出现在我的文本已经写成但尚未出版这段时间内。 如可参见：David Wilson, ed., "Globalization and the Changing U.S. City," *Annals of the American Academy of Political and Social Science 551*（May 1997）；Peter Karl Kresl and Gary Gappert, eds., *North American Cities and the Global Economy*（Thousand Oaks, Calif: Sage 1995）；以及 H. V. Savitch and Ronald Vogel, eds., *Regional Politics: America in a Post-City Age*（Thousand Oaks, Calif.: Sage, 1995）。 因此，虽然该主题是为了减少争议，不过深层的理论依然没有确定，某种程度上对偶然间选择的浅显个案进行研究无法代替系统的比较，据我所知，在任何情况下，都没有对历史背景给予充分的注意。

应方式[1]？

当然，这些问题中体现出的野心远远超越了本书中所做出的分析。 在此我们再次寻求答案，但是仅在之前所聚焦的这三座特大美国城市地区进行。 然而，这一方法的应用或可超越此处所考察的特定案例。 在其他非美国全球城市中重复进行这一课题，或许能够获得对上述问题的准确答案。

世界的地理格局

虽然我在本书中曾经强调，全球化及全球城市的主题需要对历史进行更密切的关注。 目前，其得到的关注还远远不够。 这里历史学的方法需要考虑到全球体系的动态变化，该体系构成了今日主要城市内部发展的最大背景，美国在 19 世纪、20 世纪于国家内部城市层级发展中的历史进程；以及更具体地对纽约、芝加哥和洛杉矶这些单个的城市化区域更翔实的历史，这些历史随着时间的推移打造了地理与社会的"地貌"（terrain），其上铭刻着最新的全球性力量和这些力量的互相作用。

———————

[1] 简要重述一下：第一章确认的多种变量是每座城市在世界体系中的战略位置，它们被不断地重塑着。 被人类强化的气候、资源及其地理疆域；其早期定居者的最初经济职能、政治赞助以及文化格局；同一时期的最大地理扩张——此时未来城市的空间格局已经建立，包括这些阶段中的运输技术；这个时期特定场所的框架走廊建立起来了。 其人口随着时间增长的比例与特定来源有助于塑造其演变中的种族与人种构成，特定的政府体制与"政治文化"在本地作为一种机制进行演化，以协调不同阶级和种族族群间的利益。

在本书各处，我指出了这三座城市发展过程中所身处的世界体系环境的变化。在此处，对于这一动态背景进行简要但更系统性的评论似乎是合适的。

全球化与全球城市的历史语境

城市作为网络节点并非一个新现象。实际上，城市处于复杂网络中心这一事实构成了它们的**本质**特征。遍及世界历史，某种城市——有一些是帝国的都城，在其时代显得尤其巨大；但也有一些相对小的"城邦"（city-states）——通过协调更广泛的生产、交换与文化循环（至少在最小程度上如此），起到了关键节点的作用。但是在这些一体化的早期表现中，即便最广泛的"跨国家/跨帝国（transimperial）"体系的区域影响也仅限制在地球上的小块地区。整片大陆无法被囊括或仅在位于核心区域外侧的边缘接触。无论如何，城市化自身既是一个征候也是这些区域体系构建的结果，其核心对农业腹地施加了支配权，并且/抑或是凭借河流甚至是海边，通过征服和/或朝贡或通过与远点的有利贸易条件增加了城市可用的盈余[1]。

这些微型世界体系在迈向公元前第二个千年的开端时达至顶峰。当时，三个河谷的城市发源地——沿尼罗河（Nile）、两河流域（底格里斯河-幼发拉底河，Tigris-Euphrates）以及印度河（Indus）——通过多种贸易网络彼此有了更为密切的交流，这一网络遍布沙漠，环绕着阿拉伯海（Arabian Sea）及地中海（Mediterranean）东部边缘，经过红海与波斯湾（Arabo-Persian

---

[1] 这一城市主义的理论已被预见，尤可参见我的著作：*Changing Cities: Urban Sociology*（New York：HarperCollins，1991），chaps，1-2。

gulfs），向安纳托利亚（Anatolia）更遥远的地区派遣探查者，即伊朗高原（Iranian plateau）以及印度河谷之外的地区（几乎同时期，中国的黄河流域正在发展另一个微型系统，该系统最终形成了与其南部区域及西部区域的联结）。

一体化的第二个高潮开始于古希腊时代，亚历山大的征服暂时统一了地中海东部并超越了其范围之外——最远到印度[1]。这一体系在罗马帝国霸权时期达到顶峰，当时整个地中海沿线地区都成为核心地区的一部分，并最终延伸到西欧，往北到达了英格兰，又通过贸易通道，不仅到达了印度次大陆东部海岸，甚至还间接地到达了中国。

在一个以西欧的分裂为标志的中断之后（其某种程度上被不正确地注释为"罗马的衰落"，但是更准确地描述应为所谓的西罗马帝国的放权），第三次局部性世界体系浮现了出来，延伸至一个更大的区域。该体系在13世纪达到顶峰，当时欧洲大部、欧亚大陆（Eurasia）、中东、北非、非洲东海岸地区、印度、马来西亚、印度尼西亚，甚至中国，其相互影响都正在加大——既有贸易与文化交流，也通过军事冲突。毋庸讳言，欧洲西北部此时仍处于该体系的边缘地带，并且尚未与新世界发生关联[2]。

大约是受到了一系列流行性传染病的撼动，其中以黑死病为

---

[1] 形成鲜明对比的是，往西进入罗马帝国领域内的腓尼基人都被吸收并整合进了希腊化的区域中。

[2] 我在自己的著作中追踪了这一特定的周期，参见：*Before European Hegemony: The World System A. D. 1250 - 1350*（New York：Oxford University Press，1989）。

顶峰，死亡率最高的地区是与正在进行中的全球体系联系最紧密的地区，这是另一个中断[1]。 在这一喘息的空当，第四次全球体系重新建构起来，诚然是在旧的基础上进行，但是通过所谓的"大航海发现的时代"快速扩张至包括部分"新世界"，最终达到非洲南部和南太平洋的另一片"未知领域"。 这是被伊曼努尔·华勒斯坦（Immanuel Wallerstein）称作"现代世界体系"[2]的早期阶段，并且它构成了纽约最初发展的环境，虽然只是作为一个次要节点。

在这一现代重组的早期阶段，"权力的天平"开始从地中海与亚洲日渐向强大的大西洋海上力量倾斜，先是葡萄牙与西班牙，随后是英格兰与低地国家（Low Countries）[包括荷兰（Holland）和西班牙，他们当时是一个共同的"国家"]。 在这一过程中，之前的禁区大西洋加入并成了该演化系统的第三个核心海洋（尽管更不稳定危险），联合地中海与印度洋-南中国海，后二者仍继续发挥着贸易、商业、征服与人员移动主要通路的作用[3]。 但是太平洋也正在遭受欧洲的小规模进犯。 在 19

----

[1] 关于连通性总是存在着一种反讽。 虽然它常常促进发展，但也放大了弱点。 黑死病沿着沟通频繁的国际贸易路线扩散，正如 1998 年日本和香港的货币危机受到美国经济健康状况的威胁要比之前更大，比印度尼西亚和马来西亚更为严重。

[2] 这一阶段的细节可参见：Immanuel Wallerstein, *The Modern World-System*, vols. 1 and 2（Orlando, Fla.： Academic Press, 1974 and 1980）。 需要指出的是，华勒斯坦及其追随者是在高度限定的情况下使用的"世界体系"这一术语。

[3] 参见 Andre Gunder Frank 最近的著作：*Re-Orient*（Berkeley： University of California Press, 1998）。 其中，他为其所谓的唯一以及亚 （转下页）

世纪末，通过对非洲和亚洲部分地区的征服，该体系达到了古典欧洲殖民主义的顶点。随后，大部分美洲国家获得了独立。

由于在这些早期年代里，水力运输较之于陆地运输要便宜得多，交易的关键点几乎没有例外全是河流或海洋港口（当然，例外是沙漠线路的绿洲）。那么，在现代世界体系的背景下，沿北美东北海岸线的港口成为与欧洲的联络核心，并且最终，纽约巩固了其在美国亚体系中的领导地位。虽然这一地位在随后受到了内陆和太平洋沿岸城市的挑战，不过并不曾被取代。

美国发展的地理历史学语境

当时，在最初的几个世纪里，纽约仍旧是美国与日趋以大西洋为核心的世界体系相联系的关键。在整个 19 世纪以及 20 世纪早年间，美国历史可被解读为一个横跨东西的跨大陆子系统的一体化以及最终联合的过程。即便当中央大陆被扩展至密西西比河，而圣路易斯（很快被芝加哥超越）成了"天定命运"之路的枢纽时，纽约保持并在事实上强化了其对于自身权利核心的支配性地位。如我曾强调的，几乎从一开始，它便是一座"全球城市"。没有一流的出海口，芝加哥永远无法获得等同纽约的显赫地位。

芝加哥与新型的美国体系东部及南部的一体化最初是通过水实现的，记住这一点很重要，这是历史上受青睐的运输方式。在 19 世纪的前 25 年，在铁路终端巩固了芝加哥中央大陆连接点

（接上页）洲在其中具永久重要性的"世界体系"，提出了最有力的根据。

也可参见：Andre Gunder Frank and Barry K. Gills, eds., *The World System: Five Hundred Years or Five Thousand?* （London: Routledge, 1993）。

主导地位前几十年，途经伊利运河-五大湖系统的大西洋沿岸出海口以及密西西比河内部通路的加勒比海出海口已经就位[1]。 然而，铁路所能做到而水路不能的一点是，将密西西比河以西地区与芝加哥联结在一起，并由此到达纽约。 如果没有这些联结，洛杉矶随后的增长（至少在形式上是这样）将难以置信。

如我们所见，在洛杉矶这块仅用 25 年就被征服的土地，直到有了少量墨西哥人定居点，才最终通过铁路与美国网络联系在了一起。 开始时，是在 1875 年通过旧金山进行间接地联结，10 年之后则是直接的干线相连。 至此，现代化的蓬勃发展开始了。 直到 20 世纪，在美国首个"远洋帝国"成形之后（多亏了 1898 年西班牙-美国战争中的领土割让），太平洋成为美国地缘政治的真正焦点，虽然仍是次一级的。 受到了这些战略利益的促进，从太平洋到加勒比海的海洋通道在 10 多年之后由于巴拿马运河的建造而显著缩短了。 因此，纽约成为寻求天命的启航之地，芝加哥是其中西部的中转站（switching yard），而洛杉矶最终成为其终点。

制度与技术性因素

然而，地理决定论（geographically determined）的思维方式是错误的。 虽然有利的地理位置是城市发展的必要条件，不过"（男）人们"（men）（在那些日子里，**确实也几乎全是男性**）

---

[1] 密西西比河沿岸的河谷微系统在第一民族（First Nation）的维持下，已存在许久了。 伊利诺伊南部的发掘揭示出该体系的广阔范围与复杂精致的文化。 然而，在南北战争时，该体系土崩瓦解，到了 20 世纪，国内的东南与南部中心区才开始跟上并被纳入国内和国际生产分配体系。

的机构、政治和经济活动，总是干预并支持某几个其他的等概率
（equiprobable）地点，并动员私人与公共财政以开拓这类受支持
的地点。 同时，技术能力的改变常常用于削减或增加所有自然
地点的活力（viability）。

因此，纽约港这一天赐良港并没有急剧扩张，直到直达港
拍卖这一商业发明让城里的经纪人获得了对外贸易的垄断，且
经由水路到达五大湖的这一工程成就使得纽约在国际关联贸易
中成为主要的批发集散点（break-in-bulk point）。 正是由成熟
的保险、银行与信贷机构推动的资本积累巩固了纽约作为由奴
隶生产的棉花作物经纪人的有利可图的角色，打败了其他任何
南方港口。

同样，芝加哥洪涝地区的排水系统与土地投机政客在吸引铁
路终点站与"枢纽性"职能时运用的阴谋诡计，对于强化其相对
潜在竞争者的领先地位而言是必要的。 正如随后芝加哥河逆流
工程削弱了对密西西比河的运输需求。"天然都市"或许凭借的
是富有土地与矿物的腹地，但是在随后的研究中可见，是该市通
过机器集中加工这些丰富的原材料的技术以及会计的发明，才使
其成为"中央大陆大都会"。

洛杉矶的案例甚至更为清晰，因为最初该区域既没有足以支
撑一个大城市的水力资源供给，也没有能够与北方的旧金山或南
方的圣地亚哥相抗衡的、自然条件优良的港口。 仅仅是本地商
人凭借政治势力，动用本地与国家公共财政，诱导大陆铁道终点
站建在该地区，使市政府可以获得远方水源的专卖权（借助移民
天才穆赫兰的强制驱动工程技术），并获得了大量联邦补助，这
一补助对于建设一个昂贵的人工加强型大规模港口综合体是必

要的。

军事冲突影响下不同城市的发展

不幸的是，战争同样在根据潜力创建本地优势方面发挥了作用。 正如洛杉矶的现代历史起源于其 1847 年的征服，其在 1898 年的西班牙-美国战争中刚得到了扩展，并依靠在一战前夕修建的巴拿马运河才得到了进一步巩固，所以直到第二次世界大战前，该城市都未曾决定性地进入美国城市体系的第一梯队。 直到第二次世界大战，太平洋战场将美国卷入了对"东方"（位于它的西方）的不可逆的介入。 第二次世界大战同样促进了纽约与芝加哥的经济： 前者主要是通过其港口，租借的货物从此处经航运发往欧洲，还有扩张中的造船业与飞机制造也直接投入欧洲战区；后者则是通过其福特制重工业，满足迅速扩张的战争物资需求[1]。

到那时，世界体系进入了后现代（late-modern）全球化的顶峰。 证据是显而易见的，只要将两次世界大战进行对比便知。 前者真正包括的仅仅是欧洲-大西洋"世界"的一部分；后者标志着世界体系包含了亚洲国家以及环太平洋地带。 至于今日，战后阶段见证了该体系的扩张，实际上到了世界的所有部分，包

---

[1] 二战时的活动对美国国内多个地区和城市产生的影响进行的进一步研究，可参见： Gregory Hooks, "Regional Process in the Hegemonic Nation: Political, Economic, and Military Influences on the Use of Space" (paper presented at the annual meeting of the American Sociological Association, Miami, Fla., August 1993)。 其中的地图展示了长期以来军事设施与国防订单的分布，说明了军事投资起到的强大作用。 该研究证实了安·马库森在近期所做出的断言。

括美洲中部和南部大片地区。 只有少量的崎岖的据点，一些非洲、亚洲和澳洲的内陆沙漠，还有一小部分航线外的岛屿处在全球体系外，不过它们也"时日无多"了。

美国战争武器的生产首先是为了自己的国防，这显著促进了西南部的经济繁荣，包括洛杉矶；部分渗透了东北部及大西洋中部各州的经济中，包括纽约的延伸区域；而中西部由于它们的缺席，经济被进一步破坏了，包括芝加哥。 但是供出口的武器生产也强化了美国在世界经济中的霸权地位，并且通过向第三世界销售武器以及在次级区域冲突中的力量调度重塑了整个世界体系的格局。

环境与三座城市在当代的相互作用

然而，历史并未随着全球化而终结。 纽约、芝加哥与洛杉矶城市化区域的当前命运已经与不断变化的权力地理分布（geography of power）联结在了一起，并最终与更大的体系格局联系在一起。 能体现当代美国一种两面神式的地位者，是它同时持有大西洋与太平洋的权力，并且北美与加勒比和拉丁美洲日渐一体化。 美国这三条海岸线甚至对人们越来越具吸引力，对内陆移民和海外移民都是如此。 在最近几十年，美国的人口持续朝这些沿海地区迁移，不仅仅是传统的东、西海岸方向，还有南部海岸。 作为门户的迈阿密之所以迅速崛起而几乎成为世界级的都市，当然与加勒比日趋增长的重要性以及"我们南边的邻居"有关，因此该影响区域日渐与美国核心地带结合在了一起，不过有时候似乎是通过非法的毒品贸易。 芝加哥的悲剧在于，它并不处于这些增长区域之中。

新技术参数中的全球与地方

技术进步继续着将决策与实地行动相分离的古老进程，这带来了生产的进一步分散与人员的日趋中心化这一矛盾效果，许多研究者现在称为"指令功能"（command functions）。 我们之前看到过： 纽约签署的商业"欠条"替代了仍旧位于芝加哥筒仓中的"真实的"中西部小麦；工厂迁往市郊，与此同时，公司总部在市中心进行了扩张，电话与随后的电脑能够监视更远的地方甚至海外的生产；股份所有权广为扩散，与此同时，专业管理人员集中了对重要决策的掌控权。

在某种程度上，这些过程仍在进行，但是现在它们的运行规模常常脱离或者模糊了动因与效果之间、控制者与劳动者之间所有的清晰界限，因为资本与劳动力的自由移动不仅超越了都市边界还突破了国家范围。 这一脱离意味着指令功能的健康增长与体系（无论是高度地方化的、国家层面，还是全球层面）"圈外"部分的极度贫困并不矛盾。 现在可以在英格兰的曼彻斯特及谢菲尔德（Sheffield）以及底特律中心区、芝加哥南部及西部贫民窟、洛杉矶南部中心、孟加拉国（Bangladesh）以及非洲大陆的许多地方发现这些边缘地区。

因此，全球化的影响现在很少**直接**落到其闪烁的电子节点和电路下的实物层上，而是通过日渐非实体化的信息赛博空间和高频金融（high finance）流动。 然后，在评估全球性变化的影响时，重要之处在于区分那些仍然束缚于空间的功能或交易，以及那些能够跨越空间（并常常是规范性的）限制的、更

为全球化的功能。 从这一有利角度出发，在本地化功能的
"空心化"（evisceration）与赛博空间中交易的增殖之间并不存
在矛盾，比如说，那些通过芝加哥商业交易所的计算机进行的
交易。

鉴于这些交易**确实**超越了空间限制，那么任何空间的垄断都
无法确保持续性。 如我们已然看到的，通过对全球金融期货和
货币期权的大胆预测，芝加哥商业交易所（尽管之后破产了）是
首个把握这一机会的，到 1995 年，共计占其合约的 90%。 然
而，由于市场的真正国际化，芝加哥商业交易所因私人业务的竞
争与不受控的国外交易而渐渐被破坏了基础[1]。

空间仍然与全球化经济有直接关系

这三座城市的共同点是，普遍性的制约力量都在全球层面产
生，即便由于它们落入不同既定空间而使得结果并不一致。 如
我们曾看到的，在芝加哥，主要的影响来自全球生产方式的重组
和生产空间的再分配，以及少量来自国外投资或国外移民的集
中。 相比之下，虽然在经济基础上，纽约与洛杉矶都是"重
组"的主要接受者，不过，这些转变中有一些让他们差异更大
（洛杉矶继续其福特制的工业生产，而纽约的少部分福特制基础
已实质上消失），而其他的变化，例如它们对国外投资、公司总
部（分部）增强的吸引力，体现了它们对国际体系的更大依赖。

─────────
[1] 参见：John Broder, "Wide Open Once Again? Chicago Exchanges Seek to
　Loosen the Yoke of Regulation," *New York Times*, June 4, 1997, D1, D5。

纽约与洛杉矶同样也将其旅游号召力资本化了,尤其是针对国际旅客(在洛杉矶亚洲人居多;纽约欧洲人居多),并且这两座城市的传媒中心在美国流行文化对世界其他地方的传播而言,有着极大的影响力。

这些变化直接导致了贸易、投资、文化生产与消费以及传播革命本身国际化的加大。 然而,如以前一样,以空间为基础的运输业中社会和技术的革新以及更具替代性的传播体系重塑了三座城市的角色。

对外贸易、航运与空运

虽然在理论上,可以想象参与国际贸易的货物吨位与价值是全球化的重要衡量方法,不过实际的数据显示出太多的异常,以至于这一粗略的方法必须谨慎使用[1]。 真实的地理分布仍然决定了经由特定港口的进出口流动。 因此,芝加哥海关只与一个水路毗邻国家(加拿大)有直接通道[2],无法期待它像重要的海滨港口地区一样,处理那么多的国际航运。 由于城市的位置,许多始发于芝加哥、预定出海的大宗货物,将会通过其他沿海港口转运。

更令人惊讶的是,纽约及洛杉矶地区的港口也并未处于支配

---

[1] 我很感激克里斯多夫·威廉姆斯,他编辑了本部分出现的表格中的大部分信息。 其中一些表格发表于: Janet L. Abu-Lughod, "Comparing Chicago, New York, and Los Angeles: Testing Some World City Hypotheses," in *World Cities in a World-System*, ed. Paul L. Konx and Peter J. Taylor (Cambridge: Cambridge University Press, 1995)。

[2] 或可预料的是,在北美自贸协定之下,如果美国贸易的"轴线"部分程度上从东-西线向着北-南线倾斜,芝加哥作为"边疆港口"的地位或会得到扩张。

性地位。 比如，1988—1990 年的原始数据表明，在外贸吨位方面，休斯敦与新奥尔良都高于纽约地区，洛杉矶仅排名第 10。芝加哥在美国港口中的排名甚至还要更低（1988 年是 58 位，1989 年是 54 位，1990 年是 59 位）。 仅对纽约、芝加哥和洛杉矶的进出口原吨位进行比较，差距在某种程度上就缩小了，如表 13.1 所示，但是其差异甚至比原始数字更加有趣。 纽约港的进货量远高于其出货量；相较而言，洛杉矶地区，经港口的进出口量要更接近平衡[1]。

表 13.1 1989 年纽约、洛杉矶与芝加哥港船运货物进出口原吨位

地　　区	进口原吨位	出口原吨位
纽约地区	47 121 436	7 179 929
洛杉矶地区	13 492 146	11 261 409
芝加哥地区	3 162 718	1 078 530

注释：芝加哥港包括芝加哥、皮奥瑞亚（Peoria）、东芝加哥、盖里、达文波特（Davenport）、洛克岛；纽约港包括奥尔巴尼，但是不包括新泽西港；洛杉矶港包括洛杉矶、圣路易斯港、长滩、埃尔塞贡多、凡图拉以及休尼梅港。 如包括新泽西港，将会大幅提升纽约地区的份额。
来源：美国陆军工程兵，航海数据中心，水运贸易统计中心，《1991 年与 1992 年年鉴》。

然而，或许正如可以预料的，鉴于航空运输重要性的增加，商品经空运的运费相比之下差距已经大幅缩小。 近些年来，这三个都市区的机场已经占据了美国全部空运吨位收益的 1/3，确定了它们在全球城市中的支配性地位（表 13.2）。

---

[1] 这些数据最好对同一城市按时间排序，而非是各城市交叉比较。 鉴于集装箱化的转变，尝试着对二战前与二战后两个阶段进行比较大概是徒劳的。

表 13. 2　1990—1991 年,经纽约、芝加哥与洛杉矶航空港的空运货物计费吨位(revenue tons)

区域航空港	1990	1991
纽约/纽瓦克	462 297	419 361
洛杉矶 [A]	368 240	364 644
芝加哥	304 959	292 179
总量, 大型枢纽	3 001 217	2 960 604

注释: A: 包括好莱坞/伯班克、长滩、洛杉矶国际(几乎全部)与橘郡机场。

来源: 美国交通运输部、联邦航空管理局、研究与特别项目:《经认证航路空运的航空港活动统计》(*Airport Activity Statistics of Certified Route Air Carries*),1990 年与 1991 年年鉴。 不幸的是,该数据没有区分国内与国外的目的地。

投资流

另一个"全球化"的衡量方法与本地经济和外部投资之间的"渗透性"有关。 但是涉及到海外投资在所谓全球城市中不断变化的角色时,需要引入一个重要的警告(caveat)。 如本书所言,在美国超大型城市的增长中,国外投资并不是一个新因素。 许多美国早期的基础设施确实是通过国外资金才落实到位。 然而,在 20 世纪 80 年代,这些投资的规模呈现出了新维度。 在这 10 年间,美国的直接海外投资是原来的 2 倍多,而这些投资在三个都市地区的比例并不一致。

理想情况下,最好能够了解在特定的都市地区中国际活动最后扩张了多少。 不幸的是,我仅能在州的层面上确定这类数据,所以这些数据必须用作间接测量手段。 在 20 世纪 80 年代,当这类投资快速扩张时,包括这三座都市区域的各州占据了重大且仍在增长的份额。 如表 13. 3 所示,在 1981 年与 1988 年

间，当时美国海外投资的体量扩张到原来的 2 倍以上，纽约/新泽
西、伊利诺伊和加利福尼亚综合投资的增长甚至超过了 174%。
到 1988 年，美国全部海外投资中的近 29% 都集中在这三个大型区
域（megaregions）所在的州中，这一数字在该 10 年之初尚不足
23%。 当然，"全球化"对这三个地区的影响并不均衡，而加利
福尼亚接收到的投资要高于纽约/新泽西地区，并且作为海外资
本的出口，远高于伊利诺伊。 加利福尼亚靠近迅猛发展的亚洲
市场，这毫无疑问是其如此突出的原因，也意味着全球化对洛杉
矶图景的影响要大于其他两座城市（参见下面对房地产的
讨论）。

表 13.3　1981 年及 1988 年，美国及纽约/新泽西、伊利诺伊及加利
　　　　 福尼亚诸州的海外直接投资（账面价值总额，百万美元）

地　　点	1981	1988	百分比增长，1981—1988 年
纽约/新泽西	14 444	43 092	198
伊利诺伊	5 646	19 491	245
加利福尼亚	20 404	48 270	136
三州总量	40 494	110 853	174
美国总量	178 003	385 734	117
三州份额（百分比）	22.8	28.8	

来源：我自己的计算，数据来自美国商务部：《1991 年美国统计摘
要》（*Statistical Abstract of the United States*, *1991*）（Washington, D. C.：U.S.
Government Printing Office，1992），795，表 1392，基于美国经济部分析局：
《当代商业调查》（*Survey of Current Business*）（1990 年，7 月）以及《美国海
外直接投资，海外公司美国分部的运作》（*Foreign Direct Investment in the
United States*, *Operations of U. S. Affiliates of Foreign Companies*）（1988 年初步
估计）。

　　一些海外投资实际上流向了为美国工人提供就业的外资公司
里。 此外，虽然美国居民在外资公司里就业的数据仅仅可在州

层面上而非单独的城市区域获取，不过在这里它们也表明，在大型区域中，地点与增长并不均衡，纽约要高于其他二者（见表13.4）。 虽然1981年至1988年间百分比的增长不像全部海外直接投资中所记录的那么急剧，不过很明显，外资公司的本地雇佣在这三座最大的城市化区域中也不均衡，纽约/新泽西确定了其对其他两座城市的领先地位。 这在很大程度上来源于纽约作为国际贸易及与之相关的服务业领袖的持续重要性。 相较而言，即便最近数据上涨了1倍，但伊利诺伊仍旧在国际贸易中是非常次要的玩家。

表 13.4　1981 年与 1988 年美国与纽约/新泽西、伊利诺伊及
加利福尼亚海外公司的雇佣数量(千)

地　　点	1981	1988	百分比增长,1981—1988
纽约/新泽西	345.2	571.2	65.5
伊利诺伊	113.6	224.2	97.4
加利福尼亚	248.4	388.3	56.3
三州总量	707.2	1 183.7	67.4
美国总量	2 402.3	3 662.6	52.5
三州份额（百分比）	29.4	32.3	

来源: 我自己的计算，数据来自美国商务部:《1991 年美国统计摘要》(Washington, D. C. : U. S. Government Printing Office, 1992)，795，表1392，基于美国经济部分析局:《当代商业调查》(1990 年，7 月) 以及《美国海外直接投资，海外公司美国分部的运作》(1988 年初步估计)。

房地产与跨国企业总部的管控

全球化在这三座城市的图景中体现得十分明显，因为外国投资具有重要可见影响的一个关键领域主要是城市房地产，尤其是中心商业区的贸易与办公区域。 外国投资者（纽约的荷兰人、

中东人与日本人；洛杉矶的日本人、中国台湾人与中国香港人）购买或建设了令人钦佩的银行，将闲置资金投入声名显赫的"锦标"房产（"trophy" properties）[1]，并且在所有三座城市里都开设了其跨国公司的总部。 他们正在寻求获取与重要美国公司总部的即时联系以及配合它们的商业与法律服务，并自然而然地聚集在了纽约、洛杉矶和芝加哥，在这三座城市中，这些"指令"功能仍然很集中。

再有，虽然总量的精确数字已经没有了，不过后者可以从最大的美国企业总部在纽约、芝加哥与洛杉矶的集聚推断出来。在这些年里，有几次测量持续发挥了指示的作用，所有的测量使用的变量都基于各个类型的大公司**总部**的位置。 根据这些条件，这三座顶尖的美国"世界城市"排序很明显是纽约（遥遥领先，虽然差距正在缩小），接着是芝加哥，最后是洛杉矶。

到 20 世纪 80 年代末，美国最大的 500 个企业中（其中，大多数有跨国联系），总部在纽约都会区者有 138 个；芝加哥居第二位，有 42 个；洛杉矶第三，仅有 25 个。 纽约在**跨国公司**中优势甚至更为显著。 在 100 个获得最多国外收益的公司中，有 40 个都将总部设在纽约市或其郊区。 在 1986 年，排名前 100 的跨国公司获得的 1 370 亿美元国外收益中约 55% 流入了 40 家总

---

[1] 关于"锦标房产"最近的一项收购是一家德国公司对纽约现在已经贵族化了的时代广场中心广告"塔"的购买。 是仅 4 年以前美国卖家所出价格的 4 倍以上，这占据了整整一页的报道。 参见：Charles V. Bagli, "Tower in Times Sq., Billboards and All, Earns 400% Profit," *New York Times*, June 19, 1997, 1, B8。

部位于纽约地区的公司[1]。

　　然而，集中支配程度随商业类型而变化。 参与零售贸易、商业银行业务、保险、公共设施与交通运输的大公司集聚程度最小，而制造业、广告业以及各种金融公司（从理论上讲，这些都是发挥的"控制"功能）的总部似乎大多数都集中在三座世界城市以及其扩展城郊区域。 表 13.5 给出了 1990 年及 1992 年在 200 座最大的制造业公司以及 50 座最大的其他类型的公司中总部位于纽约、芝加哥与洛杉矶都会地区的数量。 大多数企业办公地点仍然在中心商业区，虽然城郊也在增长。

表 13.5　美国公司最大的企业在纽约、芝加哥与洛杉矶城市及城郊的总部数量,1990—1991 年,按照企业类型划分

企 业 类 型	在三座城市中的百分比	纽约	芝加哥	洛杉矶
制造业（n=200）	37	42	17	14
广告业（n=50）	82	34	5	2
金融（n=50）	54	20	6	1
各种服务业（n=50）	34	8	3	6

　　来源： 我根据兰得·麦克纳利的数据自己进行的计算。 参见：《1992 年贸易图集及市场手册》（*1992 Commercial Atlas and Marketing Guide*）（Chicago： Rand McNally，1992），48 – 49； 数据最初见：《财富》（*Fortune*），1991 年 4 月 22 日及 1991 年 6 月 3 日；《广告时代》（*Advertising Age*），1991 年 3 月 25 日。 总量只有近似值。

生产者与企业服务在市中心的集中

经济重组假定制造商与公司服务会在世界城市中集聚，并因

---

[1] 参见: Matthew Drennan，"The Decline and Rise of The New York Economy," in *Dual City: Restructuring New York*，ed. John Mollenkopf and Manuel Castells（New York： Russell Sage Foundation，1991），37。

此强化了这些城市的霸权。 阻碍这一趋势的是，最近在大都市核心区周围的办公大楼里这类服务的去中心化。 然而，即便有着"边缘城市"的刺激，但在所有这些重要部门中，城郊化本身都没有破坏都市中心的领导权。 艾利克斯·施瓦茨（Alex Schwartz）曾就这一点将纽约、芝加哥与洛杉矶进行了比较[1]。在对《企业金融蓝皮书》（Corporate Finance Bluebook）中的数据进行分析时，他将纽约、芝加哥与洛杉矶都市综合统计区的公司做成表格，登记了为企业提供保险统计、审计、银行、投资银行以及法律服务的1 452家公司。 其中，54%位于纽约地区，26%位于芝加哥地区，20%位于洛杉矶地区。 虽然这些企业服务公司中超过一半在地理位置上超出了城市的边界，不过，位于市中心的企业在规模上几乎是那些位于城郊者的2倍[2]。 芝加哥被证明是中心化最强的，至少在这5类生产者服务行业中，芝加哥在体量以及管理上，都超过了洛杉矶。

国际"市场"的存在

如果沙森是正确的，那么另一个经济标准在区分"全球城市"与其他超大型城市时便愈加重要，即国际投资、贸易与金融市场的存在[3]。 值得注意的是，在这三座城市中，洛杉矶是唯

---

[1] Alex Schwartz, "Corporate Service Linkages in Large Metropolitan Areas: A Study of New York, Los Angeles, and Chicago," *Urban Affairs Quarterly* 28 (1992): 276–296. 本文所分析的数据来自: *Corporate Finance Bluebook* (serial since 1983)，是主要的美国公司的年鉴指南。

[2] 市内公司的媒体销售量与每座城市公司的媒体雇佣数几乎都是位于城郊的公司的2倍。 Schwartz, "Corporate Service Linkages," 283.

[3] 参见: Saskia Sassen, *The Global City: New York London, Tokyo* (Princeton, N. J.: Princeton University Press, 1991)。

——一个没有重要的国际交易所的城市。 纽约，当然是美国重要的股票市场交易所在地，并且是少数可以对世界商品进行定价（尤其是糖、石油、黄金等等）的市场之一。 芝加哥仍然拥有全部最重要的农业商品／期货市场，这一点在迄今讨论全球城市时，一直被忽略。 而通常情况下，人们会根据工业／服务业企业以及金融工具来考虑交易市场，重要的是，要记住农业商品仍然构成了美国主要的"民用品"出口，赚取了最大的贸易顺差并因此有助于削减国家的国际收支失衡。 我们已经看到芝加哥商业交易所的作用，其过去常常专用于五花肉，现在则在国际货币市场上发挥作用，将期货推行到了所有的国际货币中。 这是一个典型的世界城市功能。

因此，即便有论点指出，运输与传播革命实际上消除了空间阻力，并且赛博空间构建了日渐具有替代性（替代品）的交易空间，不过位置仍然是重要的。 不过空间现在被写入了更大的大陆画布上（continental canvas），尽管许多虚假的全球交易越来越难以追踪，且其影响更为间接[1]。

区域人口重要并构成了空间基础

大规模、高密度与人口多样性一直都被定义为城市的特质，

[1] 最近，学者们开始再次强调区别于全球性力量的"地方"的重要性，通过对不同种类——从最深刻的嵌入本地者到所受束缚最少的经济行为的详细分析，在两者之间重建了平衡。 一本杰出的个案研究文集可参见： Kevin Cox, ed., *Spaces of Globalization: Reasserting the Power of the Local* （New York： Guilford, 1997）。

因为或许就像国际往来一样引人注目，大多数经济与跨文化活动依然显示出本地性。这三座城市之间的一些差别可以归结为其区域中的整体增长率，并非全可追溯至国际性的诱因。就芝加哥而言，这尤其明显。即便奥黑尔鼓吹其是国内最繁忙的航空站点，上述情形不容忽视。但是必须要承认的是，宽阔的中西部与城市平原腹地并没有像以前一样增长，并且如果不看绝对数字，许多地方的人口事实上也相对减少了。中西部人口的"增长停滞"与芝加哥的服务领域集聚区，对城市经济健康状况的恶化产生了重大影响，同时它们反过来又是被福特制基础的丧失促发。因此，这些后果中只有一部分由于特定的本地原因而传播，如后福特制或者是芝加哥有争议的种族关系，虽然其最严重的负面效果所影响的主要是贫穷的有色人口。

而在某种程度上，相较而言，极东与极西的美国"门户城市"也像芝加哥一样（纽约远远超过了洛杉矶），遭受了旧式生产基础的空心化，不过仍继续保有其自身的人口。因为，特别是在过去的 30 年里，它们对日渐增多的移民有着巨大的吸引力，现在这些人都经许可加入了美国。当环绕着它们的无边界组合型城市——而不是其法定的城市边界范围内的区域——作为分析的单位时，这两个组合型城市都在继续发展。

因此，大陆的"空洞"不仅仅由于人口的低自然增长率和离开大平原（Great Plains）[1] 的内部移民，还有最近日趋扩大的

———

[1] 从大平原向外的移民迁出趋势很明显已经得到了逆转，这一点已在最近得到指出，但这似乎代表着一些白人居民从大都会区的反向迁徙趋势，他们在寻求逃离日益增长的"少数族裔"人口。

海外移民潮，其"人口港"仍然是沿海城市——虽然他们现在是通过航空（或徒步）旅行，而非轮船。 纽约城市化区域近期人口的恢复，以及更多的洛杉矶特大都市的增长（即便最近有"盎格鲁人"的逃离）明显源于由国家政策变化而增多的海外移民。 显然，这是新全球化的间接效果，也可以视作早期增长模式的复苏，虽然来源非常不同。

国际移民对于城市人口增长及多样性的促进

移民规模

最近移民的影响有多大？ 当使用更大的都市综合统计区作为单位时，我们发现洛杉矶地区在 1990 年，其人口有 27%生于海外；纽约地区有 20%生于海外，它在大型美国城市区域中受到了人们跨国流动最为彻底的影响[1]（见表 13.6）。 相反，前往芝加哥地区的移民不足以阻止起初的人口衰退。 很明显，芝加哥都市综合统计区的人口中仅有 11%为国外出生者，该区域较之过去更少依赖于移民。 该市的内陆位置以及对苦力劳动需求的急剧下降或许可以解释其缺乏吸引力的原因，虽然这里有服装产业，不过像其他城市一样，产生了亚洲资本和西班牙裔运营商之间的平行共生关系。

然而，都市综合统计区并不是最容易把握国外移民影响的单元。 在所有这三个地区中，国外移民在城市内的居住分布并不

---

[1] 需要指出的是，对国外出生者数目的低估，尤其是未记录的居民，使得这些数字呈现出了绝对的最小值。 真实的比例或许会高得多。

表 13.6 纽约、芝加哥与洛杉矶都市综合统计区,在 1990 年黑人、
亚裔或西班牙裔的人口百分比

民族/人种	纽 约	芝加哥	洛杉矶
黑人（非西班牙裔）	18.2%	19.2%	8.5%
西班牙裔	15.4%	11.1%	32.9%
亚裔	4.8%	3.2%	9.2%
美籍印第安人	0.3%	0.2%	0.3%
全部少数族裔	38.7%	33.7%	50.9%

注释：西班牙裔这一分类仍然有些困难，因为在我考察的 1990 年人口普查的一些数据中，少量的西班牙裔自称为黑人或亚裔，很多西班牙裔自称是白人。但是绝大多数自称为"其他"，因此混淆了美国的种族分类。

均衡，虽然阶级和种族起源引起了这一特定定居点的差异。富人与受教育程度更好的南亚、环太平洋地带及中东移民常常更青睐边缘和/或城郊地区，而他们中更无产阶级化的同胞们以及三座城市中大多数西班牙裔则陷在了市中心（或，在洛杉矶的案例中，去往了其包含的郡中），他们在与其他"有色人种"很近的地方生活。因此，1990 年，在纽约 5 个自治区中，几乎 29%的人口生于海外；洛杉矶市 38%的人口生于海外；在库克郡（包括芝加哥市），14%的人口是移民。

最近移民的来源

即便这些城市中移民的数量大体相当（对纽约和洛杉矶来说是这样），然而，据移民来源看，它们之间的差别十分巨大。这一要素产生了其"世界主义"的不同程度并制造或抑制沿着人种及民族方向的社会分化。如我们曾看到的，西班牙裔尤其是墨西哥裔移民在洛杉矶的数量优势促成了两极分化（并使得协调政治行动成为可能）；而纽约群体的绝对多样性无论好坏，都不

利于这种身份政治战略；芝加哥市位于这两种极端之间的某处，部分是因为，其本土出生的非裔美国人口虽然不再增长，不过相较于国外出生者仍然占据了一个更高的城市人口比例。

特定吸引力在部分程度上受到"最省力"空间的影响。 虽然与输出国的地理邻近性塑造了前往这三座城市的移民潮的人口结构，不过世界体系的约束以及美国在该体系中的位置也同样有选择地对所有潜在移民进行了遴选。 人口的跨国移动很难是随机的，也并不独立于更大体系中的政治与经济，尤其是身处其中的美国。 移民的规模和选择性通过国家法律与本地政策的高度政治性过滤发挥作用，即便或许并非总是能得到想要的结果。

一些简单的例子或许可以阐释这一点。 亚裔移民尤其是经过高度遴选的，很大程度上来自在之前的战争中与美国有关的国家和地区［菲律宾、中国台湾、越南、柬埔寨（Cambodia）］或来自盟友关系预计会产生变化的区域［中国大陆（包括香港地区）］。大多数的人口与资本由于明显的地理原因聚集于西海岸。

西班牙裔的增长也是如此。 墨西哥与美国之间的关系为加利福尼亚和西南地区阶段性的大规模人口涌入提供了环境，且中美洲和加勒比事件的政治介入也开启了人口流动：不仅仅是古巴人涌入迈阿密，还包括尼加拉瓜人、危地马拉人以及萨尔瓦多人向洛杉矶的流动和多米尼加人向纽约的流动。 虽然严格来说，并不能视之为"移民"，不过来自波多黎各的人口以及来自加勒比其他岛屿（西班牙语、法国克里奥尔语以及英语使用者）的真正移民主要集中于纽约，因为这对于他们而言，更容易进入。 鉴于其更为集中的地点，芝加哥的西班牙少数族裔中来自波多黎各与来自墨西哥者几乎等同，前者的社区建造得更早一点，后者则起源于近期。　然而，他们的定居区域常常在地理上相当隔离，并且其政治联合远远难以保证。

纽约移民潮的绝对多样性反映了该市在全球更大的影响力，尤其是对于欧洲。　最近定居于纽约的俄罗斯人与波兰人数目激增很明显与前苏联及曾属前苏联的国家的变化有关，虽然东欧居民的累计数目仍然不及多米尼加人和其他来自加勒比的移民[1]。

三座城市移民关于现有阶级与种族结构的融入

鉴于新移民在种族、国家来源上的多样性以及随之而来的不同的人力与经济资本，可以预见，他们融入其目标城市现有的、独特的种族、阶级与职业结构的形式将会相当不同，并对这些城市的政治文化和本地出生的少数族裔人口产生相当不同的影响。不仅仅是不同输出国提供的移民拥有极为不同的人力资源特性，并且一旦到达国内，更为本地化层面的发展也有助于测定移民如何被吸引、何种经济生态会对之开放、他们又如何与本地出生的公民相互作用——无论是白人/盎格鲁人还是非裔美国人[2]。

————

[1] 如，从 1990 到 1994 年（我们手头数据中最靠前的年份），从苏联来的移民仅占美国所有移民中的 6%，但是所有移民中几乎有 12% 的都去了纽约。　纽约市约 54% 的移民都来自加勒比地区，不过这些输出国的移民仅占所有前往美国的移民的 11%。　参见：New York City Department of City Planning, *The Newest New Yorkers*, *1990 – 1994: An Analysis of Immigration to NYC in the Early 1990s* （New York: Department of City Planning, December 1996），12, Table 2.4；这是我自己的计算。

[2] 采取累计的方式，Roger Waldinger 的工作阐明了移民如何在纽约和洛杉矶的经济体中发现独特的"利基市场"。　关于纽约，参见其：*Still the Promised City? African-Americans and New Immigrants in Postindustrial New York* （Cambridge: Harvard University Press, 1996）。　关于　（转下页）

机会结构与移民带来的技术相互交织，但是并非在所有的地方都方式相同。 因此，洛杉矶和纽约的朝鲜裔移民在少数族裔区域（常常是犹太人腾出来的位置）发现了进入小型商业利基市场的方式，这使得他们继承了过去年月里种族间的敌意。 不过，在这些相似性之外，多样性是很明显的。 在这三座城市中，朝鲜裔受雇于小型服装厂（常常从社会地位低下的移民群体中雇佣劳动力），但是现在朝鲜杂货店广泛分布，服务于纽约的许多社区，这与芝加哥或洛杉矶并不相同。 在后两座城市中，朝鲜商店或许集中在特定种族的区域或主要为少数族裔的区域，但是同时，那里的朝鲜裔职业范围更为广阔[1]。 墨西哥裔移民

（接上页）洛杉矶，参见其：*Ethnic Los Angeles*（New York： Russell Sage Foundation，1994），edited with Mehdi Bozorgmehr。 关于芝加哥，我没有发现相对应的研究。

[1] 关于朝鲜裔熟食店在纽约的早期网络发展，参见：Ilsoo Kim，*New Urban Immigrants： The Korean Community in New York*（Princeton，N. J.： Princeton University Press，1980）。 关于同时期的洛杉矶，尤可参见： Edna Bonacich，Ivan Light，and Charles Choy Wong，"Korean Immigrants： Small Business in Los Angeles，" in *Sourcebook on the New Immigration： Implications for the United States and the International Community*，ed. Roy Simon Bryce-Laporte（New Brunswick，N. J.： Transaction，1980），167 - 184；一个更充分的处理可参见： Ivan Light and Edna Bonacich，*Immigrant Entrepreneurs： Koreans in Los Angeles 1965 - 1982*（Berkeley： University of California Press，1988）。 关于这两座城市不同的融入造成的数年后的结果，可以通过比较两种文献形成对照： Paul Ong and Suzanne Hee，"Losses in the Los Angeles Civil Unrest，April 29 - May 1，1992： Lists of Damaged Properties and the L. A. Riot/Rebellion and Korean Merchants"（University of California，Los Angeles，Center for Pacific Rim Studies，mimeo，1993）；and Claire Jean Kim，"Cracks in the 'Gorgeous （转下页）

在纽约和芝加哥地区进入了蓝领职业和餐饮服务业中，而洛杉矶在农业包括延伸出来的城市园艺工作中则持续吸引了更多的墨西哥裔移民。

对移民的态度

当然，移民潮的数量及构成对塑造关于其反应而言，十分关键。事实上，在 1983 年至 1992 年的财政年度之间，加利福尼亚比其他州接收了更多的"合法"移民（在 1991 年达到峰值，当时接近 75 万人，占全部移民的 40%，经由加利福尼亚进入美国），恰好是本地经济正在收缩之时，这部分解释了（仅仅是部分上）为何相较于纽约甚至芝加哥，此处对移民的抵制会如此极端。事实上，加利福尼亚移民的最大部分源于墨西哥并且这些"合法的"人数还要加上另外 750 000 人（或所有未记录移民中的 75%），这表明对这种形式的"全球化"的反应受到了移民人口规模和构成的深刻影响[1]。

如有些人曾表明的，纽约人的态度可能更"自由化"，不过也必须承认，加利福尼亚对"入侵"及"文化稀释"的普遍恐惧并非仅由"种族主义"所引起。即便贫穷的西班牙裔和非裔美

（接上页）Mosaic'：Black-Korean Conflict and Racial Mobilization in New York City"（Ph. D. diss.，Yale University，December 1996）。在洛杉矶，聚集在南部中心的，店主不在场的朝鲜裔便利店和贩酒店是普遍的袭击对象；在纽约，多个"少数族裔"地区遍布的朝鲜裔运营的熟食店成为真实的或预感的袭击特定目标，这是由企业所有者引发的，但是这些行动无论经过多么广泛的宣传都没有流传开。

[1] 这里引用的数据来自：Immigration and Naturalization Service，graphed in Robert Reinhold，"California's Welcome to Immigrants Turns into Resentment，"*New York Times*，August 25，1993，A1。

国人联合参与了 1992 年的"暴乱"，但后者有参与的正当理由，因为看起来比较脆弱的移民倾向于在工作市场中取代没有技术的非裔美国人，恶化了后者已经比较高的失业率。 虽然同样的替换似乎也出现在了芝加哥和纽约，不过影响没有那么极端。从数量来看，纽约的移民可与洛杉矶匹敌，但在来源国和人力资本层次上则前者更加多样化。 虽然有一些趋势显示，牙买加裔移民正替代本土出生的黑人，还有多米尼加裔及其他西班牙裔正取代波多黎各人，不过公共职务一直是对这两个"被取代"群体的补偿，至少是对那些受教育者，对公民身份的要求使他们在这些位置获得了优势。

在芝加哥，移民比例低于洛杉矶或纽约，但仅略微有所不同。 因此，对移民的抵制并不极端，并且旧的芝加哥种族飞地形态（倾向于"单打独斗"）看起来仍在持续。 然而，非裔美国人与西班牙裔之间的敌意仍继续着。 虽然这两个群体都是相当弱势的群体并且大多集中在城市之内，不过他们更喜欢居住在彼此附近，而不是混合居住，正如贫困的西班牙裔与黑人在洛杉矶南部中心那样。

移民融入政治结构

在移民融合方面，这三座城市的经验也有着巨大的差别，这不仅取决于移民的数量和结构，还取决于他们与本土出生的公民的关系（黑人和白人都包括），以及塑造其合并区域的体制性结构。 比如，"西班牙裔权力"在这三座城市中有着非常不同的含义。

在洛杉矶，由于大规模的选区以及在任者随意重划选区的权力[1]，人种-民族的少数族裔群体必须发展城市及郡层面上的联盟，如果他们要影响政治结果的话。　直到最近，盎格鲁的权力机构才开始讨好日益增多的西班牙裔选民（仍然几乎都是墨西哥裔出身），其广泛的分布（公认处于半隔离区域）使其相较于高度隔离的非裔美国人更受权力结构的青睐，后者现在正日渐被切断正当的表达渠道。　洛杉矶持续实行分而治之的战略，虽然在某种程度上有着不同的参与者，正如最近的市长选举所显示的那样。

　　在芝加哥，波多黎各裔及墨西哥裔之间的分裂以及西班牙裔同非裔美国人铸造持续联盟的失败，最终允许中心商业区的利益集团与白人产业业主撤销了他们在哈罗德·华盛顿任期内暂时性获取的权力。　虽然由于他们在许多选区内占多数，少数族裔（现在其人数加总后是多数）已在市议会中得到了充分代表，不过通向市长办公室的大门仍然掌控在白人支配下的民主党机器手中，在市里，实际上这是唯一一个重要的单一政党。　芝加哥历史深处持续运转着的双向种族憎恶强迫新来的"有色人种"做出非此即彼的选择（亚裔选择"白人"；西班牙裔在认同白人或黑人之间产生了分化，抑或是两者都不认同，最后一类越来越多）。

　　在纽约，这座城市长久以来习惯了一种人种的"扑克游戏"，这里没有哪个单一族群拥有控制绝大多数筹码，并且政治联合体系提供了大量入口，虽然并不具同样的优势。　亚群体之间的绝对多样性——老前辈与新移民，肤色混合，移民/公民状

----

[1] 纽约与芝加哥的市议会同样有这样的权力，不过它们仅仅在微不足道、不会引起争议的事物上行使权力，进行调整。　在洛杉矶，选区边界极端不稳定并且看起来反复不定。

态，由阶级和居住点区分的宗教认同——倾向于让洛杉矶沿语言-血统方向上、芝加哥沿肤色方各上的对立静音。久而久之，在行政区以及市政厅出现了"种族演替"，正如爱尔兰人与犹太人分享了权力，并相继退出为天主教意大利人腾出了位置；正如非裔美国人吸收了牙买加人并将位置让渡给他们；又如新的西班牙裔移民（尤其是多米尼加人）对波多黎各人的挑战或二者间的结盟。这些演替在居住区也很明显，多个隔离的小型区域更广泛地分布在街区中，并且在某种程度上，租金管制抑制了之前群体中激进、彻底的替换。这意味着，虽然纽约没有消除冲突，但是相较于芝加哥南、北之间与洛杉矶东、西之间，其战线要更独特且复杂得多。

全球化的结果

在前文中，我大约已反复证明，即我在本书中所追踪的这三座城市的演化，即便有所不同，但都是典型的全球城市。然而，这并不意味着发生在这些城市地区中的每件事情或是大多数事情都可以直接或间接地归结为世界体系重组的当代进程抑或是美国的支配性地位，虽然其不再是完全霸权主义的参与者。如果国际性制约力量具有如此的压倒性，可以预料的是，其在这三座城市中的影响应该仅有程度上的区别。正如我尝试在本书展示的对比所显示出来的那样，这很明显并不正确[1]。

──────

[1] 在最近一次我于哥伦比亚大学彼得·马库斯关于全球城市课程上所做的陈述中，马库斯问我，多种城市中，有多少能够直接成为（转下页）

那么，这就将我们带到了本书开头所提出的更大的问题上面：鉴于世界重组带来的巨大变化，为何在这三座城市中，其影响——不仅仅是在经济上，还包括社会与空间关系上——如此不同？我的论点自始至终都是，源于全球经济层面的普遍性力量总是通过本地政治结构运作，并与其继承而来的空间形式相互作用。因此，在不同的城市中，它们总是以特定的方式显现，并抗拒着迄今为止对一类被称为"全球"城市的简单概括。

那么，很明显，我相信全球化并没有绝对不可避免的后果，即便是对那些有正当理由被纳入这一范畴的处所而言。总而言之，我聚焦于三项差异的根本来源，它们塑造了纽约、芝加哥和洛杉矶的发展：①政治边界的问题；②收入分配的问题，其被认为存在分化（bifurcating）；以及③出现在这三座都市区域**空间**领域和所承继的**文化**格局中的社会关系问题。虽然这些差异或许都很明显，不过，它们的某些结果，尤其是它们之间的关系，尚需要梳理。

政治边界的问题

许多美国城市化区域特别难以规划与协调，原因有以下几点：固定的州边界的特定历史；美国联邦体系的特性，理论上权力只在那些区域运转，而不在各个州保留[1]；市政当局从属

（接上页）国际性力量。这抓住了我忽略的事物。我未经思考便回答："大约至多有10%。"这是最后分析中的一个问题，答案是瞎猜的，无须进行证实或否定。这很大程度上取决于一个人如何区分"直接"影响和"间接"影响。

[1] 当然，这一理论与真实实践中存在较大的落差。实际上，在更多的本地层面上，能够做什么日渐由联邦层面决定。不过，这种　（转下页）

性的司法特性，它在法律上是州立法机关赋权的"造物"，因此永远无法完全从创造它们的政府层面独立存在[1]。由于跨越州边界进行调整的不可能性以及其城郊对合并日趋强烈的抗拒，这三座城市能够用于回应全球化挑战的不同自由度与其继承而来的边界相关。许多都会区最近的解决方案是，尝试将城市职能疏解到周围郡的单位里，但是这一方案并不对所有城市开放。

讽刺的是，在本书的三座城市中，洛杉矶的城市管辖权特别碎片化（虽然全位于同一个州的同一个郡中），但是似乎在克服由不合理的边界状况所产生的问题时，反而处于最有力的位置上。如我们所见，诸如供水和教育这样的职能已经迁移到了郡的层面，因此在一个单一的政府管辖权内部，形成了包含具高度差异的特定民族、人种与阶级人口的亚区域与行政市（区）。当然，这一布局的缺陷在于缺乏具有充分代表性的政府机构，以作为解决争议并表达不一致意见的、真正的民主舞台。从积极方面看，郡自身便是一个政府层级，在某种程度上可以使得协调周围各郡变得更容易。这一优势被以下事实强化，即城市化地区落在了单独一个州的范围内，这是第二重要的边界问题。

芝加哥城市化区域同样受益于其在单一州内的实质控制，虽

————

（接上页）张力一直存在。一方面，各州抱怨被下放的联邦授权没有与之相匹配的充足资源；另一方面，由联邦安排并补贴的项目中，各种的替代性分块财政补贴的压力又死灰复燃，尤其在福利和住房中。

[1] 我探讨了其中的一些问题，可参见："American Exceptionalism: The Global and the Local in the World Cities of New York, Chicago, and Los Angeles"（paper presented at the biennial meeting of the International Sociological Association, Bielefeld, Germany, 1994）。

然公认有一些流向了西印第安纳和南威斯康星。 此外，该区域有某种整齐的对称性，城市嵌套进（并且占据了大部分区域）一个单独的郡中，反过来又被其卫星城镇整齐地环绕着。 理论上说，这应当有助于普遍的治理。 然而，这一潜力永远未曾实现；实际上，潜在的合作被绊倒在同样的"种族问题"上，该问题已纠缠了芝加哥20世纪的大多数历史时期。 出于对少数族裔将会"侵略"城郊社区或他们将会索要更为富饶广阔区域的税基的恐惧，维持边界战争的马其诺防线现在被重置于城市边界和库克郡外围边界已经溃败的防御线（在西区和城市边界一致）内。

这一结局在所难免，即维持人种-民族隔离成为区域战略的首要目标。 在扇形区域内部，白人本质上将南部象限让渡给了少数族裔（除了芝加哥这一大学飞地之外，其所规划的**封锁线**已然坚决就位，多亏了其周围的破坏）[1]。 中心商业区正在发生一定数量被白人"重新夺回的"情况。 芝加哥河以北的密歇根大道以及由此沿湖畔扇形分布的黄金海岸居民区仍然是最有名望的区域（且是最"白"的区域），但南部环带 [现在是新的哈罗德·华盛顿图书馆所在地，位于国会大街并延伸至印刷工街道（Printer's Row）/德尔邦车站更新区]，在某种程度上，成功延续了"黑人迁移"[2]。 对于环带西部而言，在重建区域内，之前穷人索求的土地上建设了讲究的贸易与居民大厦。 包括黑人

---

[1] 在1968年的"暴动"中，63大街的燃烧（南向的重要的贸易大道）给这一过程画上了句号。

[2] 这是黑人社区内使用的旧词汇（有充分的理由），用来指芝加哥早期的城市重建与复兴计划。

与西班牙裔在内的少数族裔都被进一步推向西区，直到他们到达城市边界区的奥斯丁/西塞罗（Austin/Cicero）最终对抗线。 如我们所见，芝加哥经济活力的最大部分由北部和西北部象限所供给，包括城市与郡内部及其边界外围。 这一城市区域大多是白人，并愈加如此。 西北象限衰败中的"填充"区域曾被少数族裔临时抢占，现在开始经历贵族化并"漂白"。 当前芝加哥的（白人）统治精英设法达成了对边界的操纵并且通过特定区域长期既存的体系获取所需的区域协调。 该体系绕开了通常的政府边界，并同等地控制了其财政问题，方式为让州政府接手覆盖诸多支出的责任，如若不然这些支出就要由城市及城郊居民承担。即便在州立法机构中芝加哥和"边远地区"间存在着传统敌意，上述目标也已经实现了。 因此，虽然边界或阻碍或促进，但它们并非预先确定的目标或阻止围绕它们的政治谋划获取解决方案。

然而，在纽约地区，这些区域解决方案被证明并不充分，并且与毗邻州的关系，更不要说那些"城市"与"边远地区"间的关系，仍然有异议之处。 后者在每年关于预算的争斗中体现了出来。 这些斗争的时长远远超出每一财年的最后时限，并且最近——在几乎典型的西方戏剧式地旧军阵对峙中——得到了凸显，其时，倾向于保留州租金管制者（对于纽约的承租人几乎生死攸关）摆好架势对抗那些倾向于废弃该法案者（几乎是全州的业主）。 在做出妥协的拓展方案以前，对抗者的争论远远超出了重申该规定的午夜时限。

与州政府预算的反复争论，其根本问题是纽约市的税收盈余有多少支持了州预算，以及本地增加的税收有多大比例应该返还给城市以覆盖其慷慨又昂贵的社会公益。 市政治家抱怨，纽约的财富不仅被联邦政府抽走，还如我所展示的，用于"州北部乡野地区"[1]。 作为交换，州尝试对市支出与福利项目进行微观管理并进行限制。 如伊斯特·福克斯曾不止一次敏锐地指出的，相较于其他大城市，纽约的财政负担最大，对自己的政策控制最少[2]。

所有这些问题都被州边界的棘手问题加重了，尤其是现在，城市区域不仅扩展至纽约和新泽西（如以前一样），还进入了康涅狄格州的毗邻区域，并且最近甚至进入了宾夕法尼亚州的部分地区。 这导致了一些仅能被称为纽约区的难以解决的治理问题[3]。

在纽约有一个经常复现的观念是，一个（不实际的）建议，即只要它的各个部分与周围的州"分离"，并在政治上统一为一个"城邦"，那么该区域能够变得易于管理。 以下手段大概会使城市具有偿付能力——通过保留现在输送至奥尔巴尼的资金[4]；通过将之从不相容的法律规定中解放出来（虽然更为有

---

[1] 这仍然在某种程度上具有争议，并且有相反的研究指出，该市或许是纯粹的受损者。 然而，据我所知，没有人计算将要合并的纽约州、新泽西、康涅狄格与宾夕法尼亚相关部分市-州的花费和收益。

[2] 参见：Ester R. Fuchs, *Mayors and Money: Fiscal Policy in New York and Chicago* (Chicago: University of Chicago Press, 1992)。

[3] 这让人想起，罗伯特·伍德的1 400名政府雇员现在已经增加到了约2 000人。 参见： Robert C. Wood with Vladimir V. Amendinger, *1400 Governments: The Political Economy of the New York Metropolitan Region* (Cambridge: Harvard University Press, 1961)。

[4] 朱利亚尼市长曾经宣称"城市将要变成黑色的了，如果它能摆脱昂贵的政府政令（不是指联邦）就好了"。 引用自： Clyde Haberman, "Time Again for an Old Idea: 51st State?" *New York Times*, December 17, 1996, B1。

效的地方自治或许是一个不那么严苛的解决方案）；通过缓解纽
约与新泽西之间在工业和贸易地点、税收，尤其是来自港口和飞
机场的投资和盈余等各方面惨烈的零和竞争。 一个较小但同样
荒唐的建议是，让城市仅仅从纽约州脱离。 这一建议被周期性
地提出，正如 1969 年诺曼·梅勒（Norman Mailer）与杰米·布
雷斯林（Jimmy Breslin）竞选市长期间提出的，纽约市应当成为
第 51 州。 最近，布雷斯林建议，"宣布纽约是'国际性城市'
以代替上述建议"[1]。

　　无论这些建议多么有魅力，它们仍是白日梦。 纽约地区必
然将继续顺应时势，不仅仅是因为棘手的边界问题，还因为已确
立的利益集团无法去除。 尽管如此，这一拼凑的司法权确实对
简单的阶级分化产生了反作用，一些观点认为，这种阶级分化是
全球化的直接作用。 现在，我们来讨论它。

全球城市中的阶级分化确实仅是全球化的作用吗

　　1982 年在弗里德曼和沃尔夫关于世界城市的论文中[2]将下
述命题作为一个实验性假设进行了阐述，该命题主张，国际层面
的变化正通过清晰的因果链条，导致全球城市中的不平等日趋加
剧，现在这一命题正被越来越多的文献奉为信条。 这很容易陷
入其对立面，即由于本地的阶级不平等很大程度上是来自"其他
地方"的因素所造成，因此它们超出了州与市的修正能力。

　　我已经强调（尤其是在本书第四篇的导言中），鉴于这段时

---

[1] Haberman, "Time Again for an Old Idea".

[2] John Friedmann and Goetz Wolff, "World City Formation: An Agenda for
Research and Action," *International Journal of Urban and Regional Research*
6, no. 2 (1982).

间与 1973 年之后的重组相重合，实际上美国人口中最富裕者与最贫穷者间的阶级鸿沟正在加大，这在很大程度上**逆转**了如下趋势，即在新政法律下及战争期间和战后阶段的繁荣中，通过对工会的赋权成功缩小了之前巨大的差距。 在前述的时代中，由移民减少、战后经济繁荣所引起的劳动力短缺，抬高了除自耕农和内城黑人外所有人的生活水平。 为未独立的儿童及老人提供适度福利的规定的后果，同样也公认地促成了整体水平上移的进程。

然而，在接近 20 世纪 60 年代末时，这一进程开始瓦解。20 世纪 70 年代的滞胀以及随后倒退的政府政策迅速在当下达到顶峰，破坏了诸多起始于 20 世纪三四十年代的劳动者赋权项目，并且剥夺了他们在其后几十年扩大的权力。 现在，看起来我们要回到原状了，尽管新的国际选择（更自由的海外投资和移民政策）提供了杠杆效应，让底层人看起来更能被牺牲。

有一点或许是正确的，即在今天的全球城市中，有一种对古老的"城寨"与"贫民区"格局的回归，正如弗里德曼及格茨（Goetz）所指出的，但是其诱因要比全球化无处不在的进程更深[1]。 如果分化是一种机制以及全球化不可阻挡的结果，那么可以预见到，国与国之间以及全球城市彼此之间的差距会很小。很明显并非如此。 我并非质疑关于日趋加大的不平等的普遍结论，而是认为关于其诱因的理论以及其空间性影响要复杂得多，

---

[1] John Friedmann and Goetz Wolff, "World City Formation: An Agenda for Research and Action," *International Journal of Urban and Regional Research* 6, no. 2（1982）.

并且正在区域与区域之间、或大或小的农村及城市空间中，得到了不同程度的完成。这三座城市中的现象指出了一些重要的差异，对一个单一的、整体性原因提出了质疑。

比如，在纽约地区，经济重组以及华尔街的疯狂波动对其施加了相反的拉力，这或许是一个相当新的现象。科克·约翰逊（Kirk Johnson）在 1996 年指出，"纽约市的失业率……已经攀升到，即便是华尔街也为其欢呼的屡屡新高。经纪人赚得了七位数的红利，当有约 1/11 的人在找工作时，他们已买了消夏别墅。"相反：

> 虽然 20 世纪 80 年代大多数……证券业的红利似乎发挥了经济杠杆的职能；在大多数盈利增加时，纽约州个人收入增长率超过了国家平均值，而在收益降低的年月，纽约被拖垮并落后于国家……然而，自 1987 年市场崩盘以后，尤其在最后几年，杠杆完全失效了……简而言之，华尔街的健康不再足以抵消其他领域的衰败了[1]。

这导致了失业率与收入更大的不一致。

然而，即便纽约的人们可在部分程度上将日益加大的不平等问题归结为起到经济增长作用的华尔街的新败（很难说是一个充分的原因）；但在芝加哥，这一不平等看起来主要由于福特制的

---

[1] Kirk Johnson, "Wall Street Leads, but New York's Economy Doesn't Follow," *New York Times*, March 7, 1997, B1, B6. 州审计官办公室报告：在 1989 年与 1995 年之间，纽约市 320 万工人的实际工资上涨了 8.4%以适应通货膨胀，大多数这些上涨都来自同一个地方：华尔街。

终结，同时在不同程度上通过城市种族敌意的棱镜折射了出来；而在洛杉矶，受教育程度较低的内迁墨西哥裔看起来才是日益扩大的不平等中最重要的因素。

因此，即便是全球体系自身确实通过消除一些之前在边界渗透性较低的美国"要塞"中享有的特权生成了更大的不平等，但因果链条高度复杂并且在本地区域所感受到的影响远远超出了那些单纯的全球城市，甚至是在诸全球城市之间也有所不同。并且，如我曾经指出的那样，州与联邦层面采用的国际政治政策使整个事情复杂化。在最后的分析中，这些差异需要考虑这一事实，即其他的"发达"国家似乎采用了更倾向于再分配的政策，并因此较美国而言显示出的更小的不平等。要厘清这类棘手的问题已远远超出了本书的任务。

全球城市的空间格局的分化

然而，弗里德曼与沃尔夫关于城寨与贫民窟的隐喻，不仅仅试图说明社会经济学的空间内涵，还有地理空间及权力关系。该隐喻试图把握以阶级为基础的空间隔离以及两个"阵营"之间的对抗关系——这种关系需要有城墙及防御工事以控制进出。虽然城墙确是在加高——周围设门禁的社区及富人们重重守卫的贸易与居住大厦，以及白色芝加哥的种族封锁线——这三座城市之间的对比同其共同部分一样具有启发性，并且没有显现为完全一致的格局。

如我所说，这种不一致仅仅模糊地反映了纽约的城市景观。在曼哈顿，各阶层大约较其早期在空间层混合程度变大，并且至少在公共空间其各个民族和人种群体较芝加哥或洛杉矶更为大量地混杂在一起。然而，这不能确定是否应单独地归结为文化差异。 当然，该行政区的出租规定抑制了通过收入和民族/人种进行的过滤与筛选——此类规定较外围行政区更多些，在那些地方，鉴于更高的房屋占有率以及管理和开放市场租金的差异更小，人口结构的更替更加不稳定和极端。 概而言之，远不止正在运作的全球性力量。

空间格局的社会后果

在整本书中，我都对纽约、芝加哥与洛杉矶的空间格局演化投注了特别的关注，不仅仅作为一个该地点的指向标——它们在这里进行建设，并被技术、经济与政治的力量塑造；还因为它们相反的地理外貌构成了其独特性质最为明显的"信号"。

如果你要问任何对这所有三个城市都比较熟悉的人（甚至是仅仅看到过图片的人），他们是否会混淆彼此，答案大概是一声大笑。 不错，它们都是"全球城市"，并且因此以不同的方式体现出一些当代此类城市的公认属性。 诚然，它们全是本地区的巨型领头羊，因此无论其有何问题，都对其治下的资源和土地行使着管控与支配权。 确实，它们在人口结构上是世界性的，将不同种类的人都聚集在一个区域（这是所有的关于**都市**定义的基础），虽然其多样性的精确构成在许多重要的方面都存在差异。

但是同样正确的是，它们有很强的地理/符号象征，包含着很高的国际辨识度的标志，以至于不需要附加上一个城市的名字来定位自己，如自由女神像、西尔斯大厦、好莱坞、时代广场、环带、外城大道（the Outer Drive）。 它们的天际线与道路，常常还有其英雄与恶棍，都刻了进电影观众的视觉记忆（retinal memories）中。 流行文化、口音与举止行为的刻板印象同样大量存在。 关于"典型的纽约人"、"宽肩的芝加哥人"以及"爱乐之城"（LaLaLand）闲适的居民，都分享着这样的"先入为主"（preconceptualizations）。

简而言之，这些城市已经超过了其部分的总和，正如它们已远非仅是全球化的产物。 在整个分析中，我如此频繁地拆解部件，以至于某种程度上好像丢失了其本质——我总是指出单个城市的独特"个性"。 那么，在重新收集这些局部信息以阐释这些都市景观、特殊风格，以及在这三座"典型的"美国全球城市中人们彼此塑造的实际社会关系的差异之前，我还不能停止。

我先从城市景观开始，因为在许多方面，城市提供了场景和道具，为其演员（又意为"行动者"，actors，此处或为双关。 ——译者注）提供了行动的渠道并编排了步伐。 但是从这一明显的地理差异中，我们被导向了更为抽象的要素，如持续存在的情节与风格，因为这些戏码长期上演。 演员，甚至是新加入者，也必须从那些已终了的场景中学习自己那一部分；他们必须学习适应那些已经被刻入城市景观中的形式；学习适应那些对他们的期待。 在这种意义上，刻板印象并不总是错的，虽然相较于对其肤浅的遵守，总是存在许多偏差。 此外，就像高维空间（hyperspace）中开放性的即兴演奏，剧本确实在持续变动，正如布景被重新安置，固定装置被添加或移除；并且同时，舞台上阶段性地聚集大批陌生人，他们带着自己的道具前往，追求自己的支线剧情，无法完全与当前舞台匹配或契合。 此外，舞台设计者（规划者）、投资者以及指导者离开一座城市舞台后，又去另一座舞台发光发热，这种异体授粉式的生活设计将会影响但不会决定结局。

　　从最明显的层次上而言，空间是这类行为的一个塑造者之一，而令人印象深刻的新闻工作者们有时候能够比谨慎的社会科学学者更好地把握本质性差异。约瑟夫·乔万尼尼（Joseph Giovannini）进行了一个我很想做的尝试，他研究了自己从洛杉矶搬到曼哈顿的反应以及对自己的这种行为所需要的转变。他认为，"作为一个本地的纽约人或者是洛杉矶人，没有这类麻烦"并且"如果你在洛杉矶宣扬伍迪·艾伦（Woody Allen）以外的任何纽约人，那么他最终都会沦为对汽车的艳羡……如果你在纽约宣扬某个海滩男孩（Beach Boy）以外的任何洛杉矶人，他最终将会根据他们编定的社会意义来选择其领带"[1]。

　　虽然这可能是一个过于极端的评论，不过乔万尼尼确实捕捉到了以下事实，即这两座城市建立在"不同的空间性基础假设上"："在纽约，空间让人们聚集；在洛杉矶，它却使人们隔离。纽约人占据了一个社区；洛杉矶人保有着自己的私密性。"[2]他对比了在洛杉矶工作时个人驱车通勤的经历以及在曼哈顿高度社会化地步行上班的经历，在后者他：

　　　　无论何地都能进行 3~7 次简短会话……而且都能看到上百个人。甚至当我没有说话时，我也在与城市对话——观看不同的面孔，买一些零碎东西，思考那些我所未知的人们的生活。来自诸多不同行业的人们，存在着短暂地相

---

[1] Joseph Giovannini, "I Love New York and L. A., Too", *New York Times Magazine*, September 11, 1983, 147.

[2] 同上，148。很显然，乔万尼尼从未冒险进入过外围行政区或更远的郊区。

遇；有一些简短的评论，有时还很尖锐。 这便是城市的会话……你……总是在地理上足够接近到可以参与一场对话，或者无意中听到精彩的轶闻[1]。

这使得纽约相当不同于洛杉矶这个"私人而非公共的城市"。 在洛杉矶，用汽车通勤"延伸了独户家庭房屋的私密空间……保证你可以在你认识的人之间流转……这也防止你暴露在其他年龄群体、社会阶层甚至种族面前"。 此外，在洛杉矶，"道路上常常没有人行道……而纽约的公路常常是一个空间……这里聚集了所有离开其不完善公寓的人"。 因此，在这两座城市中，公共空间的氛围完全不同。 在纽约，"许多公共空间对其负载的交通运输而言，略有些小，同时蔓延其上的溢出感……给纽约一种充满能量的感觉……纽约人习得了城市的张力……但如果在洛杉矶，能让它绷紧的表面张力很少，这使人可以欣赏其宁静"[2]。

这两个地方我也都生活过，此外还在芝加哥花费过很多时间，并像变色龙一样，我曾学习适应不同的环境，尽情享受它们所能提供之物，但也失去了仅在其他地方才可能存在的元素。正像乔万尼尼一样，我居住在曼哈顿的集体群落中，它日夜朝大街喷涌着人潮，尤其是天气好的时候。 当大街上的奇观向你招手时，谁还待在拥挤的公寓里？

昨晚，我从电影院回来（当然是步行，因为在我公寓周围的

---

[1] Giovannini, "I Love New York and L. A., Too".

[2] 同上，该段引文提取自144, 147-149。

步行范围内，约有 10 座电影院）。 经过联合广场公园，在辅好的相对小的开放矩形里，每周有几天会有一个可移动的农贸市场，我和我的同伴一起停下，感叹周围有这样一处所在，这在洛杉矶或芝加哥都是很难想象的。 尽管夏夜炎炎，仍有一个全身铠甲（还有锐步鞋）的中世纪军团正挥舞着沉重的木棍击打着彼此的盾牌。 就在这场演出附近，年轻的小伙子们严肃地实践其滑板技术，他们小心翼翼地避免打扰演出的空间，没有注意到其多种族的混杂，同样对各色过路人熟视无睹。 一个凸起木质平台最近由密集劳动者所建造，其让蓝领工人在城市中变得引人注目。 两个黑人音乐家正在演奏打击乐（塑料水桶与鼓槌），同时在邻近的桌子上，人们在昏黄路灯下阅读或在小组中安静地讨论。 我们停下脚步去破译一个常常被农贸市场的临时货摊弄得无法看清的小型石头记号，它纪念着美国人很久以前遥远的大屠杀。 我们点了点头。 我们体验到了典型的纽约。

几个星期以前，在芝加哥，我捕捉到集体活动的一个更为正式的规划——在格兰特公园（Grant Park）湖畔举办了蓝调音乐节（Blues Festival），大部分的"观众"坐在临时舞台前成排的折叠椅上。 空气中散发着啤酒和腊肠的味道。 音乐以及几乎所有的音乐人都是"黑的"，而且芝加哥本可在南方腹地，只是因为这场活动在湖畔举行，所以几乎所有的非正式着装观众以及欣赏者都是白人。 真正的，甚至大约更好的蓝调，在黑色地带可以接触到，但是这将会被大多数聆听者视为禁区。 我想这是典型的芝加哥。

在 10 个月以前，我还在洛杉矶居住和工作，我必须重新学习（带着极大的恐惧）驾驶，这项技能我大约在 10 年前于纽约生活时丢失了。 我训练自己盯着邻近的驾驶员，并当一个紧闭双唇的金发女孩驾驶在我的后面时，我拿出了十二万的小心。我体验到了雷纳·本海姆那样在高速公路娴熟、快速地腾挪时的欢欣——与自由——这儿看起来缺乏准确的线路与规定。 然而，如乔万尼尼所指出的，"在洛杉矶你能看到天空"并且"汽车仅以平稳的速度行驶以欣赏风景；步行十分无聊"[1]。 但是，在我居住于洛杉矶的大多数时候，我都没有租用汽车。 我赞美在公交车上礼让的墨西哥裔美籍司机，以及当公车在"中心商业区"边缘血汗工厂附近的角落里接到（以及，大多数时候）墨西哥裔乘客时的热情友好的西班牙玩笑，这些人直到在沿维尔雪大道的唯一交叉路口便全部下车，这一段是城市从西班牙裔突然转变为盎格鲁人的地方。 我同样也多次步行，即便由于低密度而有些远。 除了沿圣塔莫尼卡或"种族"购物大街的分散场所外，我经常是唯一的步行者，虽然周围经常有转来转去、大汗淋漓的慢跑者；偶尔，我会遇见推着购物车的流浪者，我分配自己的其中一项"工作"便是帮助他们将购物车推过很少使用的人行道隆起处。 沿着在我的住处及加州大学洛杉矶分校校园之间半英里的有优雅房屋但是空旷的街道（除了西班牙裔的园丁和修理工人），我曾经计算过，有 176 个小的告示牌，威胁会"武装响应"，它们来自三个不同的私人保护机构。 芝加哥人对其"排外"（exclusions）很敏感；而纽约人，虽然过去在街上和高速公路上常常更为混杂，不过对他人的潜在侵犯，仅有一种防卫

---

[1] Joseph Giovannini, "I Love New York and L. A., Too," *New York Times Magazine*, September 11, 1983, 149.

性（en garde）的个人警惕。

　　不过这些诗意的想象无法把握这些城市。 对于曼哈顿每一条拥挤的街道而言，都有更放松的地方，孩子们仍旧可以在此打斯托普（stoop）球，邻居们可以在共享的私人车道和玫瑰花园闲聊。 我的研究生们和我甚至发明了一个短语"布鲁克林是另一个国家"，以表示曼哈顿所代表着的城市或区域是多么小。 但是杰克逊高地、唐人街、柏伦山（Boerum Hill）与华盛顿高地也是如此。 芝加哥和洛杉矶也是一样。 所有这三个地方，现在已成为一个包含着"世界其他地方"的美国世界的缩影。

　　如果说，这三座城市有着特殊的个性，那我们必须承认，这些个性现在已分裂成不同的人格。 在这本书里，我尝试追踪这些差异的某些根源，既包括城市内部的差异，也包括将它们彼此间的差异。 然而，最终我必须承认这必然失败，因为城市必须直接地亲身体验。 对它们的书写仅仅是对生活在其中的最无力的替代。